Song zum Buch
NENDA „Borders“

55 kuriose Grenzen und 5 bescheuerte Nachbarn

Fabian Sommavilla

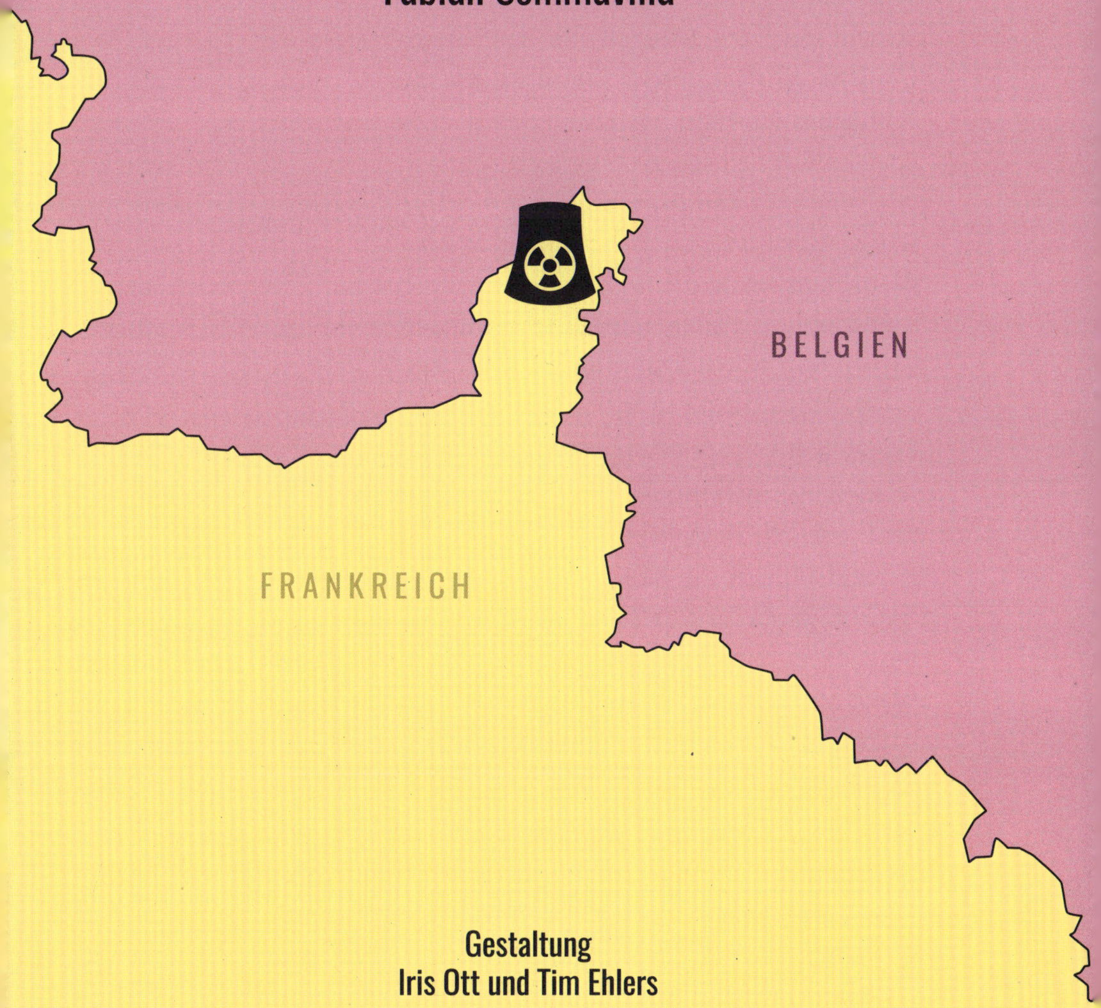

Gestaltung
Iris Ott und Tim Ehlers

INHALT

Erste Auflage 2021

KATAPULT-Verlag Greifswald

Herausgeber: Benjamin Fredrich und Sebastian Wolter

www.katapult-verlag.de
verlag@katapult-verlag.de

Gesetzt aus der Frutiger und der Oswald
Druck und Bindung: optimal media GmbH, Röbel/Müritz

ISBN 978-3-948923-17-4

Die Absurdität von Grenzen

Staatsgrenzen, wie wir sie heute verstehen, verteidigen oder verabscheuen, sind recht neue Erfindungen. Europas nationale Grenzen stammen im Schnitt aus dem Jahr 1777. Die älteste ist die zwischen dem Pyrenäenfürstentum Andorra und seinen beiden Nachbarn Frankreich und Spanien. Dieses Relikt des feudalen Europas gibt es seit 1278, festgelegt von einem Bischof und einem Grafen. Ganz schön beachtlich, diese Kontinuität! Viele Grenzen sind deutlich jünger – auch weltweit. Das durchschnittliche Entstehungsjahr des europäischen Exportschlagers »Grenze« liegt auf den anderen Kontinenten zwischen 1861 und 1934. Mehr als die Hälfte aller aktuellen Grenzkilometer entstand im 20. Jahrhundert.

Lassen Sie sich also nicht in die Irre führen, wenn wieder einmal jemand aus patriotischen oder nationalistischen Gründen darauf besteht, dass eine bestimmte Grenze genauso bleiben und verteidigt werden müsse, weil sie schon immer da gewesen sei. Auch solche, die behaupten, Grenzen hätten Menschen seit jeher entzweit, erzählen – wenn überhaupt – nur die halbe Wahrheit. Grenzen haben sich stets verschoben und gewandelt, sind aufgetaucht und wieder verschwunden. Vor allem aber waren die Trennlinien auf den Karten immer nur vage Momentaufnahmen. Sie waren das, was Herrschende zu beherrschen glaubten oder kontrollieren wollten. Zu jeder Karte existierte meist eine andere, die zumindest Teile des Gebiets jemand anderem zuschrieb.

Heute teilen sich etwa 200 Länder rund 250.000 Kilometer gemeinsame Grenze. 250.000 Kilometer voller Konfliktpotenzial, könnte man meinen – entstanden aus dem Abgrenzungsfetischismus des Menschen, der sich erst dann richtig sicher fühlt,

wenn die Staatsgrenze, die Stadtmauer oder die Gartenhecke möglichst hoch und undurchdringbar in den Himmel ragen.
Während früher die Macht der Herrschenden zu den Grenzen hin immer stärker ausfranste, versuchen Diktatoren und Populisten immer öfter, ausgerechnet dort ihre Stärke zu beweisen – oder ihre Schwäche zu kaschieren: So hätte sich an der innerkoreanischen Grenze in den 70ern beinahe ein internationaler Krieg entzündet – wegen einer gestutzten Pappel. Nicaraguas Militär marschierte 2010 in das Nachbarland Costa Rica ein, weil ein Fluss seinen Lauf und damit die Grenze verändert hatte. Die Ausrede des verantwortlichen Generals: Google Maps habe den Grenzverlauf anders angezeigt. Und genervt von den permanenten Grenzschließungen Gambias überlegte dessen großer Nachbar Senegal 2005, das kleine Land einfach zu untertunneln. Zahlreiche Autokraten würden Grenzen für bessere Umfragewerte am liebsten zementieren und zu nationalen Heiligtümern erheben. Noch immer sind viele bereit, für Nationalgrenzen in den Krieg zu ziehen.
An Grenzen geschieht aber nicht nur Schlechtes. Es gibt sie, die schönen, die hoffnungsvollen Signale. Entlang der Linien, die trennen sollen, schließen sich Menschen oft trotz und manchmal gerade erst wegen der Zäune und Mauern zusammen. An der brasilianisch-uruguayischen Grenze etwa wachsen nicht nur ganze Städte zusammen, es hat sich sogar eine eigene Sprache entwickelt, die alle Menschen im Grenzgebiet beherrschen. Auch am US-amerikanisch-mexikanischen Todesstreifen verbrüderten sich die Menschen, veranstalteten jahrelang länderübergreifende Grenzfeste und nutzten die Mauer als Volleyballnetz. Viele der vermeintlichen »Feel-good-Stories« halten einer genaueren Untersuchung aber meist leider nicht stand. Wenn ein US-Bürger etwa heute noch in Afrika herumrennt und ein vermeintlich herrenloses Gebiet zwischen dem Sudan und Ägypten für sich beansprucht, damit die Tochter Prinzessin werden kann, ist er halt weniger Märchenkönig als ein aus der Zeit gefallener Kolonialist.
Hinter den besonders zackigen, geraden, unsinnigen und schlichtweg missratenen Grenzziehungen dieser Welt stecken tatsächlich oft unglaubliche Geschichten darüber, wie sie entstanden sind und wie sie Menschen noch heute

beeinflussen. In diesem Buch werden ausschließlich aktuell noch existierende Grenzen behandelt. Wäre es nicht schön, wenn es in ein paar Jahrzehnten nicht mehr als ein antiquiertes Werk wäre – ein Zeugnis aus einer Zeit, zu der man sich noch zu viele Gedanken über Grenzen machte und noch immer viel zu viele Menschen an Grenzen starben? Klar ist: Nur weil es skurrile und interessante Geschichten über sie gibt, muss man Grenzen nicht befürworten. Ganz im Gegenteil: Je mehr man sich mit ihnen beschäftigt, desto deutlicher zeigen sich ihre Absurdität und die Willkür, mit der sie gezogen wurden.

Fabian Sommavilla wurde 1993 in eine 2.500-Seelen-Gemeinde in Tirol hineingeboren. Das lädt quasi zum Verreisen ein. Dabei entwickelte sich sein Interesse für Grenzen. Er studierte Politik an der Uni Innsbruck und absolvierte Master in Crisis & Security Management an der Uni Leiden sowie in Geopolitics, Territory & Security am King's College London. Nach einem Praktikum bei *KATAPULT* ist er seit 2018 Redakteur bei der österreichischen Tageszeitung *Der Standard*.

Angelschnur ersetzt Stadtmauer

»Sechs Tage sollst du arbeiten, aber am siebten Tage sollst du ruhen.« So steht es im Alten Testament. Kaum jemand nimmt das heute noch so ernst wie Millionen strenggläubiger Jüdinnen und Juden. Am Sabbat, dem jüdischen Ruhetag zwischen Freitag- und Samstagabend, verrichten sie deshalb keine jener Arbeiten, die einst notwendig waren, um den Mischkan aufzubauen – einen Zelttempel, den das Volk Israel nach seinem Auszug aus Ägypten mit sich führte. Laut Überlieferung waren für das Aufbauen des Heiligtums 39 Tätigkeiten notwendig, von Feldarbeiten über das Nähen bis hin zum Feuermachen. Da diese Verbote durchaus zeitgemäß gedeutet werden, darf heute am Sabbat kein Feuer entfacht, kein Licht angeschaltet und nichts gekauft werden. Alle elektrischen Geräte sind tabu, denn Strom entspricht nach moderner Auslegung Feuer. Das Verbot, bestimmte Dinge vom privaten in den öffentlichen Raum oder umgekehrt zu tragen beziehungsweise etwas in der Öffentlichkeit weiter als vier Ellen zu bewegen, schränkt ultraorthodoxe jüdische Familien dabei besonders ein. Darf doch nicht einmal das eigene Kind hochgehoben werden, falls es auf der Straße ermüdet – ganz zu schweigen davon, auch nur eine Tasche tragen zu dürfen.

Was das Ganze mit Grenzen zu tun hat? Um das öffentliche Trageverbot zu umgehen, erweiterten einige Rabbiner bereits vor 2.000 Jahren den Raum des Privaten und deuteten alles innerhalb der Stadtmauer als eine Art großes Wohnzimmer der örtlichen jüdischen Bevölkerung. Als im Laufe der Jahrhunderte Stadtmauern immer seltener und immer brüchiger wurden, mussten sie noch kreativer werden. Die Lösung: Als Grenze spannte man fortan einfach einen Faden um

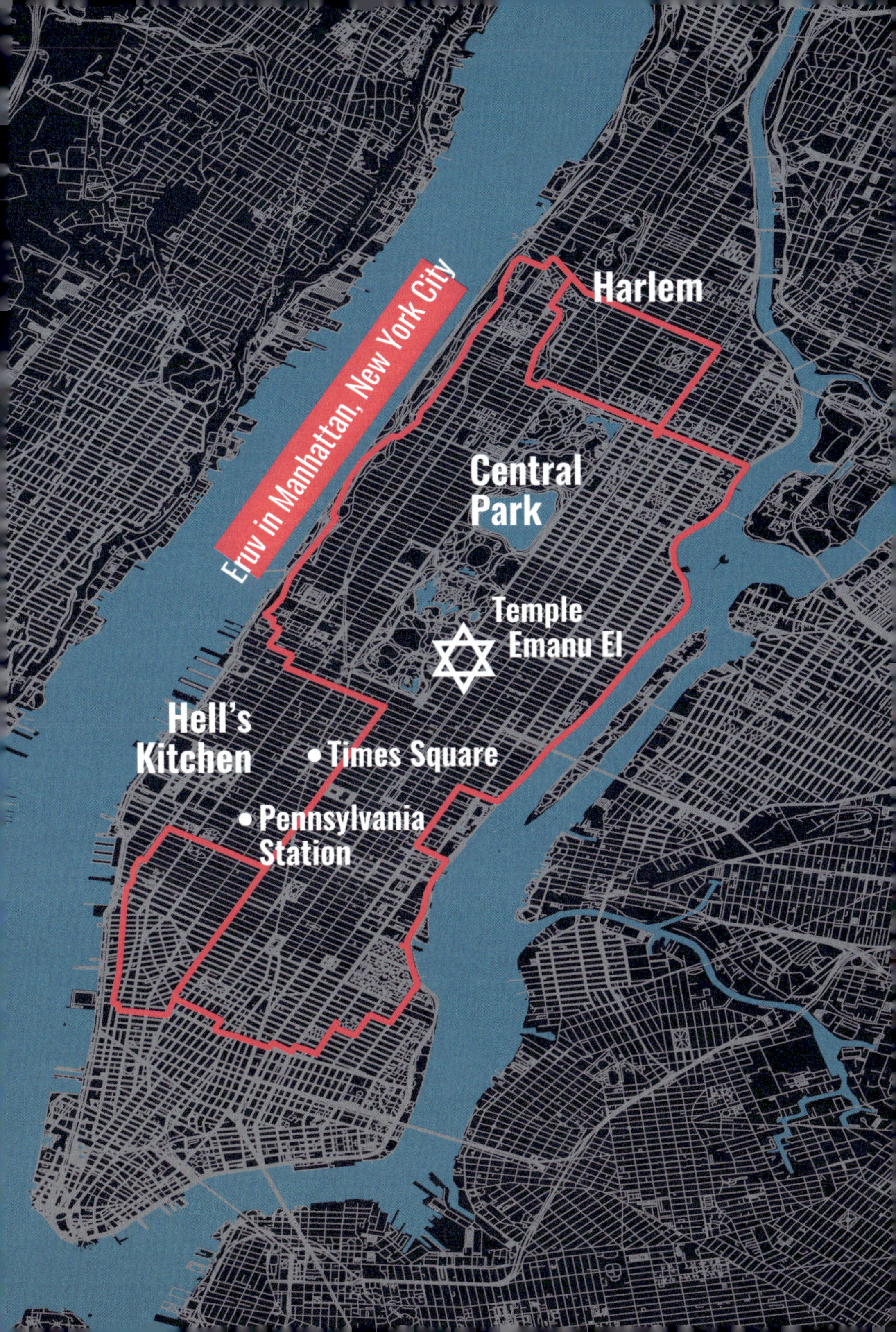
Eruv in Manhattan, New York City
Harlem
Central Park
Temple Emanu El
Hell's Kitchen
Times Square
Pennsylvania Station

Städte mit Eruvim in den USA, der weltweit größten jüdischen Diaspora
(ohne Anspruch auf Vollständigkeit)

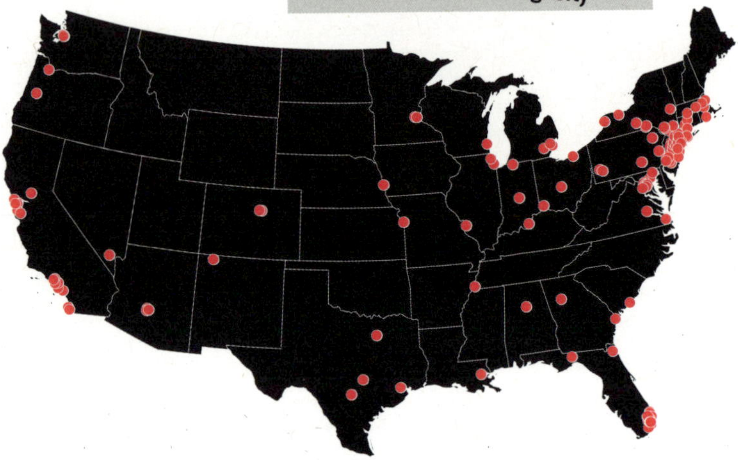

das jeweilige Gebiet – einen sogenannten Eruv, hebräisch für »Mischung«. Ursprünglich bezeichnet der Begriff ein Lebensmittel, das von Zusammenlebenden geteilt wird.

Die Grenzfäden bestehen meist aus Angelschnüren oder dünnen Aluminiumseilen, die zwischen Laternen- oder eigens errichteten Masten gespannt werden. Auch ein Laserstrahl war einmal angedacht. Sie ahnen es aber bereits: Das war wegen der Stromfrage heikel. Außerdem soll der Eruv möglichst unauffällig sein und keine Aufmerksamkeit erregen. Rechtsextreme, aber auch Menschen, die religiöse Symbole in der Öffentlichkeit generell ablehnen, stießen sich in der Vergangenheit immer wieder an einer vermeintlichen Glaubensgrenze inmitten der Stadt. Doch ein Eruv soll keineswegs Religionen voneinander trennen. Laut jüdischem Recht müssen aber alle Nachbarn sowie die Stadt mit der Errichtung eines Eruvs einverstanden sein, weshalb versucht wird, kein großes Trara darum zu machen.

Vor Beginn des Sabbats wird der Eruv jedes Mal auf seine Unversehrtheit geprüft und notfalls repariert – erst dann ist die Glaubensgrenze koscher. Im New Yorker Stadtteil Manhattan, wo infolge einer großen Einwanderungswelle bereits 1905 der erste Eruv gespannt wurde, kostet diese Instandhaltung jährlich rund 100.000 US-Dollar. Die meisten Eruvim – so der Plural – gibt es zwar in Israel, im Laufe der vergangenen Jahrzehnte entstanden aber weltweit in Hunderten weiteren Städten millimeterdünne »Stadtmauern«.

Ein Blick auf die Karte Manhattans zeigt, dass der dortige Eruv eigentlich aus mehreren Eruvim besteht. Außerdem werden ausgerechnet der Times Square und die Pennsylvania Station ausgelassen, zwei der bekanntesten und meistfrequentierten Orte des Bezirks. Warum? Der Grund ist gerade ihre Beliebtheit. Die Verkehrsknotenpunkte werden täglich von mehr als 600.000 Personen besucht, was im Judentum als Obergrenze gilt. Ein derart gut gefüllter Raum kann nicht mehr als privat gelten, so die Regel. Folglich werden manche Bereiche ganz pragmatisch aufgeteilt, andere komplett ausgelassen. Die gesetzte Obergrenze ist aber nicht etwa willkürlich, sondern bezieht sich wiederum auf den Auszug aus Ägypten. 600.000 Israeliten sollen damals in der Zeltstadt gehaust haben.
Auch für Seen und Friedhöfe werden übrigens separate Eruvim benötigt. In Wien soll der erste Eruv bereits im Mittelalter existiert haben. Lokale Rabbiner interpretieren die Regeln zur Grenzziehung heute etwas lockerer als früher, sodass auch die Böschung entlang der Donau oder die Bögen der Stadtbahnstrecke als »Wohnzimmergrenze« gedeutet werden. Dort muss also keine Schnur gespannt werden. Gelegentlich existieren dennoch symbolische Türpfosten entlang des rund 25 Kilometer langen Eruvs um Wiens Innenstadtbezirke.

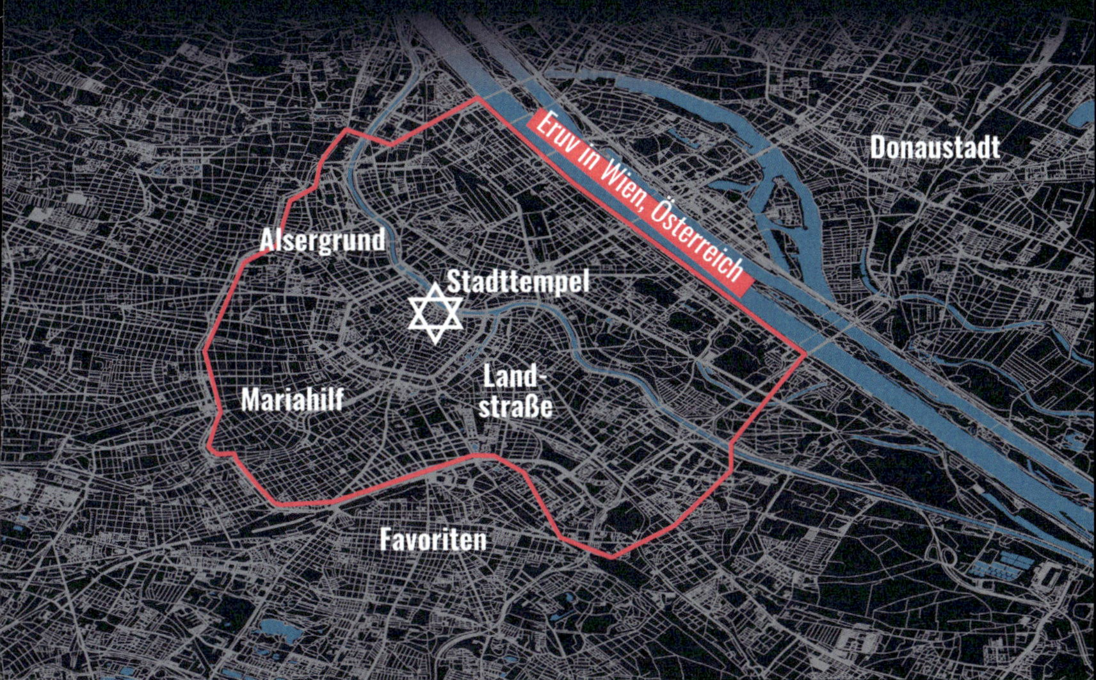

Bescheuerter Nachbar: AKW am Gartenzaun

Europa und die Atomenergie – es ist ein ganz besonderes Kapitel. Die Europäische Atomgemeinschaft war ein kleines Puzzleteil, das den krisengebeutelten Kontinent nach dem Zweiten Weltkrieg auf den Weg des Friedens führen sollte. Von einer einheitlichen Linie bei der Atomkraft ist die EU aber auch mehr als 60 Jahre nach der Gründung von EURATOM weit entfernt. Das führt vor allem bei der geforderten Energiewende und einer Verringerung des CO_2-Ausstoßes zu vielen Diskussionen. Zu unterschiedlich beurteilen die Staaten die Nutzung der Kernenergie. Ein Blick auf die Landkarte verrät, dass es etwa in Irland kein einziges Atomkraftwerk gibt. Auch in Österreich wird keine Atomenergie produziert, obwohl es in Zwentendorf nahe Wien ein fix und fertiges Atomkraftwerk gibt. Eine denkbar knappe Volksabstimmung kippte 1978 mit einer 50,47-Prozent-Mehrheit jedoch die Inbetriebnahme. Eine Milliarde Euro wurde in den Sand gesetzt. Heute steht auf dem Gelände unter anderem eine Photovoltaikanlage.

Aktive Atomkraftwerke in direkter Nachbarschaft zu Österreich

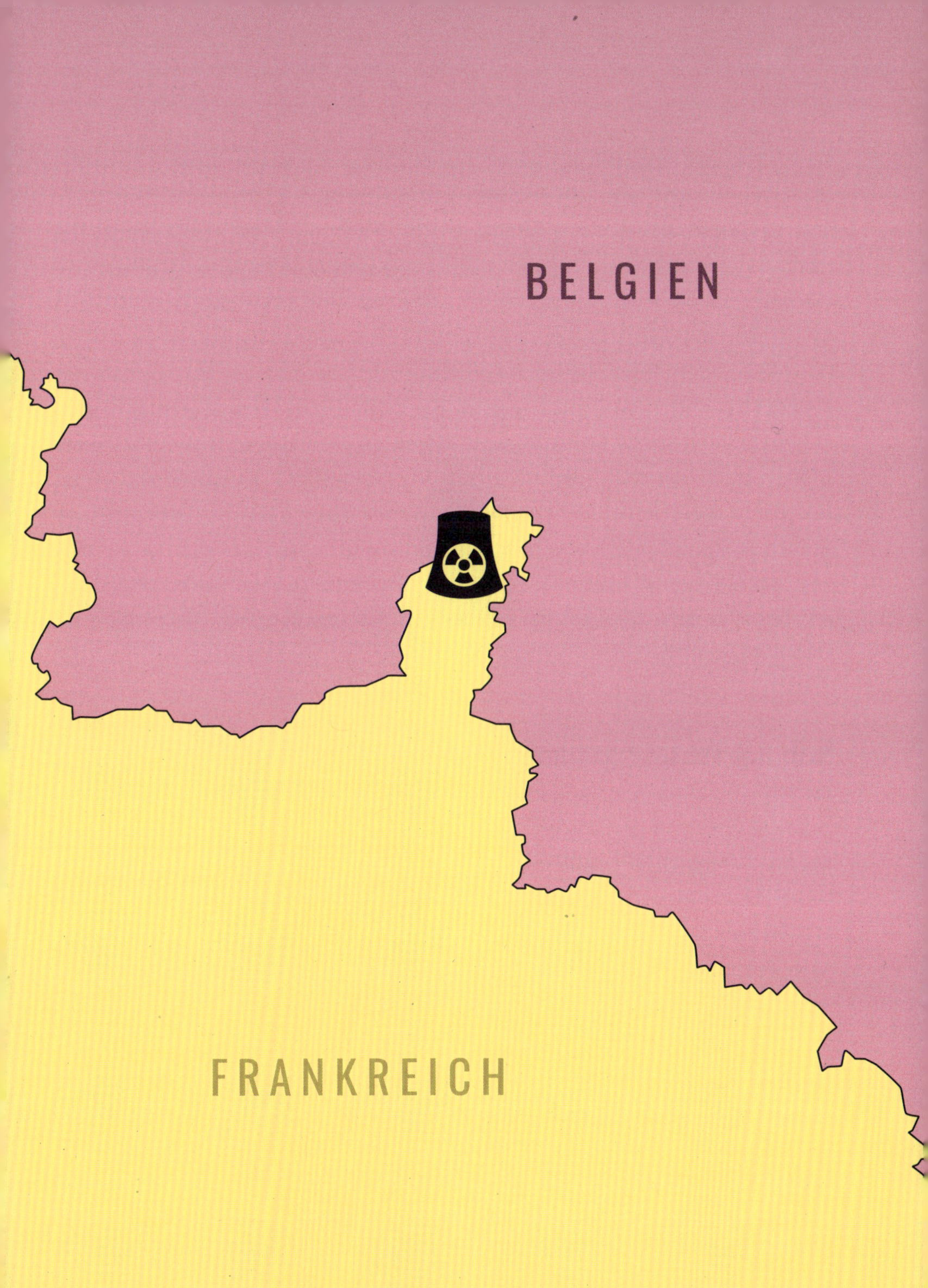
BELGIEN
FRANKREICH

Ein Problem der atomkraftskeptischen Staaten Europas sind aber immer wieder ihre Nachbarn. So steht zwar kein einziges AKW in Österreich, rundherum laufen davon aber 13. Auch Frankreich, das anscheinend nicht genug von der Atomkraft bekommen kann, betreibt über das ganze Land verteilt zahlreiche AKW – einige davon im grenznahen Bereich. Um Ländergrenzen schert sich eine radioaktive Wolke im Störfall herzlich wenig. Je näher ein Kernkraftwerk liegt, desto präsenter also die Gefahr. Das AKW in der kleinen französischen Gemeinde Chooz an der Maas, einem Nebenfluss des Rheins, wirkt dabei wie ein besonders freches Beispiel. Die zwei noch in Betrieb befindlichen Druckwasserreaktoren gehören zu den leistungsstärksten Atomreaktoren der Welt – und stehen nur drei Kilometer vor der belgischen Grenze. Noch dazu liegen in der vorherrschenden Windrichtung deutsche Großstädte wie Aachen, Köln, Koblenz, Mainz oder Frankfurt am Main. Im Falle einer Katastrophe kann das fatal sein, vor allem für Belgien und Deutschland. Dabei planen beide Staaten, bis Mitte der 2020er aus der Atomenergie auszusteigen. Was für Penner, diese Franzosen, oder!?

Nah am Wasser gebaut

Tatsächlich gibt es gute Gründe dafür, warum das Kraftwerk gerade dort gebaut wurde. Zunächst ist die Lage am Wasser notwendig, um eine fortlaufende Kühlung der Brennstäbe zu gewährleisten. Die Dutzenden französischen Kernkraftwerke liegen alle am Meer oder an Fließgewässern. Da Flüsse seit jeher beliebte Trennlinien zwischen Staaten, Reichen oder Einflusszonen waren, ist es also nicht unwahrscheinlich, dass AKW auch mal an Grenzen stehen. Weitere französische Beispiele sind etwa das mittlerweile abgeschaltete AKW Fessenheim kurz vor der deutschen Grenze oder Cattenom nahe Luxemburg. Vor allem aber: Chooz war ein französisch-belgisches Gemeinschaftsprojekt – der grenznahe Standort symbolisiert deshalb gerade die Freundschaft beider Staaten. Heute besitzt und betreibt der französische Stromerzeuger EDF das Kraftwerk zwar allein, aber es gibt weiterhin gemeinsame Sicherheitschecks und Evakuierungspläne für den Notfall. Was auf den ersten Blick wie die Aktion eines bescheuerten Nachbarn wirkt, hat also eine längere und komplexere Geschichte. Zumindest bis 2039 wird die Zusammenarbeit noch andauern,

BELGIEN
FRANKREICH
Maas
AKW in Frankreich
am Fluss
am Meer
am See
Gravelines
Chooz
Paluel
Penly
Flamanville
Cattenom
Paris
Nogent
Brennilis (stillgelegt)
Dampierre
St-Laurent
Fessenheim
Belleville
Chinon
Civaux
Bugey
Creys-Malville (stillgelegt)
St-Alban
Le Blayais
Cruas
Tricastin
Marcoule (stillgelegt)
Golfech

dann geht das AKW Chooz endgültig vom Netz. Bis dahin werden die grenznahen Atomkraftgegner hoffen, dass Frankreich nicht weitere seiner vielen grenzüberschreitenden Flüsse für Atomenergieprojekte entdeckt.

Insgesamt kann man davon ausgehen, dass der Bau von Kernkraftwerken in Grenzregionen selten als Provokation des Nachbarn gedacht war. Wobei natürlich schon fraglich ist, ob es bei der Entscheidung für das Atommüllzwischenlager Gorleben 1977 wirklich keinen einzigen geeigneteren Standort gab als einen direkt an der Grenze zur DDR.

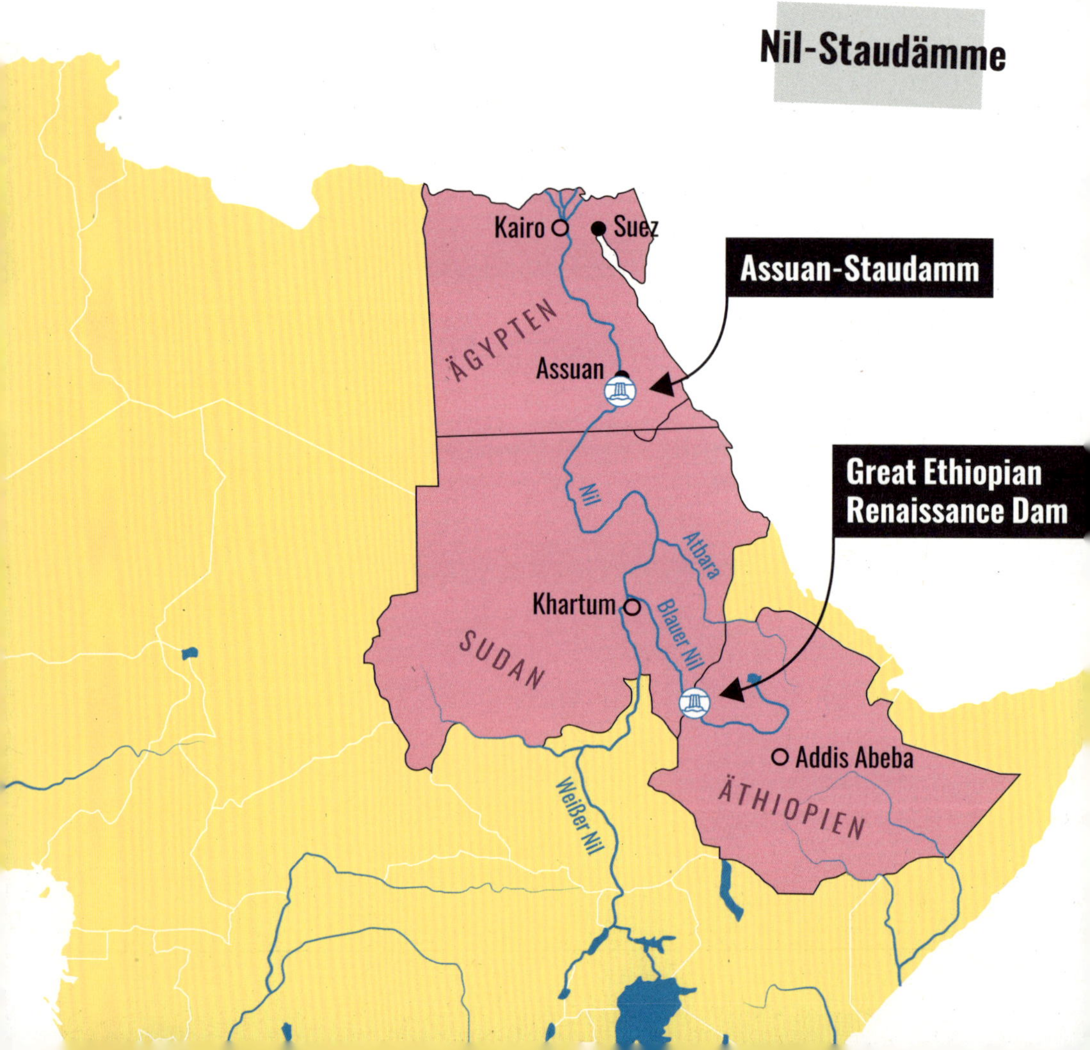

Frechheit: Äthiopien dreht Ägypten den Hahn zu

Atomenergie hin oder her – Energiegewinnung im grenznahen Bereich ist in den meisten Fällen ein heikles Unterfangen. Schauplatz Ostafrika: Knapp 15 Kilometer bevor der Blaue Nil – einer der beiden Hauptzuflüsse des Nils – Äthiopien verlässt, baut das Land seit 2011 eine enorme Talsperre. Seit Sommer 2020 füllt sich der gigantische Stausee bereits, der schon bald Afrikas größtes Wasserkraftwerk antreiben soll. Die Umweltauswirkungen für Äthiopien sind relativ gering, der Nutzen riesig. Für die flussabwärts gelegenen Staaten Sudan und Ägypten, für die der Nil seit jeher die Lebensader darstellt, kommt es auf den ersten Blick einer Katastrophe gleich. Was für ein bescheuerter Nachbar ist eigentlich Äthiopien!?

Entsprechend kritisch wurde das Bauvorhaben von den Anrainern anfangs aufgenommen. Diplomatische Verstimmungen gipfelten in Androhungen von Sabotage. 2013 wurden ägyptische Politiker dabei gefilmt, wie sie eine Zerstörung des Damms mittels Finanzierung äthiopischer oppositioneller Rebellen diskutierten. Mehrmals drohte ein Wasserkrieg auszubrechen – ähnlich wie er auch schon etliche Male zwischen Tadschikistan und Usbekistan, zwischen China, Pakistan und Indien oder Syrien und der Türkei vorhergesagt wurde.

Doch auch in Ostafrika ist die Sache weniger nachbarschaftsfeindlich, als sie aussieht. Denn zunächst kommt es darauf an, wie schnell der Stausee befüllt wird. Theoretisch könnte der See vor dem »Grand Ethiopian Renaissance Dam« (GERD) nach anderthalb Jahren vollgelaufen sein. Der Sudan und Ägypten würden dadurch aber regelrecht austrocknen. Aktuell werden deshalb Füllzeiten zwischen sieben und 14 Jahren diskutiert. Alles eine Frage der Kooperation also. Tatsächlich könnte der Staudamm neben billigem, sauberem Strom den anderen Nilanrainern noch weitere Vorteile bringen. So ließe sich der Blaue Nil besser regulieren, die krassen Unterschiede zwischen Trocken- und Regenzeiten ausgleichen und dadurch Überschwemmungen vermeiden. Im Endeffekt könnte ersten Studien zufolge sogar mehr Wasser im Mittelmeer ankommen, weil weniger Wasser im flacheren und damit wärmeren ägyptischen Nassersee vor dem Assuan-Staudamm verdunsten würde. Dafür müsste Ägypten jedoch bereit sein, selbst weniger Wasser aufzustauen und die entgangene Stromproduktion mit äthiopischem Nil-Strom auszugleichen. Prinzipiell funktioniert das nur, wenn sich alle Staaten an die Höchstsätze für die Wasserentnahme halten.

Wasserkraftwerke in Grenznähe können in den meisten Fällen allen Nachbarn nützen. Dafür muss das gegenseitige Vertrauen jedoch groß sein, immerhin ist ein garantierter Zugang zu Wasser existenziell für einen Staat. Allzu gerne spielen sich aber flussaufwärts gelegene Machthaber auch nur zum Herrscher über den Wasserhahn auf oder aber die flussabwärts gelegenen Nachbarn verteufeln alles, was den Status quo ändert und die bisherige Praxis umkehrt – egal ob diese wirtschaftlich sinnvoll sein mag. Während sich der GERD-Stausee langsam füllt, steht eine Einigung Ägyptens, Äthiopiens und des Sudans über die Fülldauer immer noch aus.

Dreckschleuder Kohlekraftwerk

Von drohenden Wasserkriegen hört man immer wieder. Dass sich zwei Staaten streiten, weil der eine die Luft des anderen verpestet, kommt aber recht selten vor. Dabei wird weltweit (noch) der meiste Strom mit Kohle erzeugt. Bei kaum einer anderen Art der Energiegewinnung sind die Auswirkungen auf Mensch und Umwelt so gravierend. Die Statistiken zu den Folgen der Kohledreckschleudern sind erschreckend – nicht nur in China und Indien, den beiden Staaten, die in den vergangenen Jahrzehnten mit Abstand am meisten in neue Kohlekraftwerke investiert haben, sondern auch in Europa. Die zehn größten Kohleenergieunternehmen des Kontinents sollen allein im Jahr 2016 für 3.200 Fälle von chronischer Bronchitis,137.000 Fälle von Asthmasymptomen bei Kindern und 7.600 frühzeitige Tode verantwortlich gewesen sein. Das ergaben Berechnungen der Anti-Kohlekraft-Kampagne »Europe Beyond Coal«. Weltweit sollen einer anderen Studie zufolge im Jahr 2018 sogar mehr als acht Millionen Todesfälle auf das Verbrennen fossiler Energie zurückzuführen sein – das ist jeder fünfte Tod. Selbstverständlich leben die Leidtragenden nicht nur in den Ländern, deren Kraftwerke dafür verantwortlich sind. Denn giftige Gase und Feinstaub sind dem europäischen Gedanken schon einen Schritt voraus und kennen tatsächlich keine Grenzen. Umso zuversichtlicher stimmt es, dass sich bereits 19 aller 80 Staaten mit Kohlekraftwerken zu einem Ausstieg durchgerungen haben. Wer Kohle verbrennt, ist nämlich ungeachtet der Tatsache, ob er das in Grenznähe tut oder nicht, ein bescheuerter Nachbar.

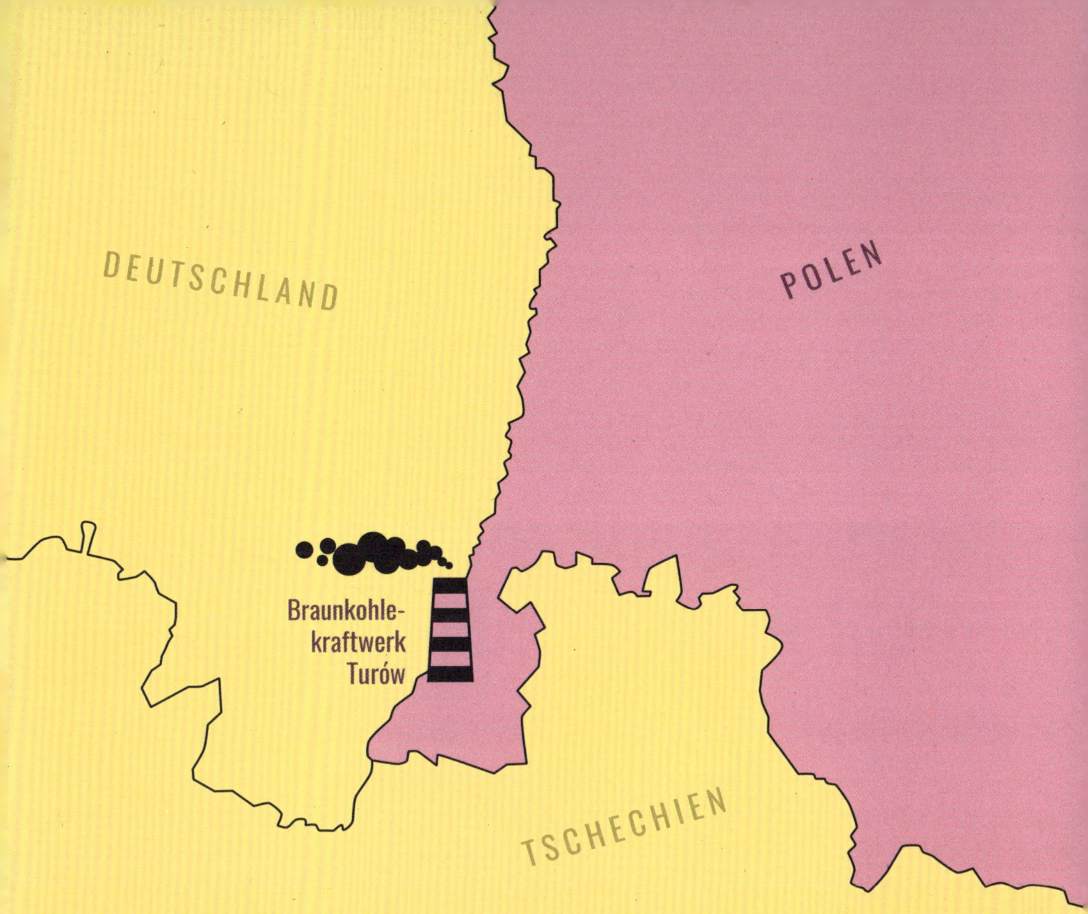

Neue und stillgelegte Kohlekraftwerke

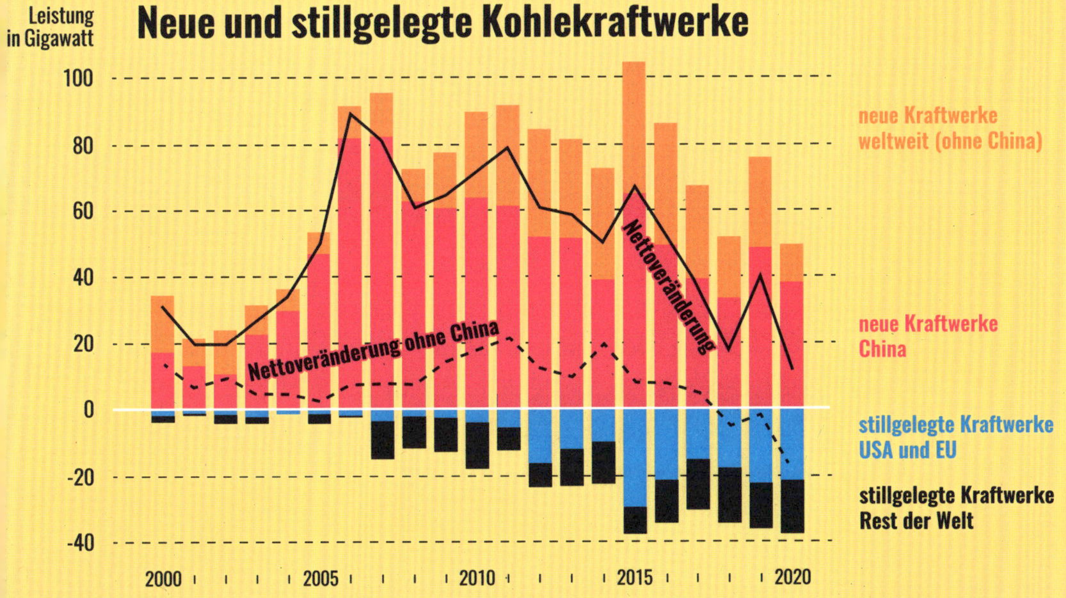

Warum spanische Geier nicht nach Portugal fliegen

Aus dem Flugzeug betrachtet verschwinden die allermeisten Grenzen, Zäune und Mauern. So wird deutlich, dass sie rein menschliche Konstrukte sind, mit denen Menschen und Tiere am Boden ausgeschlossen und eingezäunt werden. Nur Vögel, so scheint es, erleben die echte Freiheit. Die gefiederten Erdbewohner können auf Grenzen pfeifen – eigentlich. Dennoch tun sie es nicht immer.

Vor wenigen Jahren machte ein Forschungsteam eine spannende Entdeckung. Für bestimmte Vögel auf der Iberischen Halbinsel stellt die spanisch-portugiesische Grenze eine schier unpassierbare Barriere dar. Wobei »unpassierbar« der falsche Ausdruck ist: Spanische Mönchs- und Gänsegeier haben anscheinend einfach keine Lust, die Grenze nach Portugal zu überqueren. Nun lässt sich ausschließen, dass die Geier ein Verständnis von politischer Geografie haben oder sich auch nur eine Sekunde darum kümmern würden – auch wenn die Grenze in ihrer aktuellen Form bereits seit dem Jahr 1297 besteht und damit eine der ältesten noch existierenden der Welt ist.

Warum also meiden die Geier den portugiesischen Luftraum? Der Grund ist ganz einfach: die Bovine spongiforme Enzephalopathie. Noch nie davon gehört? Doch, haben Sie. Bekannter ist ihre Kurzform BSE oder die alltagssprachliche Bezeichnung Rinderwahn. Um die Tierkrankheit einzudämmen, verpflichtete die

GPS-geortete Geier an der spanisch-portugiesischen Grenze

Gänsegeier

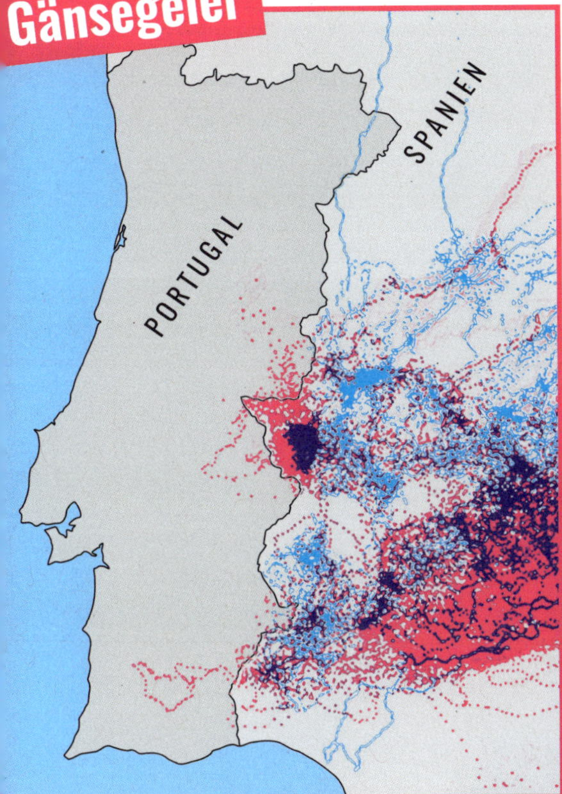

60 Gänsegeier (Gyps fulvus), zwei Populationen

30 erwachsene Vögel aus dem Ebrotal, Nordspanien,

und 30 erwachsene Vögel aus dem Guadalquivirtal, Südspanien

● Überschneidungen

Mönchsgeier

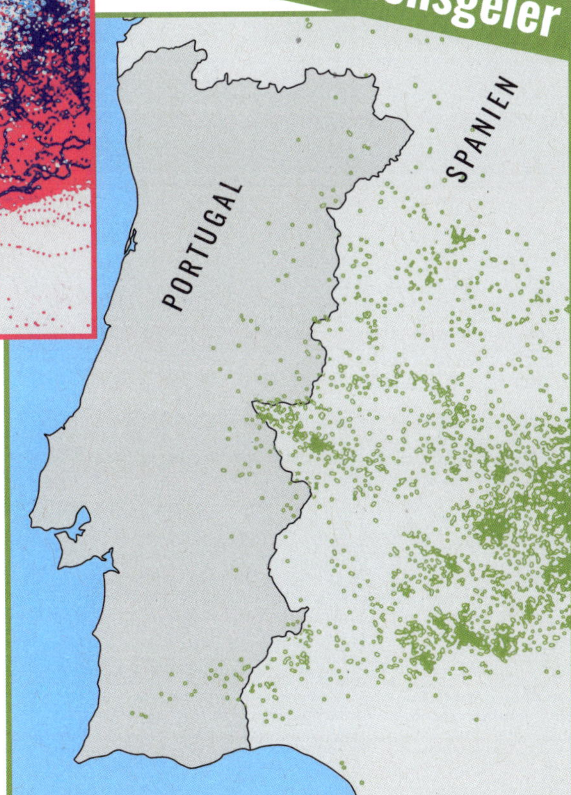

11 Mönchsgeier (Aegypius monachus)

Jungvögel aus dem Nationalpark Cabañeros, Zentralspanien

EU-Kommission 2001 die Landwirte zur flächendeckenden Entsorgung von Tierkadavern – einem Hauptnahrungsmittel iberischer Geier. Spanien lockerte die Bestimmungen vier Jahre später wieder, während in Portugal nach wie vor strenge Richtlinien gelten und Kadaver nur vereinzelt auf wenigen ausgewiesenen Plätzen liegen bleiben dürfen. Das Kadaver-Buffet ist auf der östlichen Seite der spanisch-portugiesischen Grenze also einfach vielfältiger – das haben die Geier binnen weniger Jahre gelernt und verinnerlicht. Von 71 mit GPS-Sendern ausgestatteten Geiern überquerten binnen zwei Jahren gerade einmal 13 kurzzeitig die Grenze – gelandet sind sie in Portugal aber so gut wie nie. Und dennoch fliegen sie aufgrund der zahlreichen Köstlichkeiten sehr nahe an die Grenze heran.

Das Forschungsteam kann ausschließen, dass andere Gründe hinter dem Portugal-Boykott der Geier stecken, da die Beschaffenheit der Böden, die Vegetation, das Klima oder auch die lokale Tierwelt am Boden innerhalb des untersuchten 50-Kilometer-Korridors beinahe identisch sind. In der Region, in der neben Gemüse- und Obstanbau vor allem viel Tierzucht betrieben wird, unterscheidet einzig und allein der Umgang mit verendeten Tieren die Portugiesen von den Spaniern. Und so sorgen Unterschiede in den Seuchenschutzrichtlinien zweier Nachbarstaaten für eine unsichtbare Barriere in der Luft, die am Boden kaum jemandem auffällt.

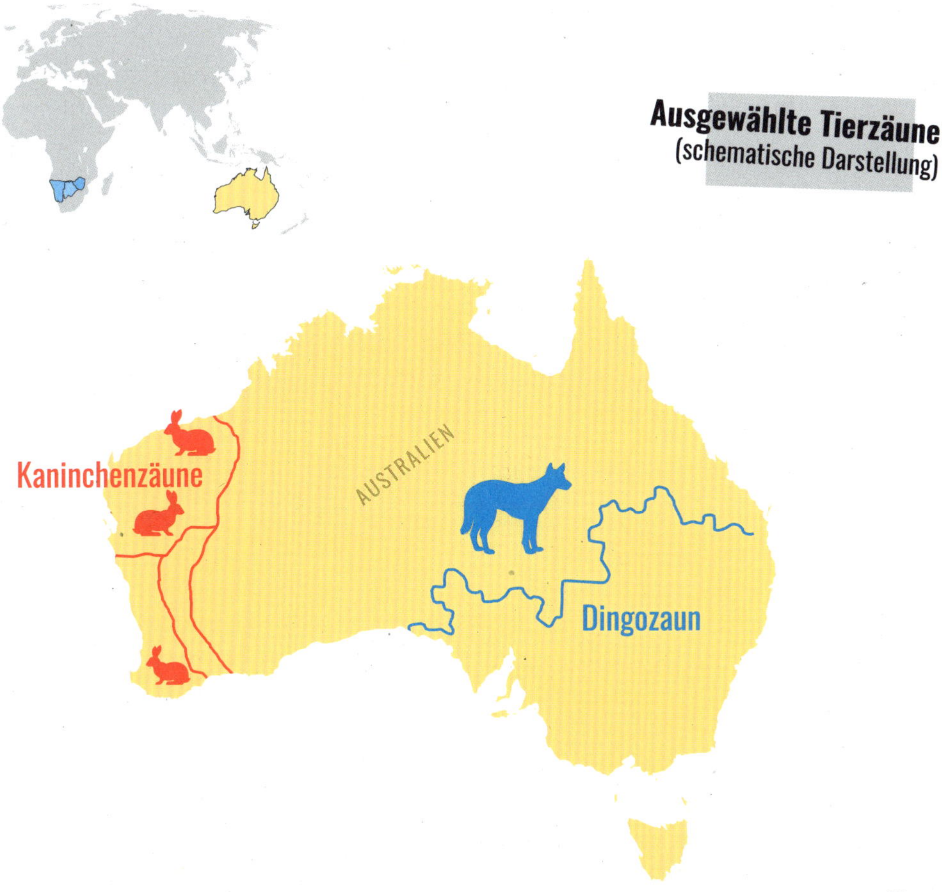

Dauer des Aufenhalts auf Rockall in Tagen
45
Nick Hancock
2014
42
Greenpeace
1997
40
Tom McClean
1985

Der beschissene britische Fels in der Brandung

Rockall ist sein Platz in den Geschichtsbüchern sicher. Der winzige Fels im Nordatlantik ist die (bislang) letzte Eroberung des (bislang) größten Reichs der Menschheitsgeschichte. 1955 annektierte das damals bereits schrumpfende Britische Imperium den rund 20 Meter hohen und circa 30 Meter breiten Granitblock aus militärstrategischen Gründen. Der Kalte Krieg nahm bereits mächtig Fahrt auf und London befürchtete, die Sowjets könnten von Rockall aus britische Atomraketentests verfolgen und dadurch wertvolle Spionageerfolge feiern. Im Namen der Queen rückten also zwei Marinesoldaten und ein Geologe per Helikopter aus, um den knapp 400 Kilometer vor Schottland liegenden Felsen für die Krone in Besitz zu nehmen. Mit an Bord: eine Plakette und – wie könnte es anders sein – eine Flagge, um den Kolonialbesitz zu markieren. Keine andere Flagge versinnbildlicht auch heute noch den Kolonialismus stärker als der rot-weiß-blaue Union Jack. Im Falle Rockalls waren die einzigen »Opfer« der Unterwerfung zumindest nur ein paar Vögel, die auf ihrer Reise übers Meer beim Rasten gestört wurden.

Dennoch sollte es noch einige Jahrzehnte dauern, bis London endlich zugab, dass der algenbedeckte Fels in der rauen See auf Dauer schlichtweg unbewohnbar ist. Obwohl 30 Jahre nach der britischen Eroberung noch ein patriotisch veranlagter Abenteurer versuchte, das Gegenteil zu beweisen. Er harrte 40 Tage und Nächte auf der Insel aus. Und auch Greenpeace trotzte 1997 wochenlang den Wellen und Stürmen. Die Umweltorganisation rief seinerzeit den Fantasiestaat »Global State of Waveland« aus und protestierte damit gegen die drohende Ausbeutung der Erdölvorkommen rund um Rockall. Warum der ganze Zirkus? Weil es einen enormen Unterschied macht, ob man theoretisch auf der Insel leben könnte oder nicht. Falls die Insel bewohnbar ist, spricht das Seerechtsabkommen den Unterzeichnerstaaten eine 200 Seemeilen breite ausschließliche Wirtschaftszone (AWZ) und damit deren wirtschaftliche Ausbeutung zu. Neben dem Vereinigten Königreich hegen aber auch andere – mehr oder weniger ausdrücklich – Anspruch auf die Insel: Irland, Dänemark (via die Färöer) und Island. Am dichtesten dran liegt tatsächlich das zum Königreich gehörende Schottland. Schon 1988 ignorierte London das im Falle Rockalls schwer zu vertretende Kriterium der Bewohnbarkeit und unterzeichnete ein Abkommen mit der Republik Irland über den maritimen Grenzverlauf, der Rockalls potenzielle AWZ ausklammerte. Falls das Vereinigte Königreich den Felsen eines Tages aus irgendeinem Grund doch abgeben muss, würden so zumindest die bestehenden Wirtschaftszonen nicht komplett durcheinandergebracht.

Die Aufteilung des Meeres zwischen Großbritannien und Irland folgt einem untypischen, weil zickzackförmigen, Grenzverlauf. Der Grund dafür könnte kapitalistischer nicht sein: Die Lizenzen für etwaige Bohrungsrechte lassen sich so leichter aufteilen und niemand kommt sich beim Ausbeuten des Meeres in die Quere. In die Quere kommen könnten sich nach dem Brexit jedoch britische Fischereiboote und jene aus den EU-Staaten. Im Rahmen der gemeinsamen Fischereipolitik durften alle EU-Fischer in den AWZ aller EU-Staaten auf Fang gehen. Nun gelten strenge Quoten auf beiden Seiten der Zickzacklinie, die ab 2026 jährlich neu verhandelt werden müssen. Sollte es in Zukunft etwa zur Wiedervereinigung Irlands kommen, könnte der »shitty rock« namens Rockall sogar an Irland fallen. Bis dahin brechen aber noch viele Wellen am mystischen Fels, der so oft beliebtes Thema und Schauplatz von Romanen, Fernsehserien und Gedichten war. »In fact, we found Rockall« hieß es etwa in einem satirischen Song in Anspielung auf das britische »finding fuck all«. Übersetzt bedeutet dies in etwa, einen Scheiß oder eben gar nichts gefunden zu haben – zumindest nichts, was einen jahrzehntelangen Streit rechtfertigen würde.

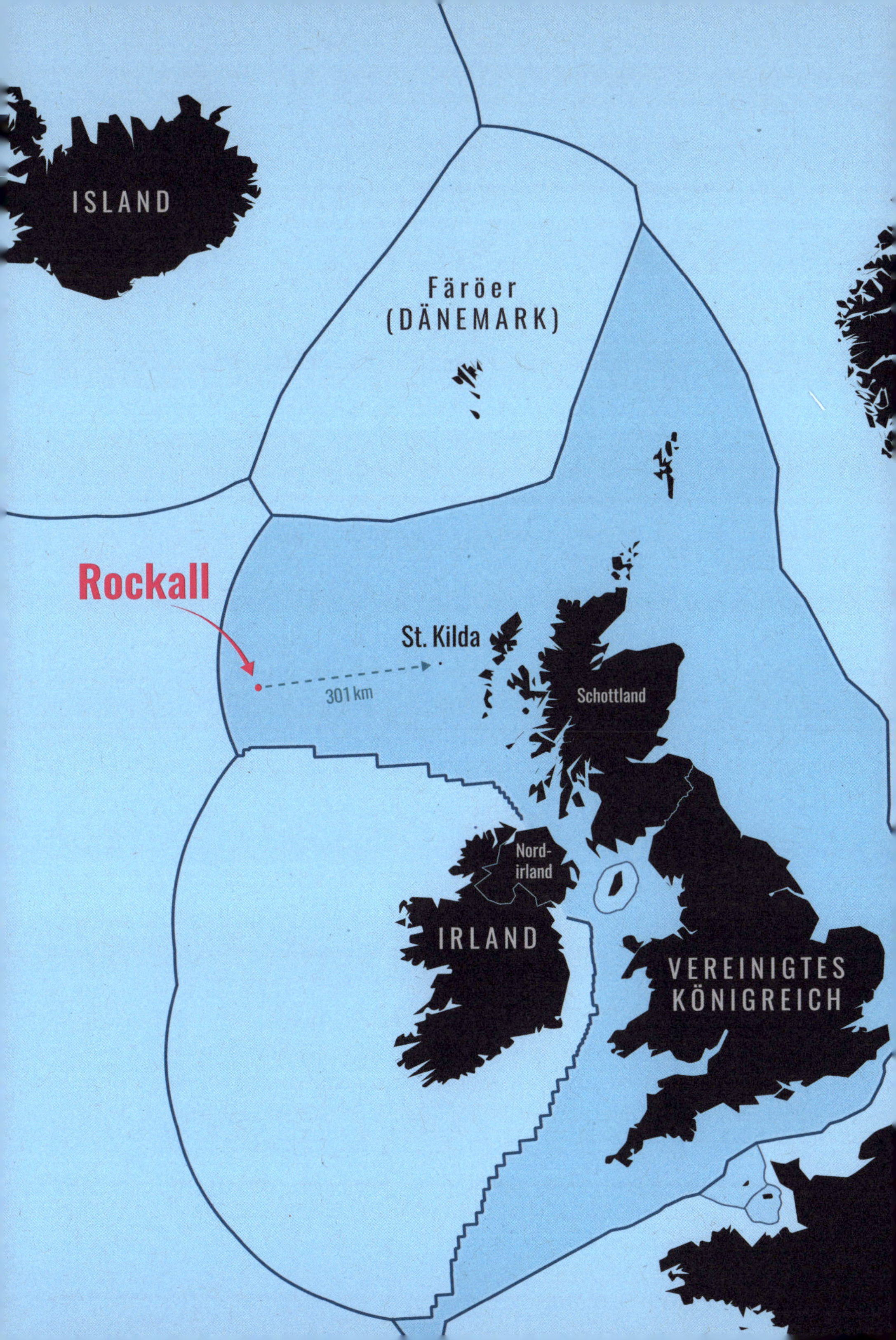
ISLAND
Färöer
(DÄNEMARK)
Rockall
St. Kilda
301 km
Schottland
Nord-
irland
IRLAND
VEREINIGTES
KÖNIGREICH

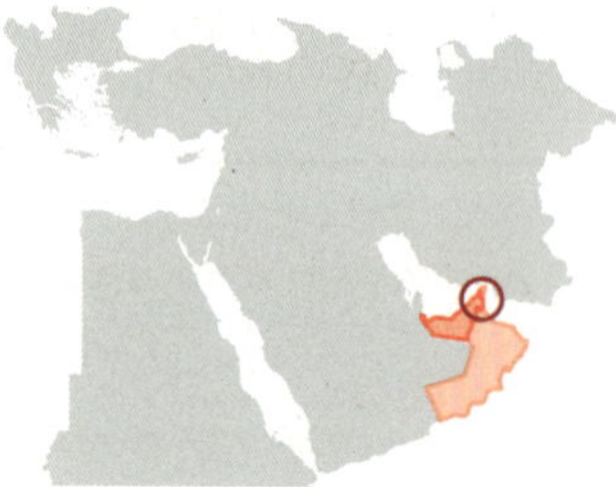

Arabisches Spiegelei

Sie sieht ein bisschen aus wie ein Donut oder ein Spiegelei, die Grenzziehung am Südostzipfel der Arabischen Halbinsel. Ein Stück Land der Vereinigten Arabischen Emirate, vollständig umgeben von einem Teil des Oman, das wiederum komplett von den Emiraten umschlossen ist. Tatsächlich handelt es sich beim kleinen Dörfchen Nahwa um eine geopolitische Kuriosität – eine sogenannte Gegenenklave oder Enklave zweiter Ordnung. Sowas gibt es sonst nur noch im niederländisch-belgischen Baarle. Bis zur Grenzbereinigung zwischen Bangladesch und Indien im Jahr 2015 gab es sogar eine Enklave dritter Ordnung. Wie aber kam es zum omanischen Ring um Nahwa?

Alles begann mit einer richtungsweisenden Entscheidung einer Gruppe älterer Madhanis vor rund 80 Jahren. Irgendwann Ende der 1930er oder Anfang der 1940er trommelten die Anführer vier verfeindeter Clans auf der Halbinsel Musandam die Ältesten verschiedener Stämme zusammen. Bei einem Festmahl wollten sie mehr über deren Loyalität und Zugehörigkeit erfahren. In der Geschichte war es durchaus üblich, dass diese Gefolgschaft von Zeit zu Zeit wechselte, je nachdem welcher Familienclan gerade herrschte und mit wem die Stammesältesten gut konnten. Loyalitäten waren oft fließend – und ebenso die Grenzziehung. Die heutigen Trennlinien auf politischen Karten der Region sind daher nichts anderes als ein Schnappschuss der Geschichte. Sie bilden Loyalitäten ab, die eben zufällig zu der Zeit gegolten haben, als die Gebiete nach europäischem Vorbild streng aufgeteilt und abgegrenzt wurden. Die Madhanis schlossen sich als Einzige dem damals reicheren und politisch straffer organisierten Sul-

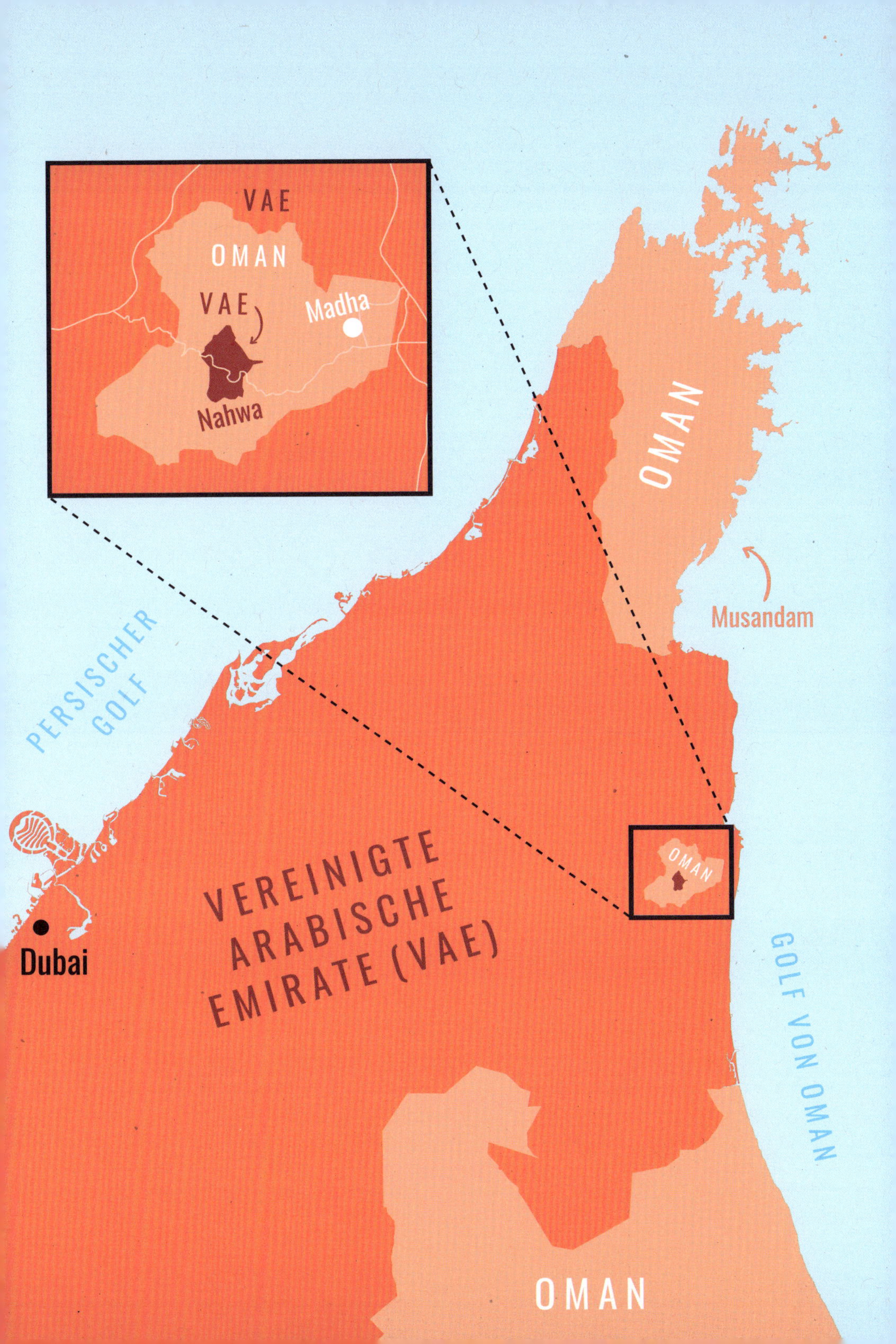
VAE
OMAN
VAE
Madha
Nahwa
OMAN
Musandam
PERSISCHER GOLF
OMAN
Dubai
VEREINIGTE ARABISCHE EMIRATE (VAE)
GOLF VON OMAN
OMAN

Grenzverläufe, die wie Essen aussehen

tanat Oman an. Dessen maritimes Reich erstreckte sich einst entlang der Küste bis ins heutige Tansania sowie im Osten über die Straße von Hormus und den Iran hinweg bis nach Pakistan. Alle umliegenden Clans – etwa auch jene im heutigen Nahwa – folgten hingegen Stammesführern, die sich ab 1971 in den Vereinigten Arabischen Emiraten wiederfinden sollten.

Der vermeintliche Reichtum der Region Madha durch die fruchtbaren Böden, einige Wasserquellen und die unmittelbare Nähe zum Hafen verblasste später im Vergleich zum Öl, das in den Emiraten regelrecht aus dem Boden schoss und die Staatseinnahmen in die Höhe jagte. Auch deshalb sind die Bewohnerinnen und Bewohner des omanischen Rings rund um Nahwa heute deutlich ärmer als ihre Brüder und Schwestern inner- und außerhalb. Durch das schwarze Gold gewannen auch die Grenzen der Region an Bedeutung. Die vermeintlich korrekteste Version der Grenzlinie zu ziehen, ließen sich die Europäer in guter alter kolonialer Manier natürlich nicht nehmen. Der britische Konsul Julian Walker rückte in den 1950ern aus, um das Beziehungsgeflecht zu entwirren. Die 1969 endgültig festgelegten Grenzen sollen aber tatsächlich großteils von den Stammesführern untereinander diskutiert und abgesegnet worden sein.

Heute sind der Grenzübergang in die omanische Exklave sowie der abermalige Übergang in die Emirate die einzigen nicht militärisch gesicherten Verbindungsstrecken zwischen den beiden Staaten. Aufgrund der überschaubaren Anzahl von nur 40 Häusern in Nahwa und rund 3.000 Bewohnerinnen und Bewohnern Madhas ist dies durchaus nachvollziehbar, weil praktischer. Das lokale Tourismusinstitut preist Nahwa als »malerischen Flecken mitten in den Bergen mit üppigen Dattelpalmenplantagen, felsigen Gipfeln und einer Schlucht mit Frischwasserpools«. Überraschenderweise wirbt niemand mit Luqaimat, dem typischen Dessert der Region. Geschmacklich erinnern die frittierten Teigbällchen an Donuts, nur das obligatorische Loch fehlt ihnen.

Spanien will sich selbst in die Luft jagen

Schon mal von einem Staat gehört, der ein Stück Land von der Weltkarte tilgen wollte? Ein Stück, das ihm selbst gehört, wohlgemerkt. Länder wie die Niederlande oder Singapur, die unter enormem Aufwand versuchen, Land zu gewinnen, können bei solchen Vorhaben nur den Kopf schütteln. Die spanische Halbinsel Peñón de Vélez de la Gomera ist aber genau so ein Fall. »Peñón« bedeutet übersetzt »Felsblock«. Dieser Felsblock lag einst als Insel vor der Küste Marokkos und diente Spanien als Außenposten. In der zweiten Hälfte des 19. Jahrhunderts verlor der Fels, der nicht einmal halb so groß ist wie die Madrider Stierkampfarena, für Spanien aber allmählich seine strategische Bedeutung. 1871 debattierte der spanische Kongress deshalb darüber, die Insel samt anderer kleiner Exklaven vor der Küste Nordafrikas abzutreten. Auch die Sprengung des Felsens soll diskutiert worden sein. Letztlich entschied sich Spanien aber dagegen, das Eiland aufzugeben. Wohl auch aus Angst, dass einer Übereignung der Insel an Marokko Forderungen weiterer Gebiete folgen könnten – bis hin zur Beanspruchung der Kanarischen Inseln, die schließlich geografisch so gut zu Spanien passen wie die Falklandinseln vor Argentinien zum Vereinigten Königreich.

Damals konnten die Spanierinnen und Spanier noch nicht ahnen, dass ihnen die Natur Jahrzehnte später einen Streich spielen würde, der die Lage weiter verkomplizierte. Seit einem Erdbeben oder einem extremen Sturm Anfang der 1930er – die Quellen sind sich da uneins –, ist die ehemalige Miniinsel Peñón de Vélez de la Gomera nämlich durch eine Sandbank direkt mit dem afrikanischen Kontinent verbunden. In der Geografie spricht man bei einer solchen

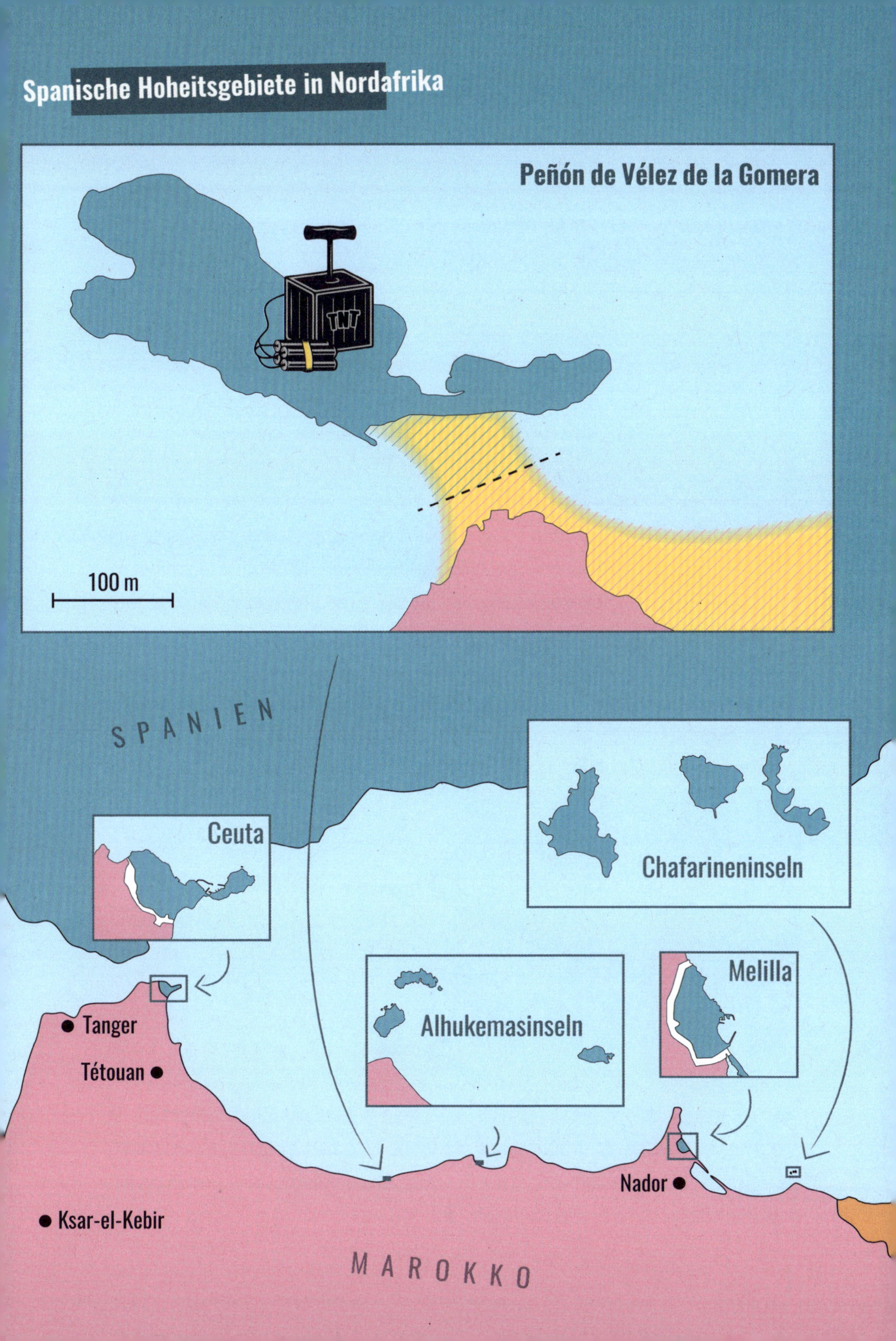
Spanische Hoheitsgebiete in Nordafrika
Peñón de Vélez de la Gomera
TNT
100 m
SPANIEN
Ceuta
Chafarineninseln
Melilla
Alhukemasinseln
Tanger
Tétouan
Nador
Ksar-el-Kebir
MAROKKO

Verbindungsdüne von einem Tombolo. Der Felsblock verlor seinen Inselstatus, hält seither aber den Weltrekord für die kürzeste Landesgrenze zweier Staaten. Die Rekorddistanz von 85 Metern spielt für die Entscheidung, die Halbinsel zu behalten, aber wohl eine untergeordnete Rolle.

Spanische Seefahrer eroberten Peñón bereits im Jahre 1508, weil Piraten es als Stützpunkt für Überfälle auf die spanische Südküste genutzt hatten. Nachdem das Eiland in den Folgejahren zuerst in marokkanischem und anschließend in osmanischem Besitz war, erkämpften es sich die Spanier 1564 blutig zurück. Seither widerstand die kleine Festungsinsel etlichen Eroberungsversuchen, was den spanischen Fiskus jedoch viel Geld und die dort stationierten Truppen einige Nerven und nicht selten ihr Leben kostete. Bisweilen sollen die Streitkräfte aber ein recht gutes Leben auf dem Felsen geführt haben, auch weil der Posten mit großzügigen Zulagen verbunden war. Zudem befanden sich früher verschiedene Läden, Tavernen und sogar ein Schuster auf der Insel, was neben dem militärischen zusehends auch ziviles Leben erlaubte.

In den vergangenen Jahrzehnten wurde aber zunächst Touristinnen und Touristen der Zutritt verwehrt und später schotteten sich auch die Streitkräfte vor Ort immer mehr ab. Sie werden seither nur noch per Hubschrauber und Boot versorgt. Der Austausch mit dem angrenzenden marokkanischen Fischerdörfchen Badis kam zum Erliegen. Das lag unter anderem an den immer forscheren und selbstbewusster formulierten Besitzansprüchen Marokkos. Auch dass Aktivisten 2012 kurzzeitig vier marokkanische Flaggen auf der Festung hissten, verärgerte das dortige Militär. Die Protestler bezeichneten sich als »Komitee für die Befreiung von Ceuta und Melilla«, zwei weitere spanische Exklaven in Afrika, für deren Anschluss an Marokko sie kämpften.

Ceuta und Melilla sind immer wieder in den Schlagzeilen, weil Flüchtende versuchen, die mittlerweile stark militarisierten Grenzzäune zu überqueren. Beide Gebiete gehören zur EU, weshalb man bei Betreten einen Asylantrag in Spanien stellen kann. Auch Peñón de Vélez de la Gomera gehört zur EU, das Asylrecht ist allerdings auf direkte Anordnung des spanischen Staates ausgesetzt. Ansonsten sähe sich der Fels wohl mit weit größeren Herausforderungen konfrontiert als ein paar Menschen, die eine Flagge hissen.

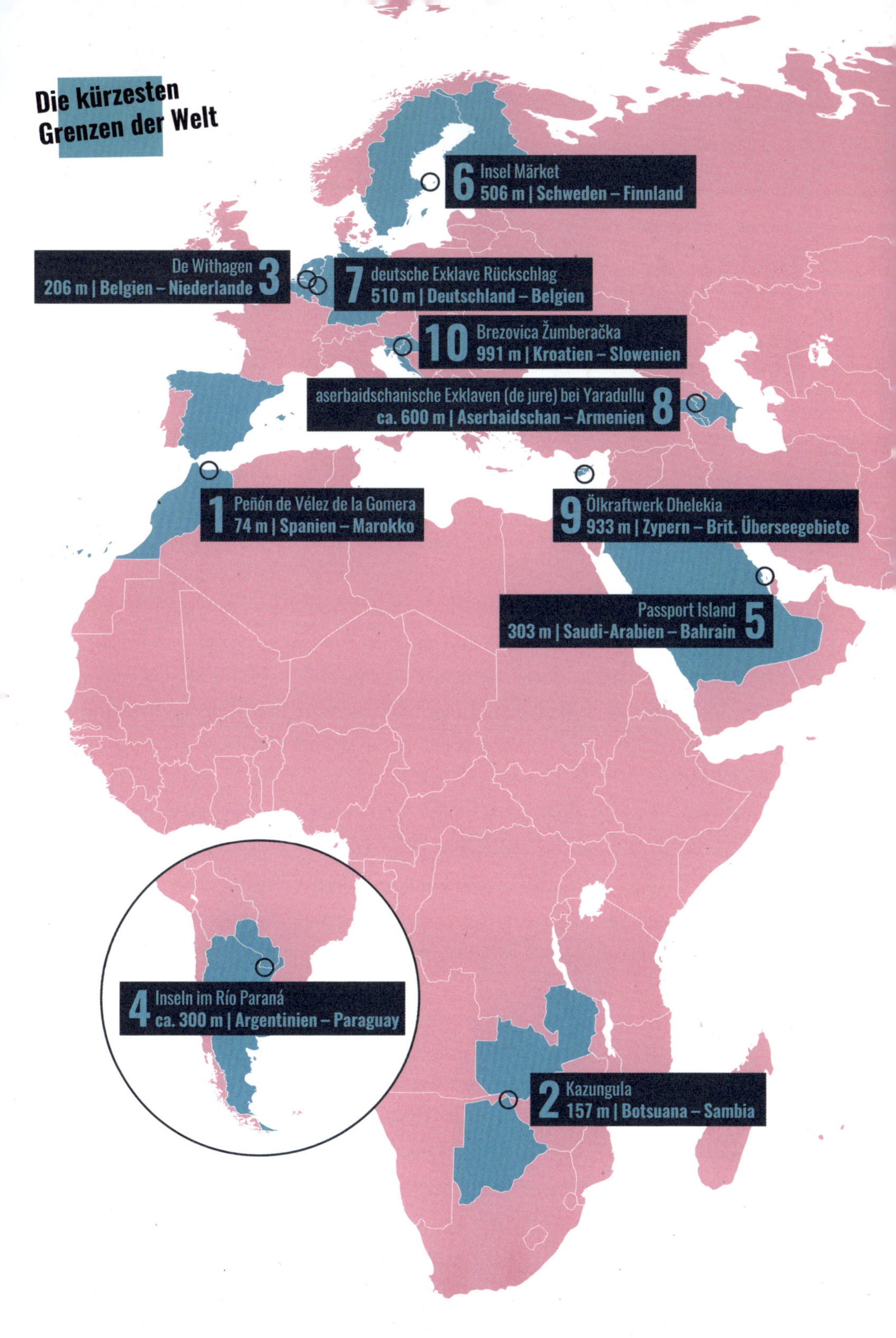

Die kürzesten Grenzen der Welt
6 Insel Märket
506 m | Schweden – Finnland
De Withagen 3
206 m | Belgien – Niederlande
7 deutsche Exklave Rückschlag
510 m | Deutschland – Belgien
10 Brezovica Žumberačka
991 m | Kroatien – Slowenien
aserbaidschanische Exklaven (de jure) bei Yaradullu 8
ca. 600 m | Aserbaidschan – Armenien
1 Peñón de Vélez de la Gomera
74 m | Spanien – Marokko
9 Ölkraftwerk Dhelekia
933 m | Zypern – Brit. Überseegebiete
Passport Island 5
303 m | Saudi-Arabien – Bahrain
4 Inseln im Río Paraná
ca. 300 m | Argentinien – Paraguay
2 Kazungula
157 m | Botsuana – Sambia

Wallyball über den Grenzzaun

Die mexikanisch-US-amerikanische Grenze ist im Osten das Produkt einer Rebellion von US-Siedlern, im Westen das Resultat eines rassistischen Angriffskrieges gegen Mexiko und in der Mitte das Ergebnis eines ausbeuterischen Kaufvertrags, in den Mexiko mehr oder weniger hineingedrängt wurde. Vergegenwärtigt man sich die Migrationsbewegungen an der Grenze, wirkt das umso skurriler. Denn alles begann damit, dass das mittelamerikanische Land US-Arbeitskräfte ins damals mexikanische Texas einlud. Diese sorgten nicht für den gewünschten wirtschaftlichen Aufschwung, annektierten dafür später aber die Region. Heute spielen sich an der meistfrequentierten Grenze der Welt regelmäßig menschliche Dramen ab. Flüchtende und Arbeitsuchende wollen sich im »Land der unbegrenzten Möglichkeiten« ein besseres Leben aufbauen – sterben aber zuhauf in den glühend heißen Wüsten Texas', Arizonas oder New Mexicos. Manche ertrinken auch im Rio Grande oder kommen noch vor der Grenze um. US-Behörden zählen jedes Jahr Hunderte Tote, die Dunkelziffer ist weit höher. Die Grenze zwischen Mexiko und den USA ist heute eine von vielen Todeszonen dieser Welt.

Das hat Freddie Agustín nicht davon abgehalten, aus der Situation Profit zu schlagen. Er ist der Gründer des »Parque EcoAlberto« und soll selbst mehrfach die Grenze illegal überquert haben. Neben zahlreichen Übernachtungsmöglichkeiten und Outdooraktivitäten hat der Erlebnispark seit 2004 eine sonderbare Attraktion für den ultimativen Nervenkitzel im Angebot: den »Nachtspaziergang«. Mehr als 600 Kilometer südlich der tatsächlichen Grenze kann man ab 15 Euro die stundenlange Tortur eines illegalen Grenzübertritts nachspielen. Das soll ein Bewusstsein für die Schwierigkeiten einer Flucht schaffen, heißt es. Parkmitarbeiter mimen schreiende US-Grenztruppen, Kartellmitglieder und den »Kojoten« – den Schleuser.

Großes-Becken-Wüste
USA
Mojave-
wüste
Sonora-
wüste
Naco
Chihuahua-
wüste
MEXIKO
Parque EcoAlberto
Barrieren, die den Grenzübertritt
verhindern sollen für
Grenzübergänge
Menschen
Fahrzeuge

2 von 3 Menschen leben in der

100-Meilen-Grenzzone

Die menschenfeindlichen Aussagen und Taten des damaligen Präsidenten Donald Trump trugen in den vergangenen Jahren stark dazu bei, dass die Grenze zu einer der meistdiskutierten weltweit aufstieg. Seine Pläne, eine Mauer entlang der gesamten 3.145 Kilometer zu bauen, halfen ihm 2016 ins Amt. Seinen Fans war es egal, dass Fachleute das Vorhaben wegen des unwegsamen Grenzverlaufs entlang des reißenden Rio Grandes und der horrenden Kosten bereits früh als unrealistisch abkanzelten. Wenig überraschend lehnte der mexikanische Präsident die Einladung Trumps, für die Kosten aufzukommen, dankend ab. Die Demokraten schätzten die Kosten für die Mauer auf bis zu 67 Milliarden US-Dollar – mehr als das Achtfache dessen, was Trump sich zunächst ausgerechnet hatte.

Trump war aber keineswegs der erste Präsident, der Teile seines Landes mit einer Grenzbarriere vom südlichen Nachbarn abschotten wollte. Bereits 1909 wurden die ersten Zäune und Mauern aufgestellt. Richtig Fahrt nahm die Abgrenzung dann um die Jahrtausendwende unter George Bush senior und junior auf. Aber auch während der Amtszeit des Demokraten Bill Clinton wurden Barrieren errichtet. Die etwas abweichende Position der Obama-Administration verdeutlicht am besten ein Zitat seiner ersten Heimatschutzministerin Janet Napolitano: »Zeig mir eine 50 Fuß hohe Mauer, und ich zeige dir eine 51 Fuß hohe Leiter.« Tatsächlich halten Grenzbarrieren Verzweifelte selten von einer Flucht ab. Sie sorgen nur eher für ihren Tod, wie zahlreiche Studien belegen.

Was sie jedoch zweifellos vollbringen, ist die Trennung von Menschen – besonders in Grenzstädten. Doch nicht alle Menschen nehmen das einfach so hin. Als Zeichen der weiteren Verbundenheit veranstalteten beispielsweise die Städte **Naco** (USA) und Naco (Mexiko) jahrzehntelang während des binationalen Festes eine Partie »Wallyball«. Dabei wurde Volleyball über den Grenzzaun in der einst vereinten Stadt gespielt. Das Verliererteam musste auf seiner Seite das gemeinsame Festessen ausrichten. Noch bis in die frühen Neunziger sollen Menschen von der mexikanischen Seite dafür regelmäßig durch ein Loch im Zaun gekrochen sein, denn die Gringos und Gringas verloren meistens. 2007 fand die vorerst letzte Partie statt – damals schon am Stadtrand. Höhere Zäune und strengere Grenzkontrollen haben das Freundschaftsspiel seither unmöglich gemacht.

Halbes Jahr französisch, sechs Monate spanisch

Zwischen Spanien und Frankreich gibt es eine kleine Flussinsel, ihr Name: Fasaneninsel. Zu wem sie gehört, können nur Sie sagen! Schauen Sie einfach auf den Kalender: Wenn Sie diese Zeilen zwischen dem 1. Februar und Ende Juli lesen, ist das 6.820 Quadratmeter kleine Inselchen gerade unter der Kontrolle Spaniens. In den anderen sechs Monaten ist Frankreich an der Reihe. Gehören tut sie beiden gemeinsam. Die Patchwork-Konstellation hat Tradition, eine mehr als 350 Jahre lange sogar.

1659: Als die beiden Widersacher nach dem 24 Jahre währenden Französisch-Spanischen Krieg ihre gemeinsame Grenze festlegten, wählten sie die Fasaneninsel als neutralen Ort, um nach einem dreimonatigen Sitzungsmarathon den Pyrenäenvertrag zu unterzeichnen. Für den Fall, dass die Friedensverhandlungen scheitern, standen die Heere auf beiden Seiten an den extra angelegten Holzbrücken gefechtsbereit. Ihre Waffen konnten sie jedoch stecken lassen. Stattdessen wurde auf der Insel gefeiert! Teil des Friedensschlusses war neben der geteilten Herrschaft über die Fasaneninsel nämlich auch die Vermählung von Sonnenkönig Ludwig XIV. mit der Habsburgerprinzessin Ma-

Diese Insel gehört
FRANKREICH
SPANIEN
Spanien
Frankreich
Spanien
Frankreich
Spanien
Frankreich
Spanien
Frankreich
Spanien
Frankreich
Spanien
Fra

ria Teresa von Spanien. Weil die Könige beim Schwingen des Tanzbeins trotz des Friedens keinesfalls die imaginäre Grenzlinie überschreiten durften, wurde sie mit verschiedenfarbigen Teppichen kenntlich gemacht. Das strategisch und wirtschaftlich unbedeutende Stück Land wurde zu einer Art Friedensinsel für beide Staaten, die immer wieder für diplomatische Zwecke genutzt wurde, etwa den Austausch von Gefangenen.

Tatsächlich stellt die gemeinsame Verwaltung von Territorien in der Geschichte keine Ausnahme dar. Immer wieder vereinbarten zwei oder mehrere Mächte ein sogenanntes Kondominium: die gemeinsame Herrschaft über ein Gebiet – entweder weil sie sich nicht auf einen Besitzer einigen konnten oder weil sie ein Zeichen guter Nachbarschaft setzen wollten. Infolge immer präziserer Kartografie, der Verfestigung der Nationalstaaten und einer Vielzahl an Gerichtsentscheiden wurden sie aber immer seltener, sodass es heute nur noch sehr wenige gibt. Andorra etwa wurde vor drei Jahrzehnten vom Kondominium zu einem souveränen Staat. Ein Grenzwechsel im Halbjahresrhythmus wie im Falle der Fasaneninsel ist noch ungewöhnlicher und in dieser Form einzigartig.

Die circa 220 Meter lange und 40 Meter breite Insel liegt rund sechs Kilometer vor der Mündung des Flusses Bidasoa in den Atlantik. Das Schmelzwasser aus den Pyrenäen hat über die Jahrhunderte etliche Quadratmeter des Eilands erodieren lassen. Der Grenzstein mitten auf der Insel erinnert aber noch heute an die historische Hochzeit. Ursprünglich war auch angedacht, die jeweilige Hoheit mittels Flagge zu signalisieren. Um baskische Separatisten aus der Region aber nicht in eine unendliche Partie von »Capture the Flag« (Fahnenraub) zu verwickeln, verzichtete man darauf.

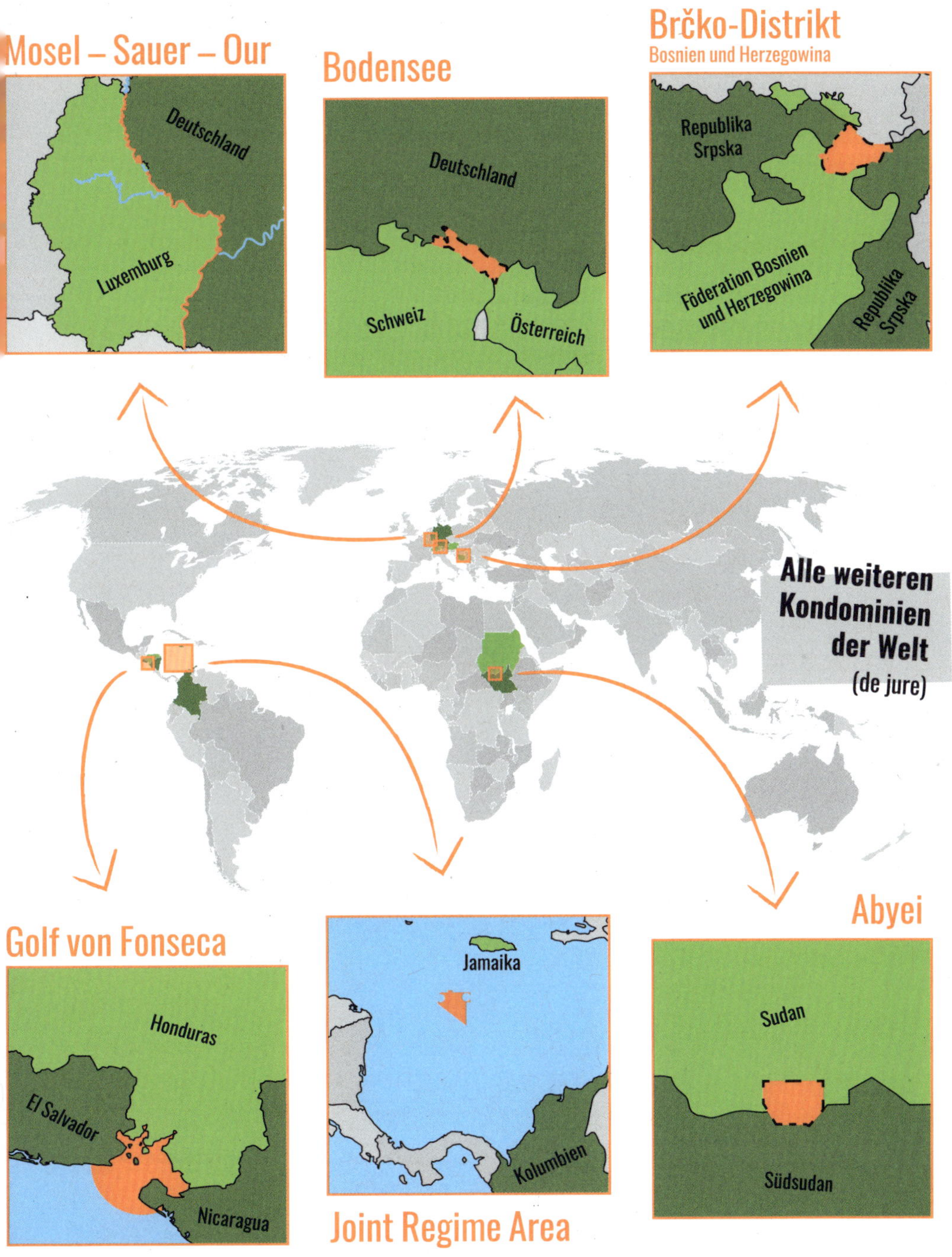
Mosel – Sauer – Our
Deutschland
Luxemburg
Bodensee
Deutschland
Schweiz
Österreich
Brčko-Distrikt
Bosnien und Herzegowina
Republika Srpska
Föderation Bosnien und Herzegowina
Republika Srpska
Alle weiteren Kondominien der Welt
(de jure)
Golf von Fonseca
Honduras
El Salvador
Nicaragua
Jamaika
Kolumbien
Joint Regime Area
Abyei
Sudan
Südsudan

Pappel löst beinahe Krieg aus

Ähnlich wie Deutschland wurde auch Korea während des Kalten Krieges geteilt. Anders als in Deutschland sieht es in Korea trotz einiger Bemühungen in den vergangenen Jahren aber nicht nach einer baldigen Wiedervereinigung aus. Die »Joint Security Area« (JSA) – die neutrale Zone auf der koreanischen Halbinsel – steht seit fast siebzig Jahren exemplarisch für den Konflikt. Dort spielt sich eine Art Dauerzank wie bei zwei streitlustigen Brüdern ab, die sich ein Zimmer teilen müssen. Alle Welt erwartet einen Wiederausbruch des Koreakrieges, doch es blieb bislang bei eher kleineren Zwischenfällen.

Schon bei den ersten Waffenstillstandsgesprächen im Jahr 1951 kam es zu einer eigentlich kindischen Aktion: Kurz vor dem Treffen sägten die Nordkoreaner an den Stuhlbeinen der Verhandlungspartner, um bei den Gesprächen selbst erhöht zu sitzen. Das zeigte Wirkung. Brüskiert verließen die US-Unterhändler der Vereinten Nationen – die Südkorea vertraten – das Verhandlungszelt. Bei einem späteren Treffen hingegen sahen sich die Nordkoreaner gezwungen, aufzustehen, als der Süden unangemeldet eine UN-Tischflagge mitbrachte. Schnell wurde daraufhin eine nordkoreanische Fahne organisiert – natürlich etwas länger und breiter als die der Südkoreaner. Es kam, wie es kommen musste: Beide Parteien kehrten abwechselnd so lange mit größeren Flaggen an den Verhandlungstisch zurück, bis ein eigenes Treffen anberaumt werden musste, um die Größe der Flaggen zu definieren, weil sie nicht mehr ins Verhandlungszelt passten. Was viele nicht wissen: Die Waffenstillstandsgespräche fanden rund einen Kilometer westlich der neutralen Zone, in Panmunjeom, statt, nicht in den bekannten blauen Grenzhäuschen der JSA. Von der damaligen Siedlung ist heute nur noch jenes

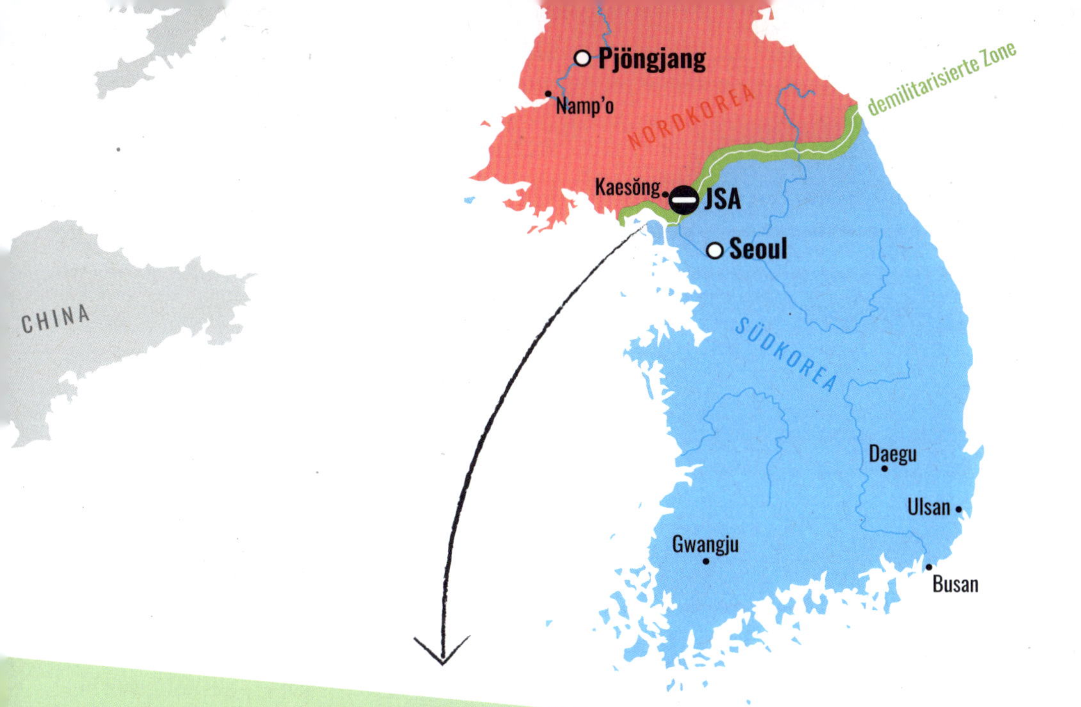
Pjöngjang
Namp'o
NORDKOREA
demilitarisierte Zone
Kaesŏng
JSA
Seoul
CHINA
SÜDKOREA
Daegu
Ulsan
Gwangju
Busan

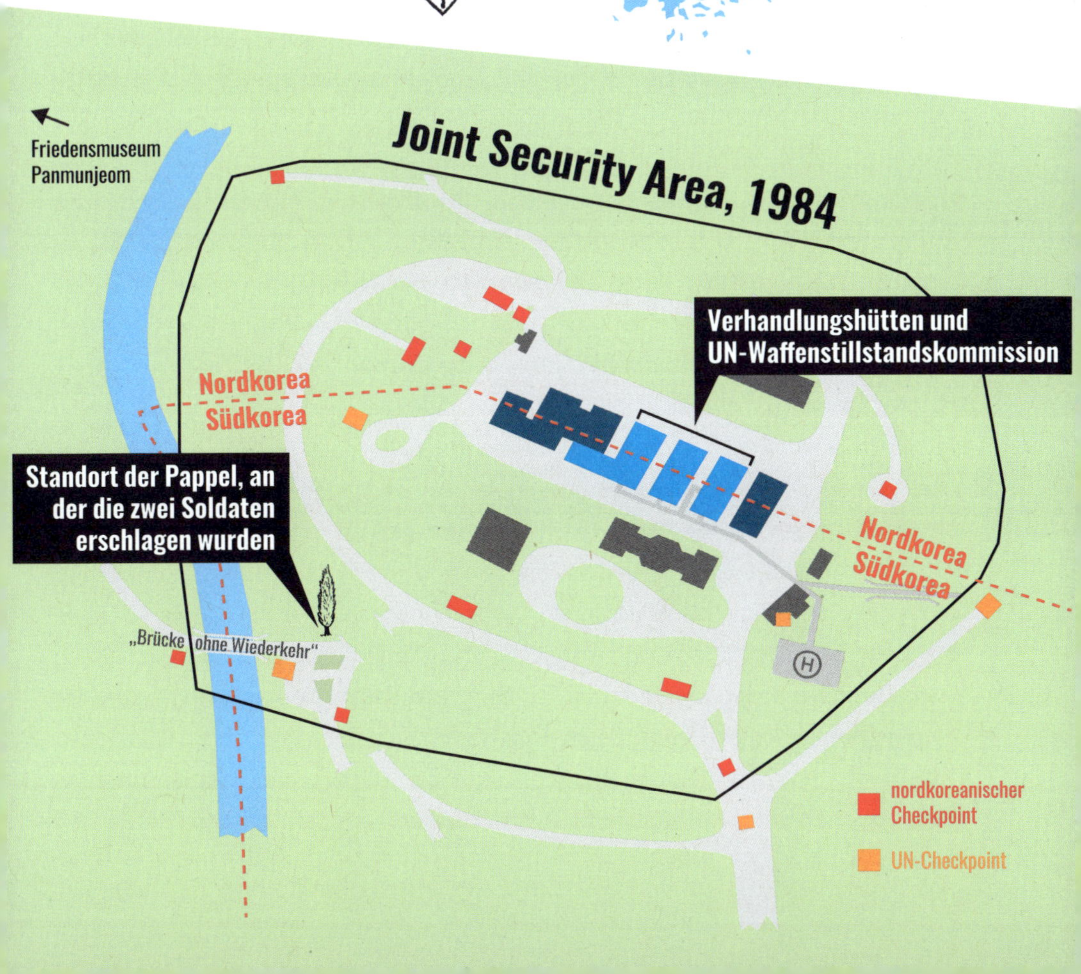
Joint Security Area, 1984
Friedensmuseum Panmunjeom
Verhandlungshütten und UN-Waffenstillstandskommission
Nordkorea
Südkorea
Standort der Pappel, an der die zwei Soldaten erschlagen wurden
„Brücke ohne Wiederkehr"
Nordkorea
Südkorea
nordkoreanischer Checkpoint
UN-Checkpoint

Haus übrig, in dem 1953 der Waffenstillstandsvertrag letztlich unterzeichnet wurde. Es wurde von Nordkorea zu einem Friedensmuseum umfunktioniert.
Im selben Jahr wurde die etwa einen Quadratkilometer große JSA eingerichtet, um einen ständigen Verhandlungsort zu haben. Mehrere Hundert Vorfälle ereigneten sich seitdem dort. Die Konflikte in der JSA verliefen nicht immer so harmlos wie die Auseinandersetzungen um Stühle und Flaggen. Es ist das einzige Gebiet in der rund 250 Kilometer langen und vier Kilometer breiten demilitarisierten Zone, das von Streitkräften, Verhandlungsdelegationen und sogar Touristen betreten werden darf – samt geteiltem Grenztisch und Stühlen mit gleich hohen Beinen. Immer wieder zeigen Abendnachrichten Bilder von sich niederstarrenden Soldaten beiderseits der kleinen Betonkante, die die Demarkationslinie zwischen Nord und Süd bildet. Die bösen Blicke haben ihren Ursprung in einem Gefecht im Jahr 1976. Bis dahin konnten sich die Soldaten beider Seiten frei auf dem Gelände bewegen – auch auf der jeweils anderen Seite der Grenze. Beinstellen, Schubsen, Spuckattacken und Hänseleien gehörten zum Alltag der kampferprobten Grenzstreitkräfte. Als in jenem Jahr aber zwei US-Soldaten ausrückten, um gemeinsam mit UN-Truppen eine 30 Meter hohe Pappel zu trimmen, änderte sich alles. Der Baum hatte den Soldaten die Sicht auf einen Kontrollposten verstellt. Während der Arbeiten eskalierte ein nordkoreanischer General unnötig die Situation und befahl, die US-Soldaten zu töten. Binnen weniger Sekunden lagen sie am Boden, erschlagen mit den Äxten, mit denen sie den Baum kürzen sollten.
In den Stunden danach schien ein Krieg unausweichlich: US-Außenminister Henry Kissinger wollte die Hütte bombardieren lassen, in der sich die Verantwortlichen aufhielten. Präsident Gerald Ford entschied sich für das gelindere Mittel – den Baum mit der geballten Macht seiner Streitkräfte zu fällen. Flugzeugträger bezogen Stellung, Hubschrauber hoben ab und schwere Artillerie wurde aufgefahren, als drei Tage später einige Dutzend Soldaten auszogen, um die Pappel in einer vierzigminütigen Aktion bis auf den Stamm herunterzustutzen. Die nordkoreanischen Streitkräfte schauten nur zu. Zur Überraschung vieler fiel während der gesamten »Operation Paul Bunyan« – benannt nach einem sagenhaften Holzfäller – kein einziger Schuss. Nordkoreas Machthaber Kim Il-sung bedauerte später sogar öffentlich den Tod der US-Soldaten. Die Äxte sind mittlerweile im nordkoreanischen Friedensmuseum ausgestellt.
Seither sind Grenzübertritte die absolute Ausnahme. Desertierende aus dem Norden wurden zum Abschuss freigegeben, Friedensaktivisten nach dem Wiedereintritt in den

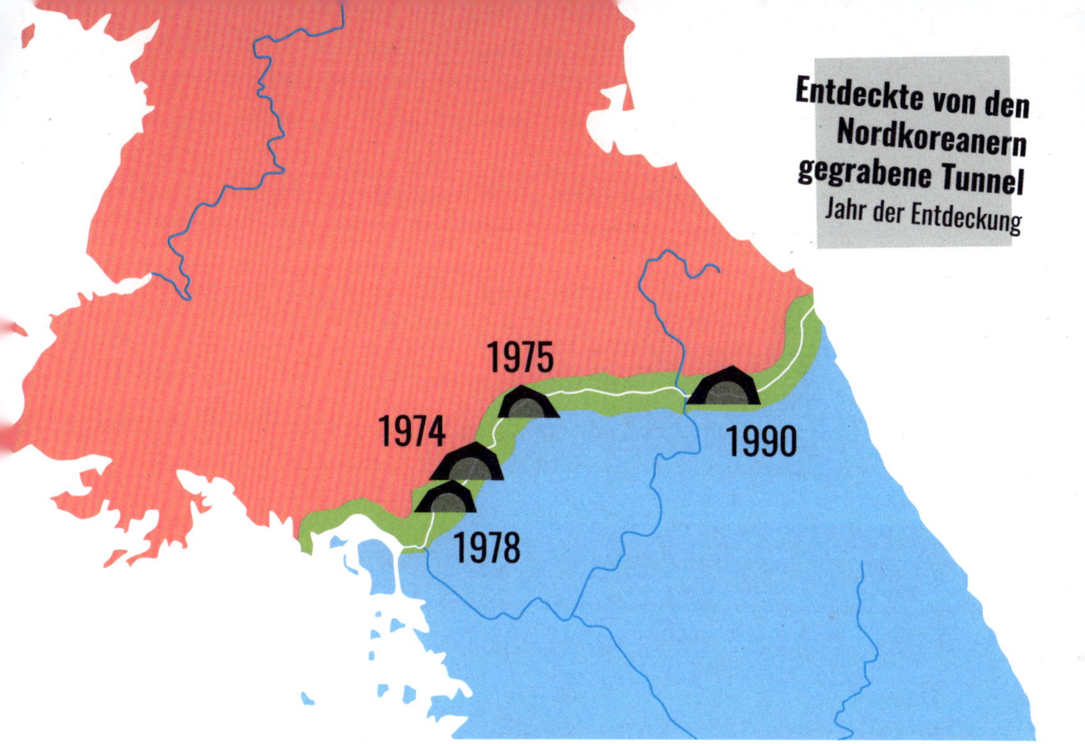

Süden sofort verhaftet. Auch deshalb konnten in der demilitarisierten Zone entlang des 38. nördlichen Breitengrades seit Kriegsende Flora und Fauna ungestört gedeihen. Doch beinahe wäre alles anders gekommen. Der damalige US-Kongressabgeordnete Al Gore senior, für den der Koreakrieg ein »Fleischwolf amerikanischer Männlichkeit« war, schlug schon wenige Monate nach Kriegsausbruch 1950 vor, den Konflikt durch einen ultimativen Schlag zu beenden. Mehrere Atombomben sollten einen verstrahlten Gürtel erzeugen, um die Halbinsel auf Jahrzehnte zu teilen. Glücklicherweise wurde sein Vorschlag, und der einiger kernwaffenaffiner Generäle, ignoriert.

Zuletzt hatte sich die Beziehung der beiden Bruderstaaten rund um die Olympischen Winterspiele in Südkorea 2018 kurzzeitig wieder verbessert. Im Zuge der Entspannungspolitik traten die Eishockeyspielerinnen des Südens und Nordens unter gemeinsamer Flagge an. Erstmals seit Ende des Koreakriegs wagte sogar ein nordkoreanischer Staatschef den Grenzübertritt für ein gemeinsames Foto mit seinem südkoreanischen Kollegen. Auch die Räumung von Minen und die Entwaffnung aller Soldaten wurde angeordnet. Seither starren sie sich gewehrlos an. Provozieren sollte man sie aber trotzdem nicht. Südkoreanische Grenzsoldaten müssen über einen schwarzen Gürtel in Taekwondo oder Judo verfügen – falls die Stimmung in der JSA wieder kippen sollte.

Schön gebaut – leider auf der falschen Seite

Nein, Zorro ist nicht für den eigenartigen Grenzverlauf auf der kleinen Ostseeinsel Märket verantwortlich. Er wäre aber wohl ein bisschen stolz auf die einmalige Z-Form, die heute finnisches von schwedischem Gebiet trennt. Albern genug, diese nur 3,3 Hektar kleine Insel überhaupt zu trennen, ist ein finnischer Architekt verantwortlich für die verrückte Grenze. Sein Name: Georg Schreck. Im Auftrag des Zaren – Finnland gehörte damals noch zu Russland – baute er 1885 einen Leuchtturm auf die Insel, allerdings auf der falschen Seite. Ach du Schreck!

Ob es sich tatsächlich um ein Missgeschick des Architekten handelte, wie oft behauptet wird, ist allerdings äußerst fraglich. Viel wahrscheinlicher ist, dass sich Schreck wohl wenig um die Grenzziehung scherte und den dringend benötigten Wegweiser einfach an der höchsten Erhebung der Insel baute. Diese misst zwar auch nur zwei Meter über Meeresspiegel, schützt den Leuchtturm aber zumindest etwas besser vor der erodierenden Kraft des Salzwassers.

Nach der Errichtung des Leuchtturms machte die Grenze mehrere Jahrzehnte lang nur einen leichten Knick und teilte die Insel zu gleichen Teilen etwa in der Mitte. In ihrer heutigen Zickzackform existiert die Grenzlinie auf der kleinsten geteilten Meeresinsel der Welt erst seit 1985. Bis zu einer Einigung dauerte es also hundert Jahre. Niemand wollte den Leuchtturm abreißen,

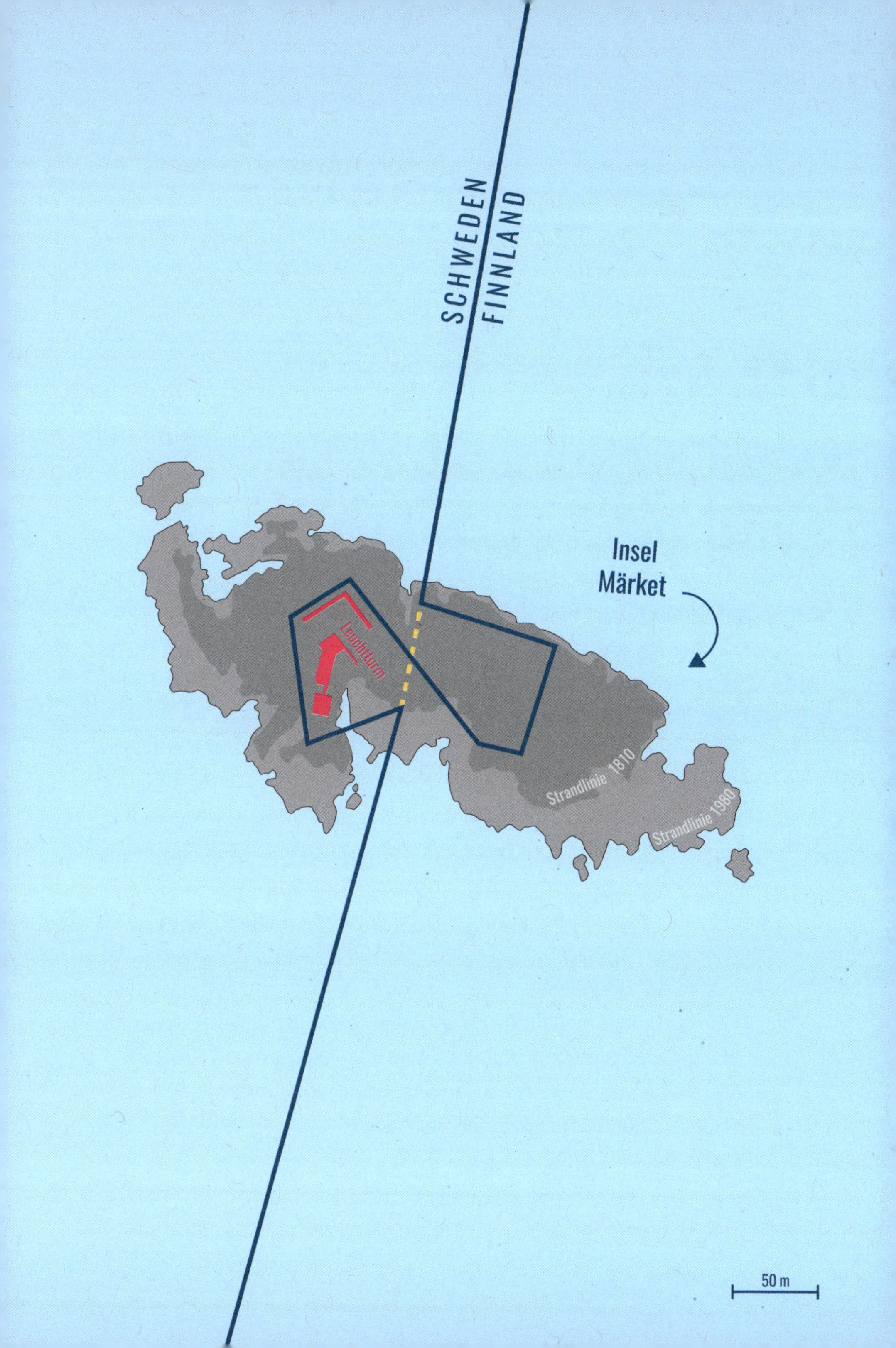
SCHWEDEN
FINNLAND
Insel
Märket
Leuchtturm
Strandlinie 1810
Strandlinie 1980
50 m

und versetzen kam auch nicht infrage. Ein Besitzwechsel der Inselhälften hätte weitreichende Auswirkungen auf die Grenzziehung auf hoher See gehabt und Fischereirechte sowie Hoheitsgewässer kräftig durcheinandergewirbelt. Also einigte man sich auf die Z-Form, da sie einen angemessenen Ausgleich an Landmasse garantierte, ohne den Grenzverlauf an den Ufern der Insel zu verändern. Markiert ist die Grenze nicht etwa durch Pfeiler oder Grenzsteine, sondern durch Löcher und Gravuren im Gestein. Alles andere würde weggespült werden.

Bis Ende der 1970er war der Leuchtturm durchgehend von mindestens vier Männern besetzt. Ihre Hauptaufgabe bestand darin, das Licht zwischen Sonnenuntergang und Sonnenaufgang nicht ausgehen zu lassen. Wenig überraschend fielen diese Jobs der Automatisierung zum Opfer. Als der Leuchtturm langsam zu verfallen drohte, rettete 2007 ein finnisches Museum gemeinsam mit einer Gruppe von Leuchtturm-Enthusiasten das Bauwerk. Freiwillige führten Renovierungsarbeiten durch und besuchen seither regelmäßig in den Sommermonaten die Insel – das notwendige Geld wurde durch Spenden und touristische Führungen gesammelt.

Außer bei Liebhaberinnen und Freunden obskurer Grenzen und Menschen, die die Abgeschiedenheit oder die raue See schätzen, ist die Insel vor allem bei Leuten in der Amateurfunkszene beliebt. Diese jagen und sammeln Funkverbindungen in alle Welt und sogar zur Internationalen Raumstation – manche für Diplome, andere für den Ruhm in der Szene, Wettbewerbe oder nur zum Spaß. Aufgrund seiner Abgeschiedenheit vom Mutterland gilt Märket funktechnisch als separates Gebiet innerhalb Finnlands. Das macht das »DXen«, also das Herstellen einer erfolgreichen Verbindung, von oder nach Märket zum besonders begehrten Juwel. Hat man von Märket aus erfolgreich einen Funkspruch abgesetzt, erhält man als Bestätigung eine Art Postkarte – in der Szene begehrte Sammlerstücke. Heutzutage gibt es diese auch digital. Spitzfindige Amateurfunker betonen aber gerne, dass sämtliche vor 1985 hergestellten Funkverbindungen quasi ungültig sind, weil sie mit finnischer Landeskennung von schwedischem Boden aus zustande kamen. Das war eben noch vor der Z-Form der Grenze. Insgesamt also alles ziemlich nerdy.

Entwurf des Leuchtturms von 1884

Wer die Insel besucht, ist aber alles andere als ein Stubenhocker, denn eine solche »DXpedition« ist nicht gerade ungefährlich. Aufgrund des fehlenden Anlegeplatzes kann nach einer rund 45-minütigen Anreise mit der Fähre Märket nur dann betreten werden, wenn man zuvor auf See in ein kleineres Beiboot umgestiegen ist.

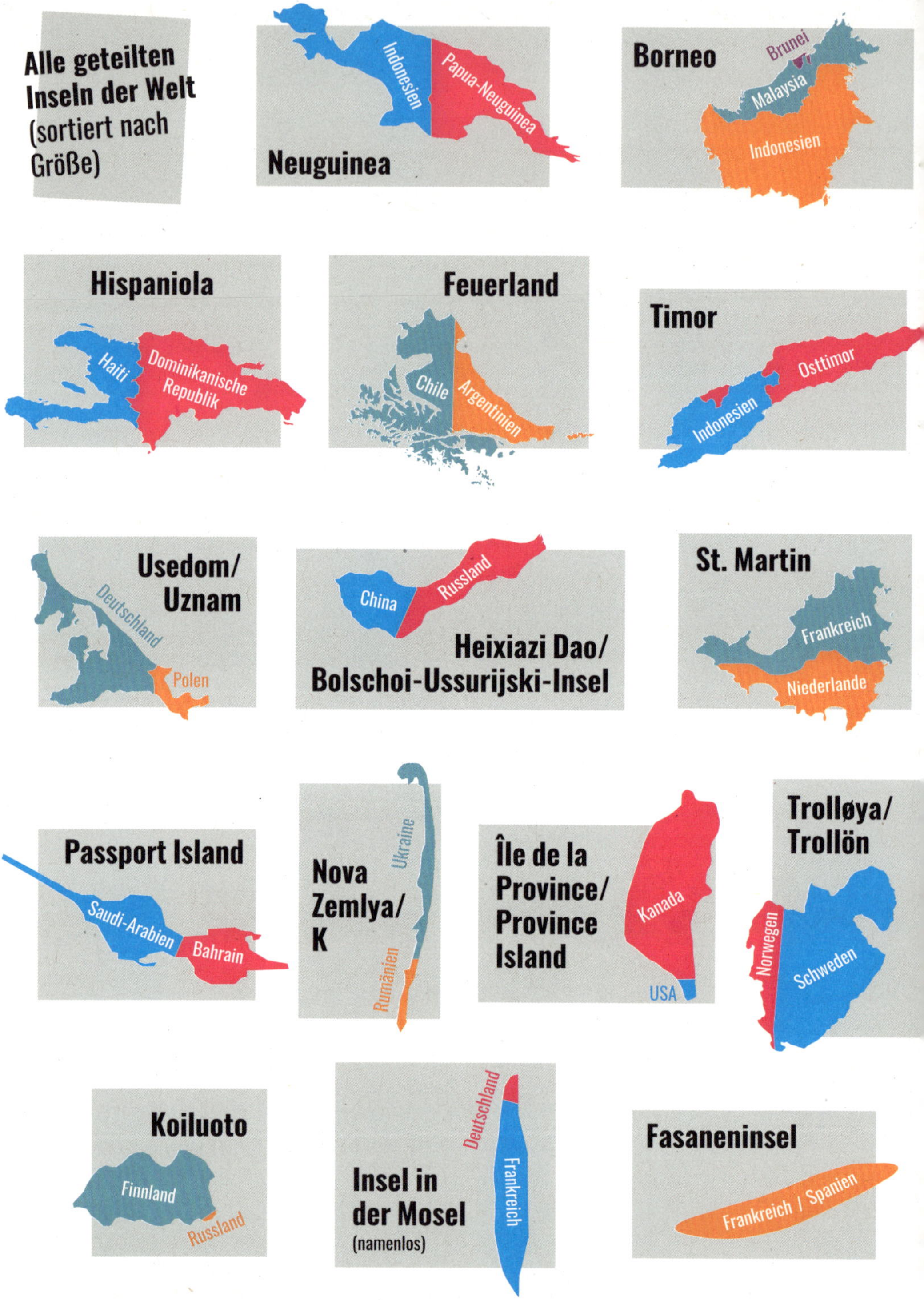
Alle geteilten Inseln der Welt (sortiert nach Größe)
Neuguinea
Indonesien
Papua-Neuguinea
Borneo
Brunei
Malaysia
Indonesien
Hispaniola
Haiti
Dominikanische Republik
Feuerland
Chile
Argentinien
Timor
Osttimor
Indonesien
Usedom/ Uznam
Deutschland
Polen
China
Russland
Heixiazi Dao/ Bolschoi-Ussurijski-Insel
St. Martin
Frankreich
Niederlande
Passport Island
Saudi-Arabien
Bahrain
Nova Zemlya/ K
Ukraine
Rumänien
Île de la Province/ Province Island
Kanada
USA
Trolløya/ Trollön
Norwegen
Schweden
Koiluoto
Finnland
Russland
Insel in der Mosel
(namenlos)
Deutschland
Frankreich
Fasaneninsel
Frankreich / Spanien

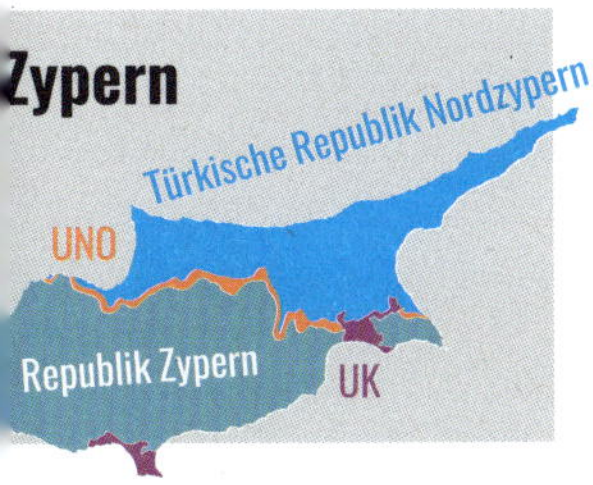

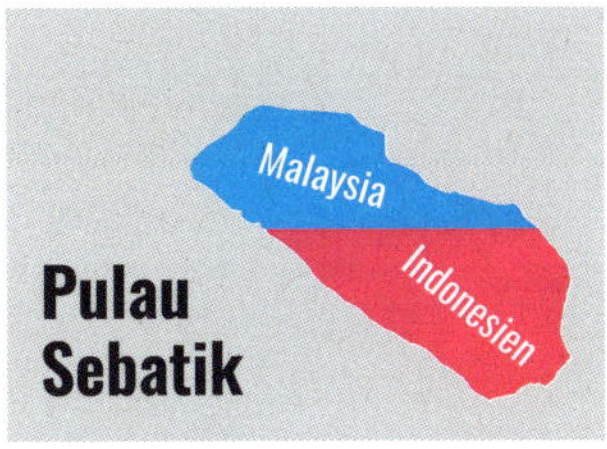

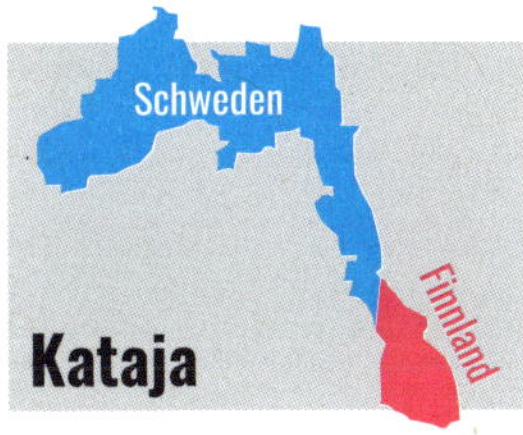

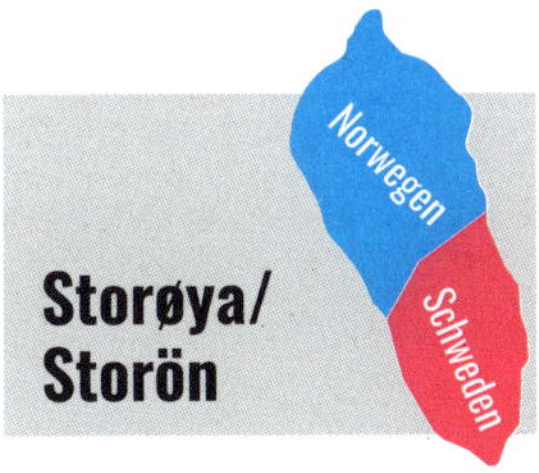

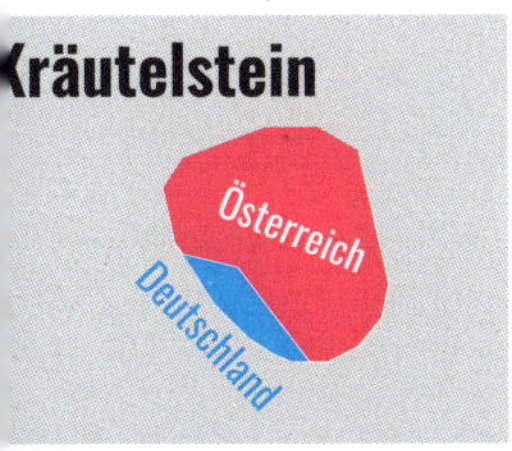

* Passport Island und Treriksröset sind künstliche Inseln, die Hans-Insel hat umstrittenen Status und die Fasaneninsel ist ein Kondominium

Senegal will Gambia untertunneln

Seit Jahrtausenden dienen Flüsse immer wieder als ideale Abgrenzung von Herrschaftsgebieten – oft wurden sie, genauso wie große Gebirgsketten, gar als gottgegebene Grenzen interpretiert. Auch im Falle Gambias spielte ein Fluss, der denselben Namen trägt wie das kleinste kontinentalafrikanische Land, die entscheidende Rolle bei der Grenzziehung des Landes. Allerdings auf ganz andere Art und Weise.
Bereits im 15. und 16. Jahrhundert betrieb Portugal Handel mit den lokalen Völkern Gambias. Daher leitet sich möglicherweise auch die Landesbezeichnung ab: »Câmbio« ist portugiesisch für »Austausch«, »Geldwechsel« oder auch »Handel«. Wären die Europäer von Anfang an etwas ehrlicher zu sich selbst gewesen, würde der Staat heute wohl eher einen Namen tragen wie »Exploraca« in Anlehnung an das portugiesische Wort für

Ausbeutung, »exploração«. Bis 1807 – dem offiziellen Ende des britischen Sklavenhandels – sollen nämlich mehr als drei Millionen Sklaven von Gambia aus in die restliche Welt verschifft worden sein.

Neben Portugal machten sich ab dem 17. Jahrhundert vor allem das Vereinigte Königreich, Frankreich und die Niederlande an der Westküste Afrikas breit. Die Briten kontrollierten bald schon den Fluss Gambia und wollten dann auch das Land beidseitig des leicht zu befahrenden Stroms ihr Eigen nennen. Der Legende nach ist der heutige schlangenförmige Grenzverlauf Gambias parallel zum Fluss darauf zurückzuführen, dass die britischen Kanonenkugeln backbord- und steuerbordseitig genau so weit geschossen werden konnten – alles in deren Reichweite sollte dem Empire unterstellt werden.

Tatsächlich aber ist kein Kanonenschuss bei der Eroberung durch die Briten dokumentiert. Im Zuge der Aufteilung Afrikas auf der Berliner Konferenz erklärten die

Längste Verkehrstunnel
(ohne U-Bahn)

Gotthard-Basistunnel, Schweiz **57.104 m**

Seikan-Tunnel, Japan **53.850 m**

Eurotunnel, Frankreich/Vereinigtes Königreich **50.450 m**

Yulhyeon-Tunnel, Südkorea **50.300 m**

Lötschberg-Basistunnel, Schweiz **34.576 m**

Neuer Guanjiao-Tunnel, China **32.645 m**

Guadarrama-Tunnel, Spanien **28.418 m**

Westlicher Qinling-Tunnel, China **28.236 m**

Taihangshan-Tunnel, China **27.848 m**

Hakkōda-Tunnel, Japan **26.445 m**

Briten 1888 Gambia zur eigenständigen Kolonie. Wegen der strategischen Lage nahe vieler anderer Handelsrouten in Westafrika galt es als wichtiger Umschlagplatz für Exportwaren. Ein Jahr später einigten sie sich mit Frankreich, das fast den ganzen Nordwesten des Kontinents unterworfen hatte, über den Grenzverlauf. Wenig überraschend wurde die von den Besatzern entsandte Grenzkommission, die 1891 die genaue Grenze demarkieren sollte, mit wenig Gegenliebe empfangen. Die Briten hatten allerdings drei Kriegsschiffe samt zahlreicher Soldaten mitgebracht, die wahrscheinlich gewaltlos, aber bestimmt das Land jenseits des Flusses betraten und unmissverständlich in Besitz nahmen. Daher dürfte die Legende rühren.
Gambia, das auf Englisch offiziell immer mit bestimmtem Artikel als »The Gambia« bezeichnet wird, um Verwechslungen mit Sambia zu vermeiden, wurde 1965 in die Unabhängigkeit entlassen. Das britische Commonwealth verließ die Republik Gambia allerdings erst 2013, als Reaktion auf Londons Kritik an der Menschenrechtssituation vor Ort. Nach einem Regierungswechsel trat das Land dem losen Staatenbund 2018 jedoch wieder bei, obwohl man eigentlich nie mehr »Mitglied einer neokolonialen Einrichtung sein« wollte, wie es beim Austritt noch hieß. Neben Erdnüssen und Tourismus ist die Grenze nach wie vor eine der Haupteinnahmequellen des Landes. Obwohl nur eine einzige Brücke über den Gambia führt – und das auch erst seit 2019 – und die meisten Personen den Strom mittels Fähren überqueren, ist der Staat aus offensichtlichen Gründen ein wichtiges Transitland für die Bevölkerung Senegals. Als 2016 die Fährgebühren aber binnen weniger Monate auf umgerechnet rund 600 Euro verhundertfacht wurden, kam es zu heftigen Verstimmungen zwischen den beiden Staaten. Die Grenze wurde daraufhin sogar für einige Zeit geschlossen – bereits zum sechsten Mal seit 2000. Im Jahr 2005 hatte Senegal gar gedroht, einen Tunnel unter Gambia hindurch zu bauen. Viele LKW-Fahrer, die Güter vom Süden Senegals nach Norden oder umgekehrt lieferten, mussten teils zehnstündige Umwege in Kauf nehmen. Für Gambia gedachte Waren harrten an der Grenze teils sogar zwei Monate der Einfuhr – und das obwohl Gambia sich im Rahmen der Westafrikanischen Wirtschaftsgemeinschaft dem freien Verkehr von Gütern und Personen verpflichtet hatte. Das schnelle Geld mit dem Geschäft an der Grenze kann jedoch verlockend sein. Die seit 2021 bestehende riesige gesamtafrikanische Freihandelszone soll solche Praktiken aber endgültig beenden. Dem innerafrikanischen »Câmbio« steht dann vorerst nichts mehr im Weg.

Der deutscheste Teil Österreichs

Gerade einmal 32,5 Prozent der Bevölkerung der Tiroler Gemeinde Jungholz haben die österreichische Staatsbürgerschaft. In Österreich geboren wurden gar nur 12,3 Prozent. Und rund um den kleinen Verwaltungsbezirk im Tannheimer Tal liegen nur deutsche Gemeinden. Lange wurde ausschließlich mit Deutscher Mark bezahlt und seit mehr als einhundert Jahren erreichen Briefe die Einwohner auch über eine deutsche Postleitzahl. Wieso gehört das Gebiet überhaupt zu Österreich?

Auf der Landkarte sieht Jungholz wie ein Anhängsel Österreichs aus – ein Zipfel Ösiland im deutschen Allgäu. Nur ein einziger Punkt am Gipfel des 1.635 Meter hohen Sorgschrofens verbindet das Dorf mit der Alpenrepublik. Es handelt sich deshalb um eine sogenannte funktionale, aber keine vollwertige Exklave, weil sie zwar nicht abgetrennt ist, man aber eigentlich zwingend über deutsches Staatsgebiet muss, um Jungholz zu erreichen. Es sei denn, man wagt einen äußerst präzisen Sprung am Berggipfel von Österreich nach Österreich.

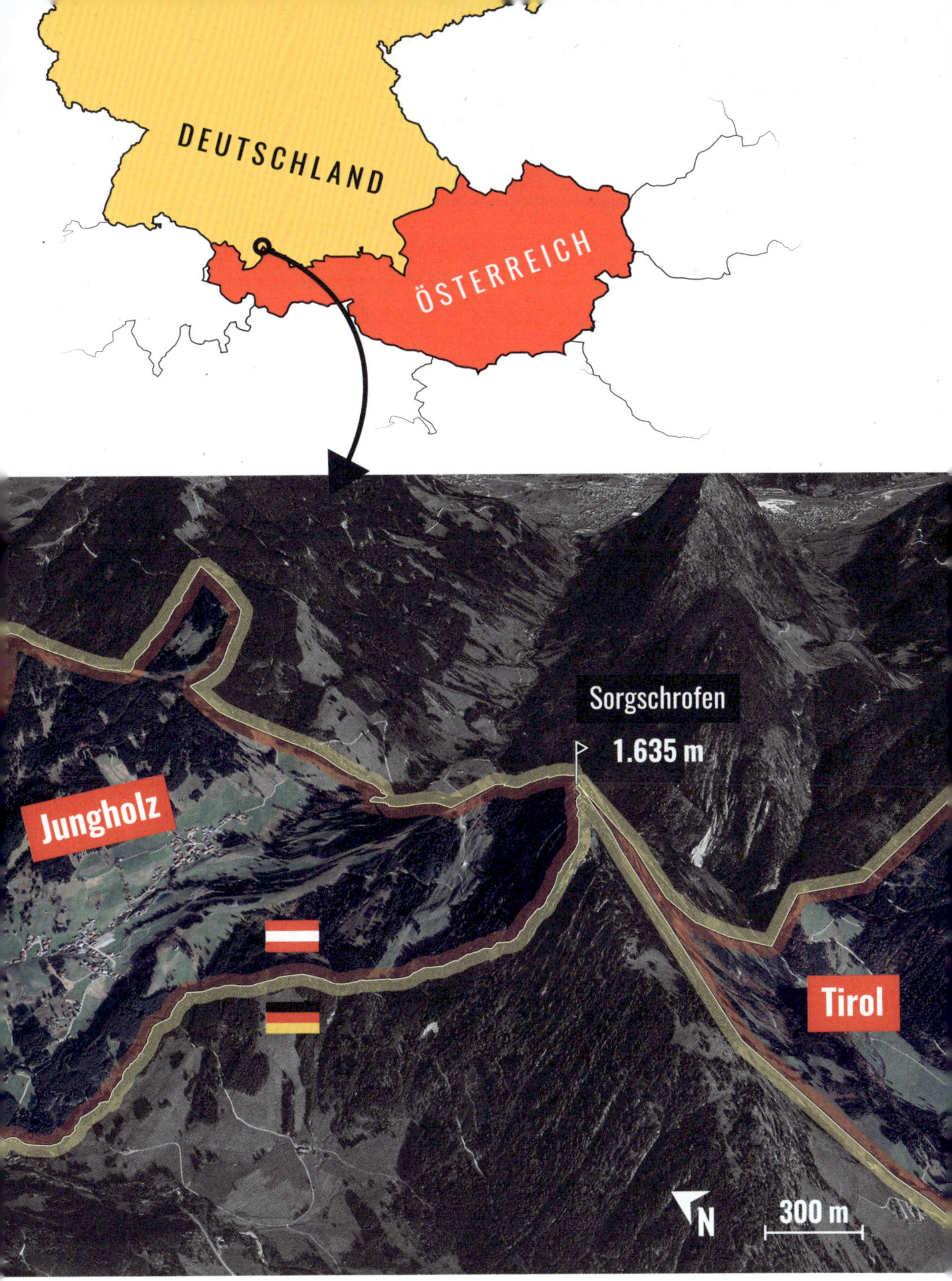
DEUTSCHLAND
ÖSTERREICH
Sorgschrofen
1.635 m
Jungholz
Tirol
N
300 m

Seine Ursprünge hat die geografische Absurdität in einem Kaufvertrag zwischen einem Bewohner der Allgäuer Gemeinde Wertach und einem Tiroler aus dem angrenzenden Tannheimer Tal: Heinz Lochpühler. Dieser kaufte das Gemeindegebiet von Hermann Häselin bereits im Jahre 1342. Trotz etlicher Grenzstreitigkeiten erkannte das Königreich Bayern schließlich die Hoheit des Kaisertums Österreich an, der Verlauf der Trennlinie wurde 1844 und 1850 durch zwei Grenzbereinigungsverträge bestätigt.

In den 1970ern und frühen 80ern machte sich die Gemeinde vor allem beim Zoll einen Namen – als Umschlagplatz für damals noch illegale Pornohefte. Neben Innsbruck und der Grenzstadt Kufstein wurde von Jungholz aus der komplette österreichische Markt für Schmuddelheftchen bedient. Darüber hinaus sorgte das Dorf vor allem wegen seiner fiskalischen Sonderstellung immer wieder für Diskussionen.

Bankfilialen pro 100.000 Einwohner
2015*

Jungholz
1.023,9

vs. Top 10

San Marino
229,0

Luxemburg
76,8

Mongolei
70,1

Spanien
67,5

Bulgarien
60,3

Seychellen
54,4

Italien
49,8

Schweiz
44,4

St. Kitts und Nevis
43,9

Montenegro
43,0

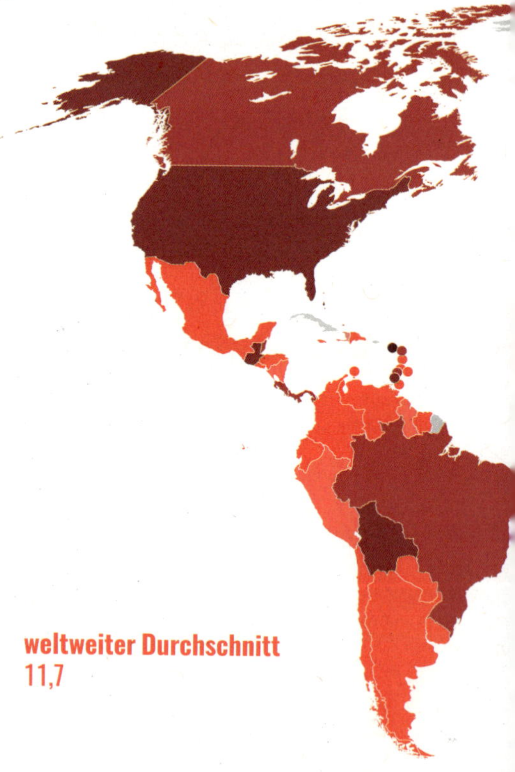

weltweiter Durchschnitt
11,7

* Vereinigtes Königreich, Syrien, Gabun 2013

Nicht selten fiel der Begriff Steueroase. Bei knapp 300 Einwohnerinnen und Einwohnern hatte Jungholz noch Anfang der 2000er pro Kopf die höchste Bankendichte weltweit. Zudem war zur Hochzeit in den drei Banken, die mehrfach als beste Vermögensberater im deutschsprachigen Raum ausgezeichnet wurden, die Hälfte der Bürger beschäftigt.

Die immer strengere Verfolgung transnationaler Steuerflucht, die Amnestie einstiger Steuerflüchtlinge, die allmähliche Aufweichung des österreichischen Bankgeheimnisses und vor allem die Niedrigzinspolitik der EU waren für den Bankenexodus der vergangenen Jahre verantwortlich. 2019 erfolgte der Umzug der letzten Filiale in die angrenzende Bezirkshauptstadt Reutte. Den klingenden Namen »Bankhaus Jungholz« behielt man dennoch bei. Bis zu 2.500 Kundinnen und Kunden sollen mitgewandert sein – die wenigsten wohl über den einzigen Grenzpunkt.

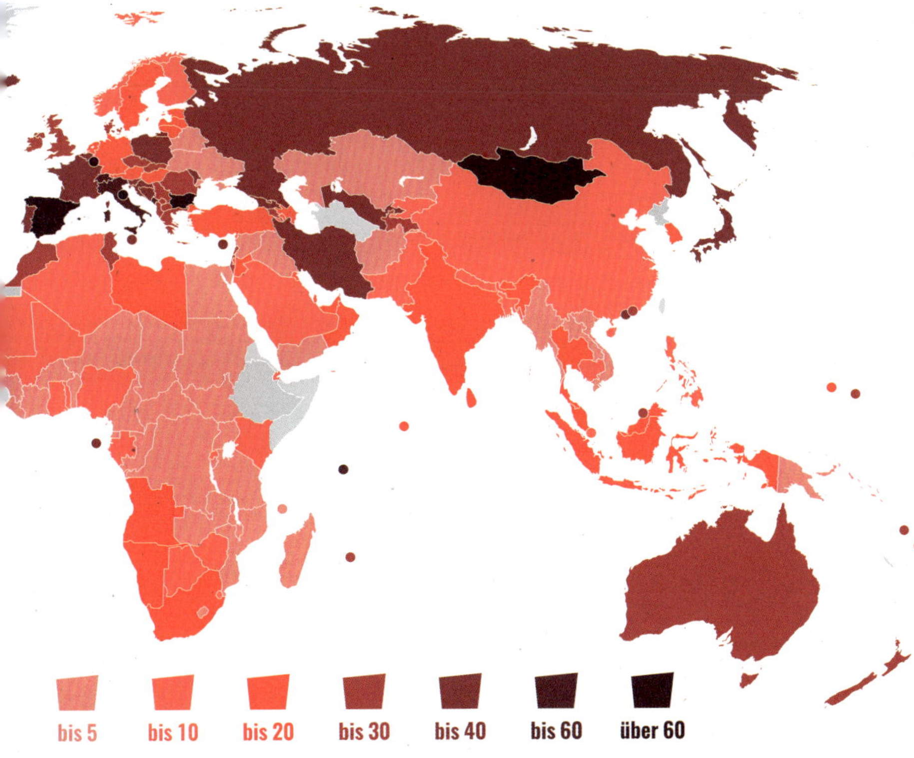

Klimawandel beendet Grenzstreit

Chile und Argentinien teilen sich die weltweit drittlängste Grenze zwischen zwei Ländern. Dass es auf mehr als 5.300 Kilometern gemeinsamer Grenze schon mal zu Meinungsverschiedenheiten über den genauen Verlauf kommen kann, klingt erst mal naheliegend. Man könnte aber meinen, dass diese nach mehr als 200 Jahren Unabhängigkeit und friedlicher – wenn auch angespannter – Koexistenz auch irgendwann mal ausgeräumt sind. Vor allem, wenn die Länder auf der gesamten Länge mit den Anden eine »gottgegebene« Grenze trennt, wie es Geopolitiker früher gerne nannten.

Wo also liegt das Problem? Das lästige eine Prozent der Grenze, das nach wie vor nicht ausverhandelt ist, befindet sich unter dem (nicht mehr so) ewigen Eis. Knapp 50 Kilometer entlang des Südlichen Patagonischen Eisfeldes, des »Campo de Hielo Sur«, sorgen immer wieder für Verstimmungen zwischen beiden Staaten. Onlinekartendienste wie Google Maps zeigen für den kritischen Bereich einfach gar keinen Grenzverlauf an – anders als üblich nicht einmal gestrichelte Linien, die die jeweiligen Forderungen abbilden.

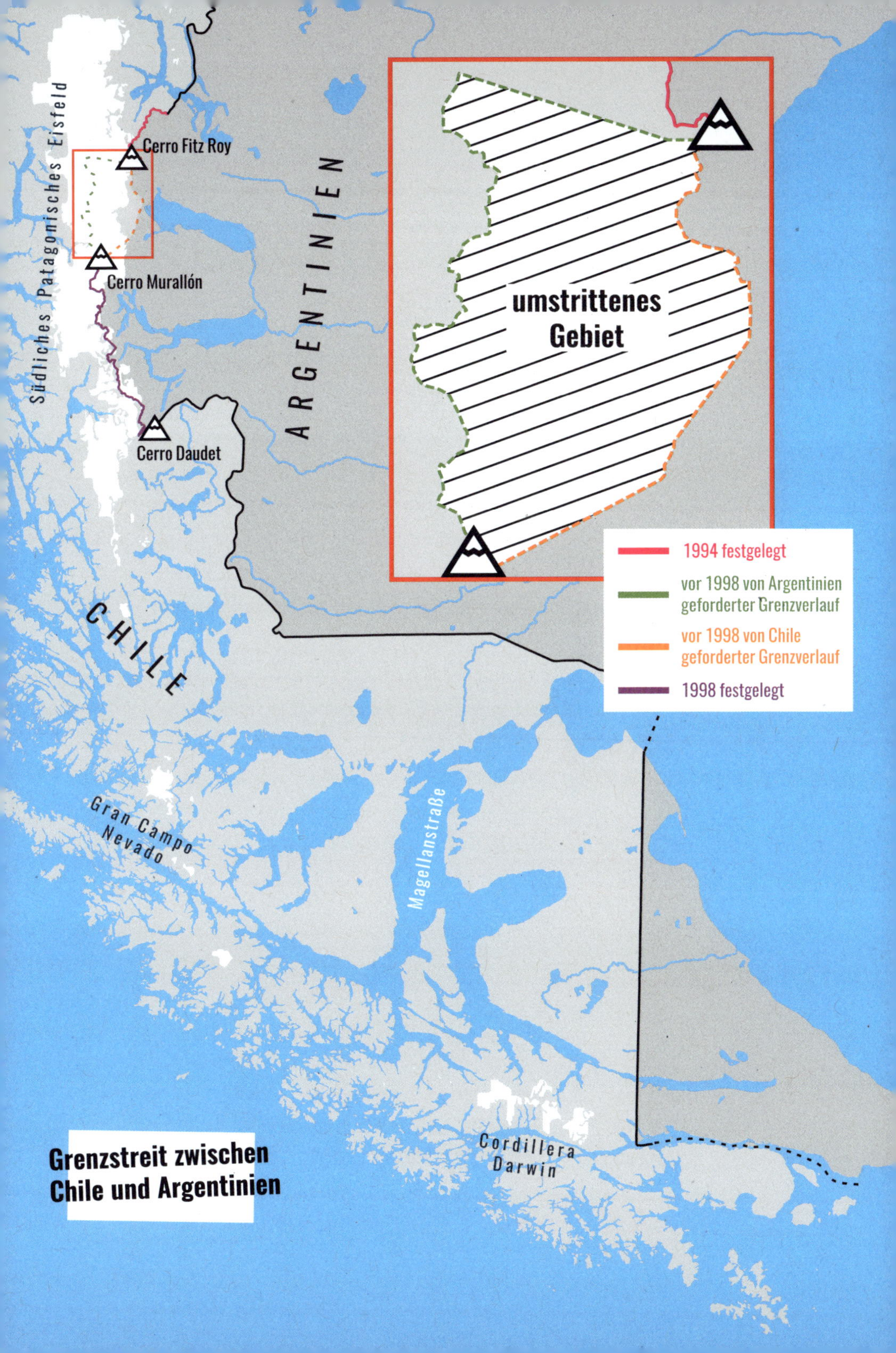
Südliches Patagonisches Eisfeld
Cerro Fitz Roy
Cerro Murallón
Cerro Daudet
ARGENTINIEN
CHILE
umstrittenes Gebiet
1994 festgelegt
vor 1998 von Argentinien geforderter Grenzverlauf
vor 1998 von Chile geforderter Grenzverlauf
1998 festgelegt
Gran Campo Nevado
Magellanstraße
Cordillera Darwin
Grenzstreit zwischen Chile und Argentinien

Im Grunde haben die verschiedenen Friedens- und Grenzabkommen zwischen den beiden südamerikanischen Staaten aus den Jahren 1856, 1881, 1902, 1991 und zuletzt 1998 eine international anerkannte und durchaus übliche Lösung für die Trennung definiert: Die Verbindungslinie der höchsten Punkte der Region – die Kammlinie – sowie das Wassereinzugsgebiet, von dem aus die Flüsse jeweils in die beiden Ozeane abfließen – die Wasserscheide –, bilden den Grenzverlauf. Normalerweise decken sich Kammlinie und Wasserscheide, sodass die einfache Formel gilt: Fließt das Wasser an einem Berg irgendwann in den Pazifik, gehört dieser Flecken Erde zu Chile, fließt es in den Atlantik, ist der umliegende Grund und Boden argentinisch. Nun sorgt das massive Gletschereis aber immer wieder für Verschiebungen der Flüsse und staut Wasser zu Seen auf, sodass sich etwa »argentinisches« Wasser unerwartet neue Wege sucht und in den Pazifik rinnt – oder umgekehrt »chilenisches« in den Atlantik.

Die eingesetzten Grenzkommissionen machten in den vergangenen Jahrzehnten zwar Fortschritte, scheiterten bislang aber daran, dass beide Staaten auf den für sie günstigeren Grenzverlauf zwischen den Bergen Fitz Roy und Murallón pochen. Noch dazu versuchen die Länder ihre Besitzansprüche in der umstrittenen Zone mit unterschiedlichen historischen Argumenten zu rechtfertigen. Für besonderen Unmut – wie so oft bei umstrittenen Grenzverläufen – sorgte dabei die Herausgabe von Karten. 2006 veröffentlichte das Militärische Geografieinstitut in Buenos Aires eine Karte, basierend auf den Grenzansprüchen Argentiniens. Eigentlich hatte man sich 1998 geeinigt, bis zur Klärung des Konflikts nur Karten zu publizieren, die das umstrittene Gebiet viereckig umrahmt als »besondere Zone ohne Grenzverlauf« ausweisen. Die Folge waren heftige Proteste Chiles und ein Zurückziehen der Karte seitens Argentiniens. Nicht minder heftige Proteste zog eine Expedition des argentinischen Militärs ins Eisfeld im Jahre 2018 nach sich.

Tragischerweise könnte ausgerechnet der fortschreitende Klimawandel dafür sorgen, dass die Grenze in den kommenden Jahrzehnten endgül-

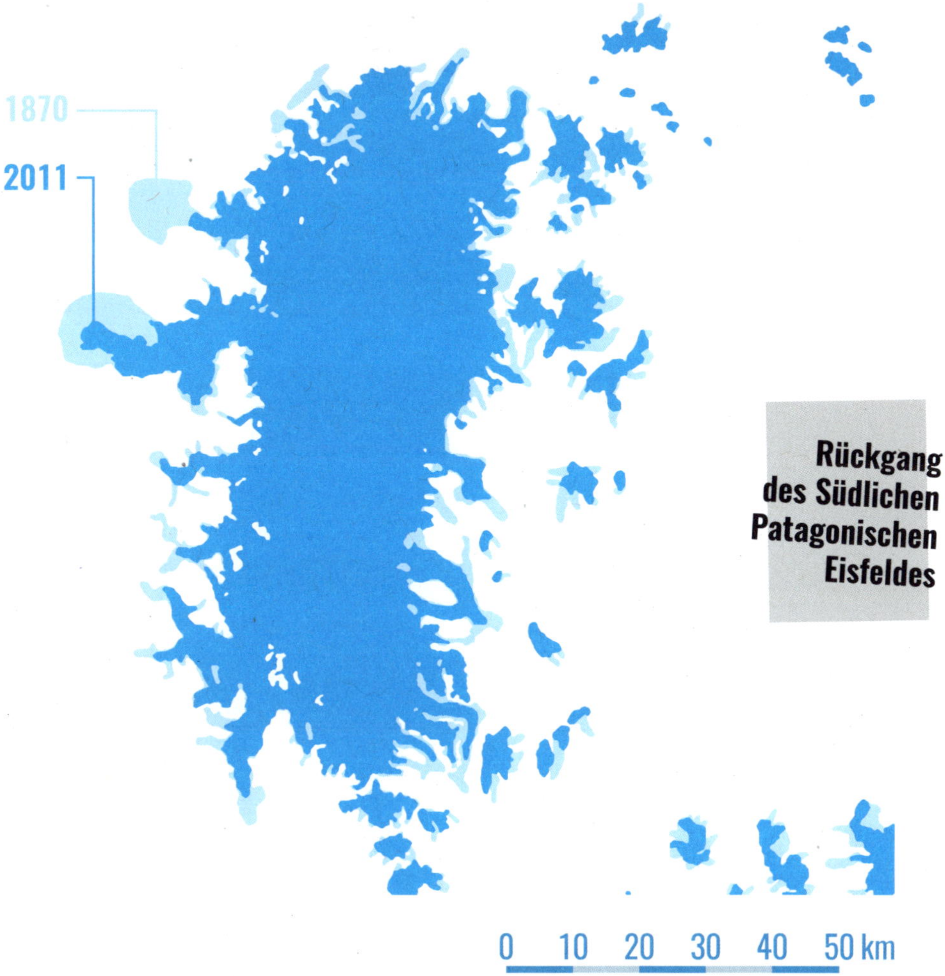

tig festgelegt werden kann. Nämlich dann, wenn die drittgrößte kontinentale Eismasse – nach der Antarktis und Grönland – ausreichend geschmolzen ist, um die Region zu kartografieren. 2019 meldeten Forscher das Auseinanderbrechen des 12.000 Quadratkilometer großen Eisschildes.

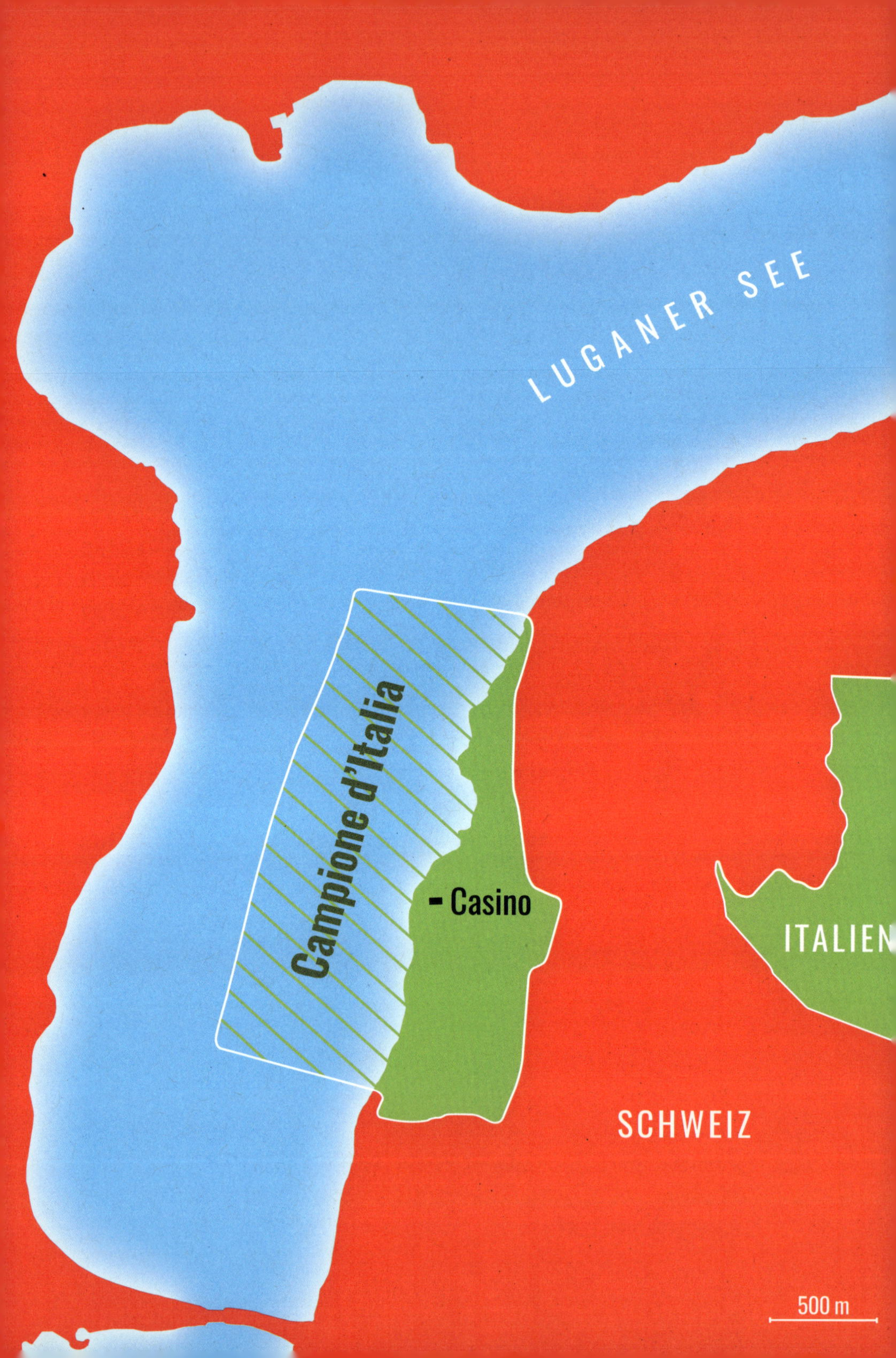
LUGANER SEE
Campione d'Italia
Casino
ITALIEN
SCHWEIZ
500 m

Mussolinis Exklavenpoker

Im jahrhundertelangen diplomatischen Poker um die Gemeinde Campione d'Italia ist die letzte Hand bestimmt noch nicht gespielt. Das kleine Dorf am malerischen Luganer See ist eine italienische Exklave im Schweizer Kanton Tessin, rund 700 Meter von der italienischen Grenze entfernt. Im ersten Jahrhundert vor Christus als römische Garnisonsstadt gegründet, vererbte der langobardische Herrscher und spätere Namensgeber Toto von Campione das Gebiet im Jahr 777 dem mailändischen Erzbischof. Die Gemeinde blieb auch noch im Besitz der Kirche, als der Papst es im 16. Jahrhundert der Schweiz schenkte – als Dank für die Unterstützung der Heiligen Liga im Krieg gegen Frankreich. Ein zu Beginn des 19. Jahrhunderts vorgeschlagener Tausch gegen die Schweizer Gemeinde Indemini, direkt an der italienischen Grenze, hätte die Exklave aufgelöst. Indemini hatte jedoch keinen Zugang zum See und die Campioner lehnten ab.

Im Zuge der Eingliederung in das nunmehr vereinigte Königreich Italien erfolgte 1861 die letzte Grenzbereinigung – doch Campione blieb eine Exklave. Obwohl die Gemeinde nur 2,68 Quadratkilometer groß und keine 2.000 Einwohner stark ist, hatte sie stets eine Sonderrolle. Mitten im Ersten Weltkrieg eröffneten die Italiener dort ein Spielcasino – in der Hoffnung, aus angetrunkenen ausländischen

Alle Casinos in Italien

Generälen und Diplomaten Geheimnisse herauszukitzeln. Das Casino schloss später vorübergehend, bis es der italienische Diktator Benito Mussolini in den 1930ern wiedereröffnete. Zugleich hob er durch den Namenszusatz »d'Italia« Roms Besitzansprüche hervor und nutzte die Exklave, um politische Gegner auf italienisches Gebiet zu locken und verhaften zu lassen. Als im Zweiten Weltkrieg Mussolinis Truppen die Kontrolle über das Gebiet verloren, diente die Exklave wiederum den Amerikanern als Standort für das Abhören der Faschisten. Die eigentlich neutrale Schweiz ließ sie – freilich inoffiziell – gewähren.

In der Nachkriegszeit florierte Campione d'Italia nicht nur, weil es als einer von nur vier Orten in Italien eine Glücksspielerlaubnis besaß. Die Einwohner wussten auch stets ihre Sonderrolle für sich zu nutzen und erstritten zahlreiche Steuerbefreiungen und Ausnahmeregelungen. Das konnte etwa zu Situationen führen, in denen ein italienischer Carabiniere sein Auto mit Schweizer Kennzeichen parkte, um mit einem Schweizer Feuerwehrmann einen mehrwertsteuerfreien, mit Schweizer Franken bezahlten Mittagskaffee zu genießen. Steuerflucht war

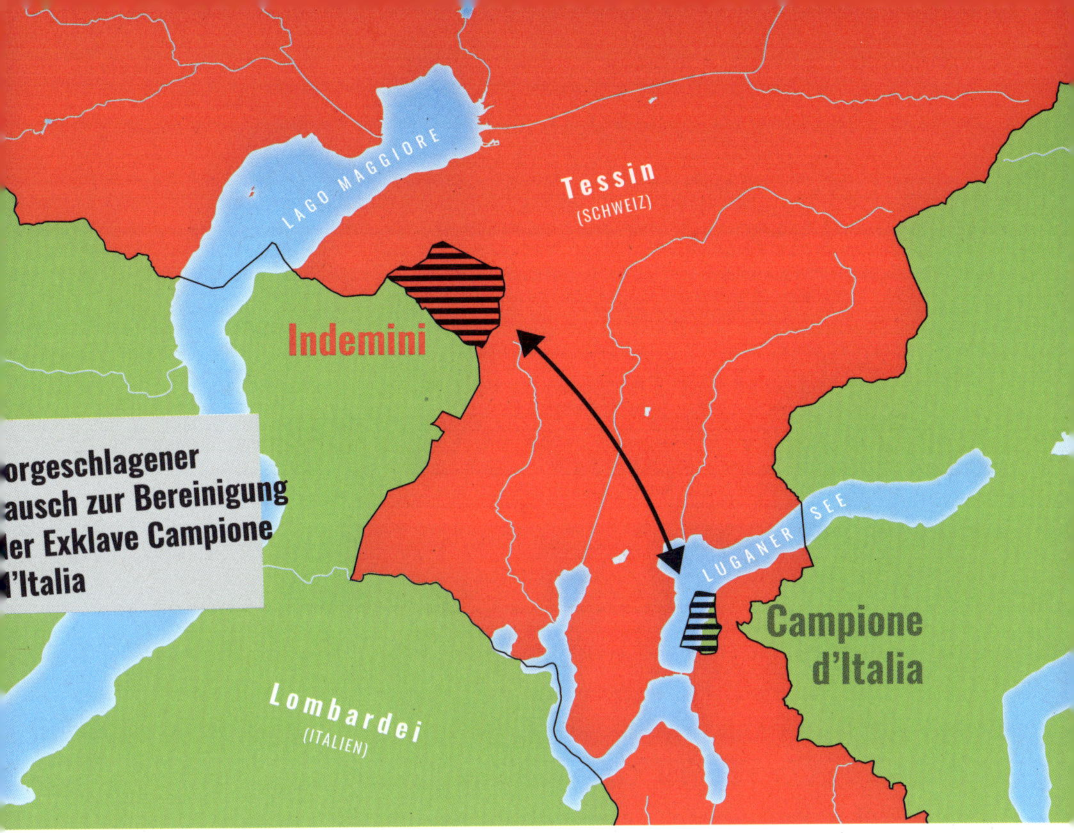

orgeschlagener
ausch zur Bereinigung
er Exklave Campione
'Italia

stets ein großes Thema – bedingt auch durch die fehlenden Grenz- und Zollkontrollen.

2018 dann der Schock: Das größte Casino Europas meldete Insolvenz an. Kurz zuvor war es noch pompös renoviert worden, jetzt konnte es die teuren Kredite nicht mehr bedienen. 500 Menschen verloren ihren Arbeitsplatz und Campione seine größte Einnahmequelle. Im Januar 2020 verlor Campione d'Italia schließlich seine Sonderrolle und wurde gegen den Protest der Bevölkerung Mitglied der EU und gehört seither zum EU-Zollgebiet. Gezählt waren die Tage der einstigen Steueroase. Ein Zollhäuschen wurde errichtet und gelegentliche Kontrollen an den Gemeindegrenzen eingeführt. Seitdem gibt es erstmals eine Art Mehrwertsteuer von 7,7 Prozent. Sie wurde an die umliegende Schweiz angepasst, um unfairen Wettbewerb in der Region zu unterbinden. Die Einwohner sind frustriert. Doch es gibt Hoffnung: Ab 2023 darf das Casino unter neuer Führung theoretisch wieder eröffnen. Bleibt die Frage, ob jemand den Poker mit der Exklave eingeht.

Bescheuertste Kolonialgrenze aller Zeiten

Mit der Umbenennung des sogenannten Caprivizipfels in »Sambesistreifen« wurde 2013 ein weiterer kleiner Schritt in Richtung Dekolonisierung Afrikas unternommen. Statt des deutschen Reichskanzlers Graf Leo von Caprivi prägt nun der viertgrößte Fluss Afrikas den Namen der artenreichen Urwaldregion. Jetzt erinnert auf der Karte nur noch der merkwürdige Grenzverlauf an ihre koloniale Vergangenheit. Doch wie entstand der eigentlich?

Es ist hinlänglich bekannt, dass sich europäische Kolonialherren bei der Aufteilung Afrikas wenig bis gar nicht um lokale Gegebenheiten wie Sprache, Kultur oder auch nur Geografie gekümmert haben. Und so verwundert es auch nicht, dass die Deutschen für ihre Kolonie auf dem Gebiet des heutigen Namibias um jeden Preis eine schiffbare Verbindung zum Indischen Ozean haben wollten, obwohl das sogenannte Deutsch-Südwestafrika im Westen des Kontinents lag. Dumm nur, dass mit dem Sambesi die einzige Flussverbindung zur Ostküste mehr als 400 Kilometer weiter östlich lag. Und noch dümmer, dass der Fluss dank der riesigen Victoriafälle gar nicht bis zu seiner Mündung ins Meer schiffbar ist. Das hatte man sich aber offenbar nicht so richtig überlegt, bevor man sich auf wenig elegante Weise dem

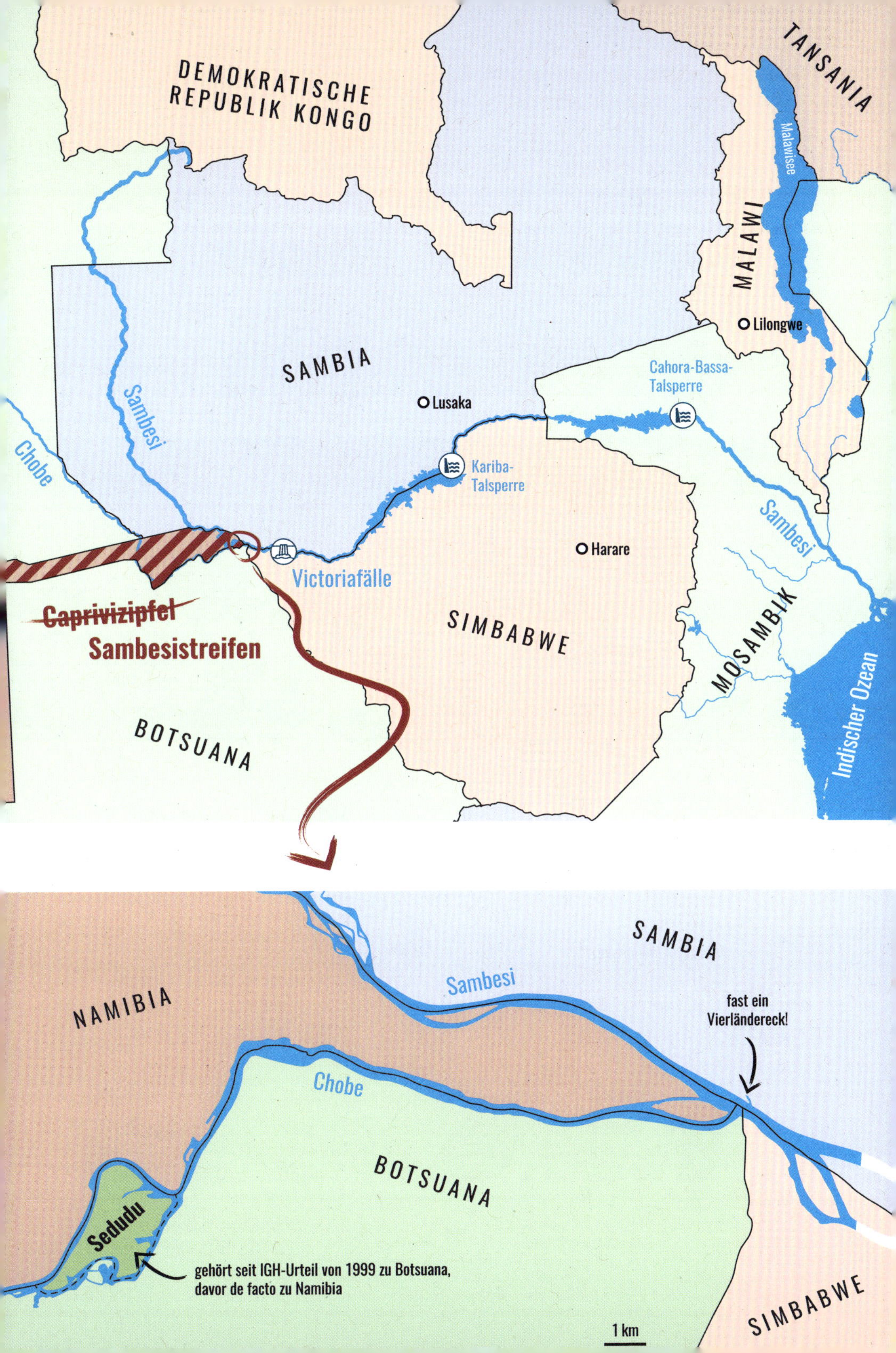
DEMOKRATISCHE REPUBLIK KONGO
TANSANIA
Malawisee
MALAWI
Lilongwe
SAMBIA
Sambesi
Lusaka
Cahora-Bassa-Talsperre
Chobe
Kariba-Talsperre
Sambesi
Harare
Victoriafälle
Caprivizipfel
Sambesistreifen
SIMBABWE
MOSAMBIK
Indischer Ozean
BOTSUANA
SAMBIA
Sambesi
NAMIBIA
fast ein Vierländereck!
Chobe
BOTSUANA
Sedudu
gehört seit IGH-Urteil von 1999 zu Botsuana, davor de facto zu Namibia
SIMBABWE
1 km

Kolonien in Afrika
1913

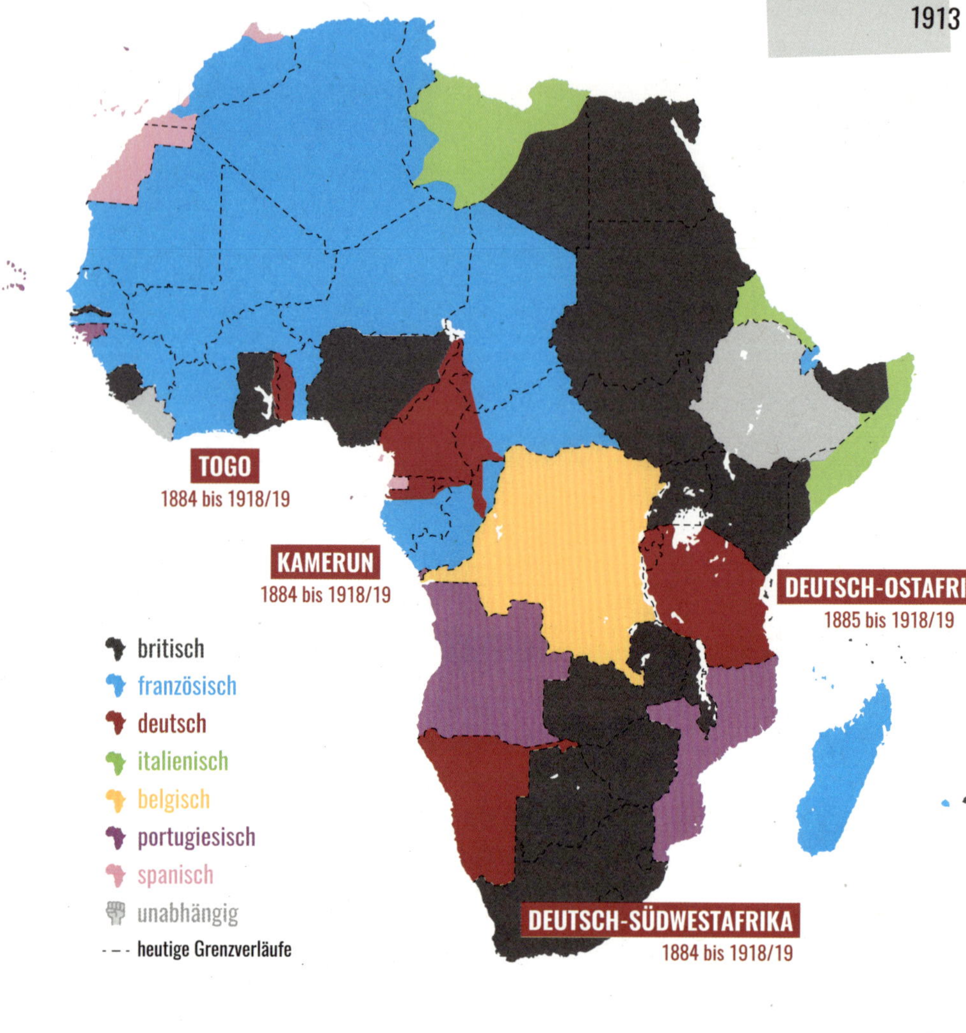

Fläche deutscher Kolonien in Afrika
ca. 2.412.000 km²

Fläche Deutsches Kaiserreich
ca. 541.000 km²

Fluss näherte. Die Nichtschiffbarkeit des Flusses zog später immer wieder Kritik am »Erwerb« des Landstreifens nach sich.

Die heutige Form des »Pfannenstiels« hat seinen Ursprung in einem deutsch-britischen Kuhhandel: 1890 vereinbarte der Nachfolger Otto von Bismarcks, Leo von Caprivi, einen Gebietstausch zwischen den beiden Kolonialmächten. Der Reichskanzler war sich der Unterlegenheit der deutschen Armee bewusst und wollte ohnehin bessere Beziehungen zu den Briten aufbauen. Das Deutsche Kaiserreich gab seine Ansprüche auf die ostafrikanische Insel Sansibar sowie das Sultanat Witu auf und erhielt dafür die Nordseeinsel Helgoland. Obendrauf gab es die mindestens 32 Kilometer breite Landverbindung von Deutsch-Südwestafrika bis zum Sambesi. Die schwammig formulierte Definition des südlichen Grenzverlaufs sollte später noch zu heftigen Streitigkeiten zwischen Namibia und Botsuana führen.

Auch nach ihrer Unabhängigkeit verstanden die beiden Staaten nämlich das mehr als 100 Jahre alte deutsch-britische Vertragswerk als Grundpfeiler der gemeinsamen Grenze. Wörtlich hieß es darin allerdings nur, dass die südliche Grenze des Caprivizipfels dem »Hauptlauf« eines Sambesi-Quellflusses, des Chobes, folgen solle. Auch in der englischen Version war lediglich vom »centre of the main channel« die Rede, also von der Mitte seines Hauptarms. Alles ziemlich unpräzise also. Denn problematisch daran war, dass sich der Chobe 20 Kilometer vor der Mündung in den Sambesi einmal teilt und die rund fünf Quadratkilometer große Insel Sedudu umspült. Wem sollte diese Insel gehören? Dafür galt es zu beurteilen, ob der Hauptarm nördlich oder südlich an der Flussinsel vorbeifließt.

Nach gegenseitigen Kriegsdrohungen entschieden Namibia und Botsuana Mitte der 1990er, den Sachverhalt vom Internationalen Gerichtshof in Den Haag ein für alle Mal klären zu lassen. Dieser entschied gegen die namibische Auffassung, wonach die jahrzehntelange Bewirtschaftung von Feldern auf der Insel souveräne Hoheitsbefugnisse darstelle, mit der Begründung, dass keine permanente Besiedlung stattgefunden habe. Mehrere Gutachten stellten zudem fest, dass aufgrund seiner Tiefe, Breite und Navigierbarkeit der nördliche Arm des Flusses als Hauptlauf anzusehen sei. Botsuana bekam deshalb die Flussinsel zugesprochen und Namibia verlor seine De-facto-Kontrolle. Dies befriedete zwar den Grenzkonflikt, nicht aber die Unabhängigkeitsbestrebungen im Sambesistreifen, die bis heute andauern.

Bargeld am blutigen Pass

Die höchste Grenze der Welt liegt am Mount Everest und verläuft zwischen Nepal und China. Wer sie überqueren will, muss klettern. Für die meisten sicherlich kaum möglich. Doch es geht auch komfortabler: Grenzgängerinnen und Abenteurer, die trotzdem möglichst hoch hinaus möchten, werden rund 1.500 Kilometer Luftlinie nordwestlich vom Gipfel der Welt fündig – am Kunjirap-Pass. Der höchste regulär befahrbare Grenzübergang der Welt ist in die massiven Gebirgszüge des Karakorums eingebettet, ganz in der Nähe des Hindukuschs. Doch aufgepasst, beim Grenzübertritt wird zwischen Links- und Rechtsverkehr gewechselt. Außerdem ist der Pass aufgrund der Schneemassen meist nur in den Sommermonaten befahrbar. Auf 4.693 Metern Höhe trennt der Pass chinesisches von pakistanischem Staatsgebiet und soll vor allem eines: den Handel zwischen beiden Staaten erleichtern.
Der Karakorum-Highway, der über den Pass führt, wurde 1979 nach rund 20 Jahren Bauzeit eröffnet. Wie unwirtlich die Gegend ist, zeigen alleine schon die menschlichen Opfer, die sein Bau forderte. Mindestens 810 pakistanische und 82 chinesische Arbeiter starben durch Hangrutsche, Felsstürze und wohl auch Überarbeitung. Nicht umsonst bedeutet Karakorum übersetzt »schwarzes Geröll«. Zu einer folgenschweren Naturkatastrophe kam es auch 2010, als ein Erdrutsch mehr als 20 Menschen tötete. Die Gesteinsmassen stauten dabei einen Fluss derart auf, dass seitdem 242 Wohnhäuser, 135 Läden, vier Hotels und Fabriken sowie zwei Schulen unter Wasser liegen. Der Gebirgssee, aus dem tote Bäume und gelegentlich ein Hausdach ragen, hat sich mittlerweile zur beliebten Tourismus- und Wassersportattraktion entwickelt.

nördlichster Geldautomat der Welt
Longyearbyen, Spitzbergen
höchstgelegener Geldautomat der Welt
Kunjirap-Pass, Pakistan
südlichster Geldautomat der Welt
... und zugleich der einzige auf dem Kontinent
McMurdo-Station, Antarktis

Wegen des Sees mussten knapp 24 Kilometer der Strecke umgeleitet und fünf neue Tunnel gegraben werden. Die Reparaturkosten von 275 Millionen US-Dollar relativieren sich jedoch enorm, vergleicht man sie mit den Megainvestitionen entlang des chinesisch-pakistanischen Wirtschaftskorridors. Mindestens 65 Milliarden US-Dollar stecken beide Staaten in umfassende Infrastruktur-, Energie- und Breitbandprojekte, um den Warenfluss zwischen China und der pakistanischen Hafenstadt Gwadar in den kommenden Jahren zu erleichtern. Dafür soll auch der Highway um eine Zugverbindung ergänzt werden. Sollte den Verantwortlichen wieder einmal das Bargeld ausgehen, steht am Kunjirap-Pass glücklicherweise auch gleich der höchstgelegene Geldautomat der Welt, der noch dazu solarbetrieben ist. Ironischerweise verteilt der Bankomat just an jenem Seitenarm der früheren Seidenstraße Geld, an dem früher mordende Räuberbanden regelmäßig Handelsreisende ausraubten. Sie waren namensgebend für den Kunjirap, denn übersetzt heißt er »blutiger Pass«.

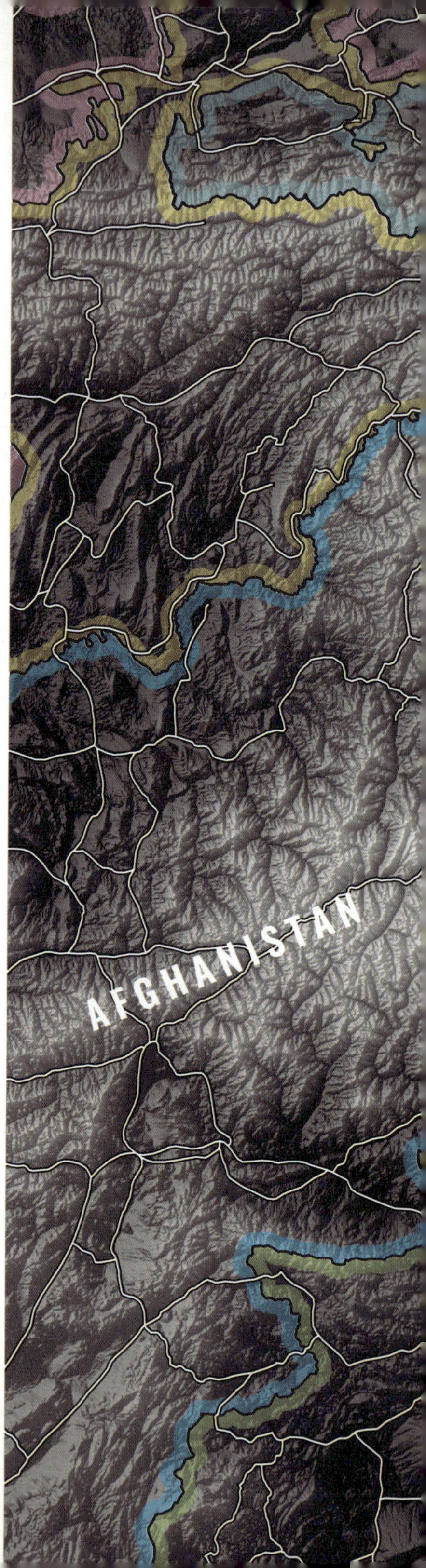

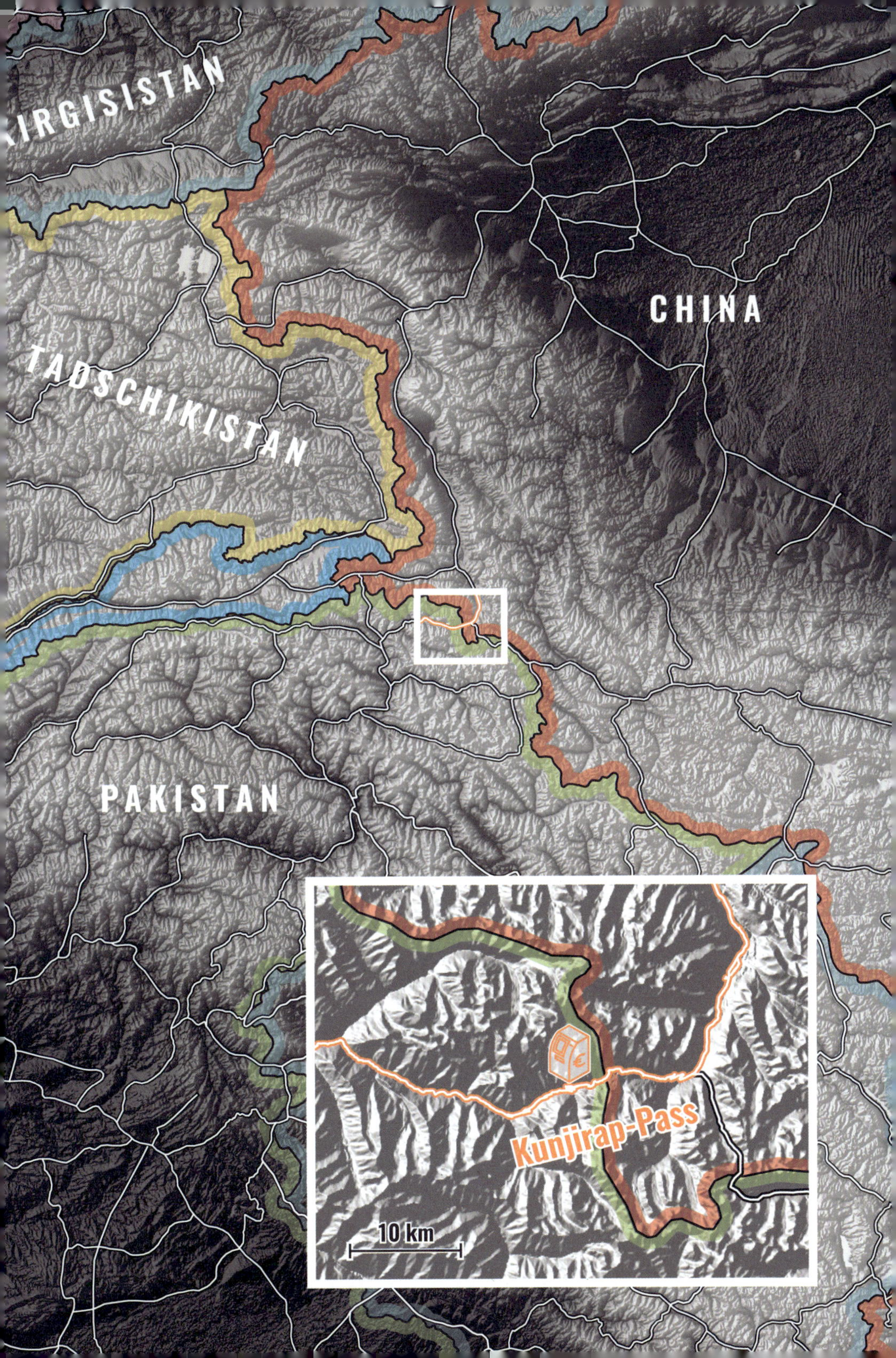
KIRGISISTAN
CHINA
TADSCHIKISTAN
PAKISTAN
Kunjirap-Pass
10 km

Neue Grenzen für den Wahlsieg

Wie manipuliert man auf legalem Wege eine Wahl? Alles, was es dazu braucht, ist ein Stift, eine Karte der Wahlkreise und ein Mehrheitswahlrecht. Ein fiktives Beispiel: In der Stadt Salamander wohnen 500 Menschen, die insgesamt fünf Abgeordnete wählen dürfen. Da jeder der fünf Stadtteile zu gleichen Teilen vertreten sein soll, muss jeder Wahlkreis aus 100 Wählerinnen und Wählern bestehen. Der oder die Abgeordnete mit den meisten Stimmen in einem Wahlkreis gewinnt. So weit, so einfach. Salamander ist ein recht ausgeglichenes Städtchen: Insgesamt wählen 260 Menschen die Kandidatinnen oder Kandidaten der blauen Partei und 240 die der roten. Es ist also durchaus möglich, dass in jedem Wahlkreis die Blauen mit 52 zu 48 Stimmen triumphieren.

Angenommen, Sie sind in der Stadtpolitik, den Roten zugeneigt und wissen um das Wahlverhalten der Bevölkerung. Und angenommen, Sie haben die Möglichkeit, die Einzugsgebiete der Wahlkreise zu verändern. Sie könnten Folgendes machen – und jetzt kommt der Stift ins Spiel: Sie zeichnen die Grenzen ein wenig um, sodass einige Wahlberechtigte zu anderen Bezirken gehören und auf einmal ein blauer Kandidat den ersten Wahlkreis mit 64 zu 36 Stimmen viel deutlicher als zuvor gewinnt – ein beachtenswerter Erfolg! Den Blauen fehlen aber plötzlich die Wähler in den anderen Bezirken und die Roten gewinnen dank Ihres Tricks jeweils mit knapper Mehrheit die vier anderen Kreise. Statt 5:0 für die Blauen steht es plötzlich 4:1 für die Roten, und das obwohl sich weder das Wahlverhalten der Bevölkerung noch ihre Gesamtzahl verändert hat. Raffiniert!

Was demokratietheoretisch äußerst problematisch klingt, ist in den USA seit mehr als 200 Jahren gelebte Praxis. Seit 1790 wird im »Land of the Free« alle zehn Jahre die Bevölkerung gezählt und etwa der ethnische Hintergrund abgefragt. Wenige Monate nach solchen Volkszählungen werden oft die Stifte gezückt und fleißig Wahlkreise neu gezogen. Meist handelt es sich dabei um rein parteipolitische Maßnahmen, um die Macht der Regierenden zu zementieren – vorwiegend vonseiten der Republikaner. Der Oberste Gerichtshof der USA urteilte 2019, dass Veränderungen der Wahlbezirke nicht

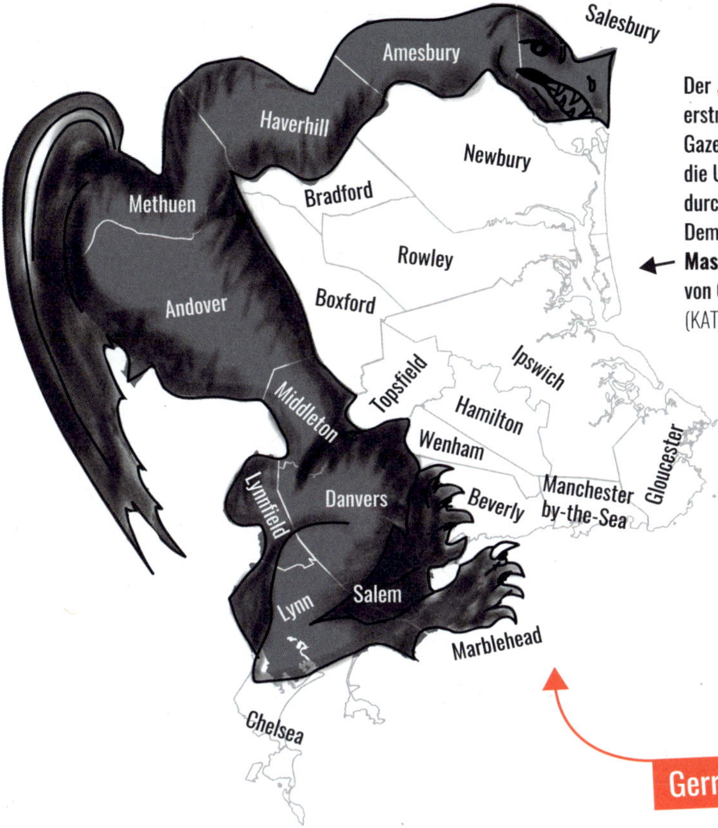

Der **„Gerry-Mander“** erschien erstmals 1812 in der „Boston Gazette“. Die Karikatur kritisierte die Umzeichnung von Wahlbezirken durch die Jeffersonian Democratic-Republican Party in **Massachusetts** unter der Führung von Gouverneur Elbridge Gerry. (KATAPULT-Repro)

Gerrymandering

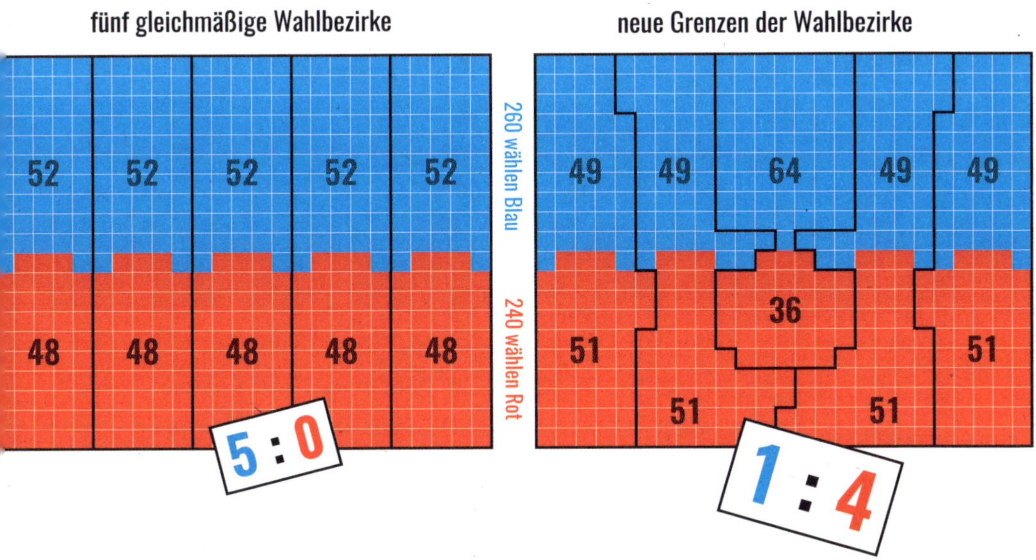

nach ethnischer Zugehörigkeit geschehen dürfen, sah ansonsten aber kein juristisches Problem. Stattdessen sei es ein politisches, das auch mit politischen Mitteln gelöst werden müsse. Tatsächlich zeigten Enthüllungen des US-Magazins »The New Yorker«, dass unter der Feder des republikanischen Politstrategen Thomas Hofeller in den vergangenen Jahrzehnten etliche Distrikte auch auf Basis der ethnischen Zugehörigkeit umgezeichnet wurden.

Auch wenn die Praxis bereits 1789 erstmals angewandt worden sein soll, wird die Idee heute vor allem dem Wahlkampfteam und der Partei Elbridge Gerrys zugeschrieben, von 1810 bis 1812 Gouverneur von Massachusetts und später Vize des vierten US-Präsidenten. Er unterschrieb 1812 ein Gesetz zur Neuziehung der Distriktgrenzen, soll sie später selbst jedoch moralisch abgelehnt haben. Der Cartoonist einer Bostoner Zeitung sah sich durch das Resultat von Gerrys Grenzziehungsgesetz an einen Salamander erinnert – und der »Gerrymander« war geboren, ein Kofferwort aus Gerry und Salamander.

Vier der beliebtesten Gerrymandering-Strategien sind »Cracking«, »Packing«, »Hijacking« und »Kidnapping«. Beim Cracking wird versucht, die Vormacht einer Partei in einem Gebiet zu brechen. Beispiel: Eine urbane, eher demokratisch wählende Bevölkerung wird aufgeteilt und jeweils mit republikanischen Vororten zusammengelegt – schon ist die Hochburg keine mehr. Beim eingangs beschriebenen Beispiel handelt es sich um Packing: Man opfert einen Distrikt und versucht, möglichst viele Wählerinnen und Wähler des Gegners in diesen hineinzupacken, um in den anderen Kreisen erfolgreicher zu sein. Selbiges geschah beispielsweise 1991 in Illinois' viertem Kongressdistrikt, wo zwei weit auseinanderliegende Latinoviertel zu einem demokratisch dominierten Wahlkreis zusammengeschustert wurden. Aufgrund der Form wird der Distrikt auch als **Ohrenschützer** bezeichnet. Beim Hijacking wird durch eine neue Grenze ein amtierender oder besonders aussichtsreicher Abgeordneter in einen neuen Distrikt »entführt«, wo er es im Duell gegen einen anderen Amtsinhaber sehr schwer hat. Beim Kidnapping entzieht man etwa einer beliebten Abgeordneten ihre Kernwählerschaft. Sie muss sich dann »neue« Stimmen suchen oder umziehen.

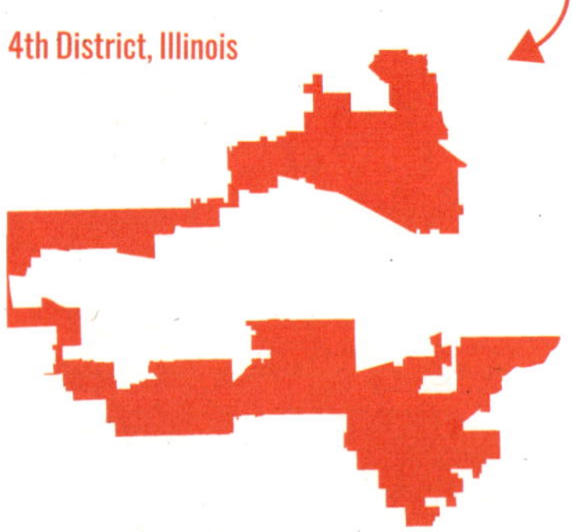

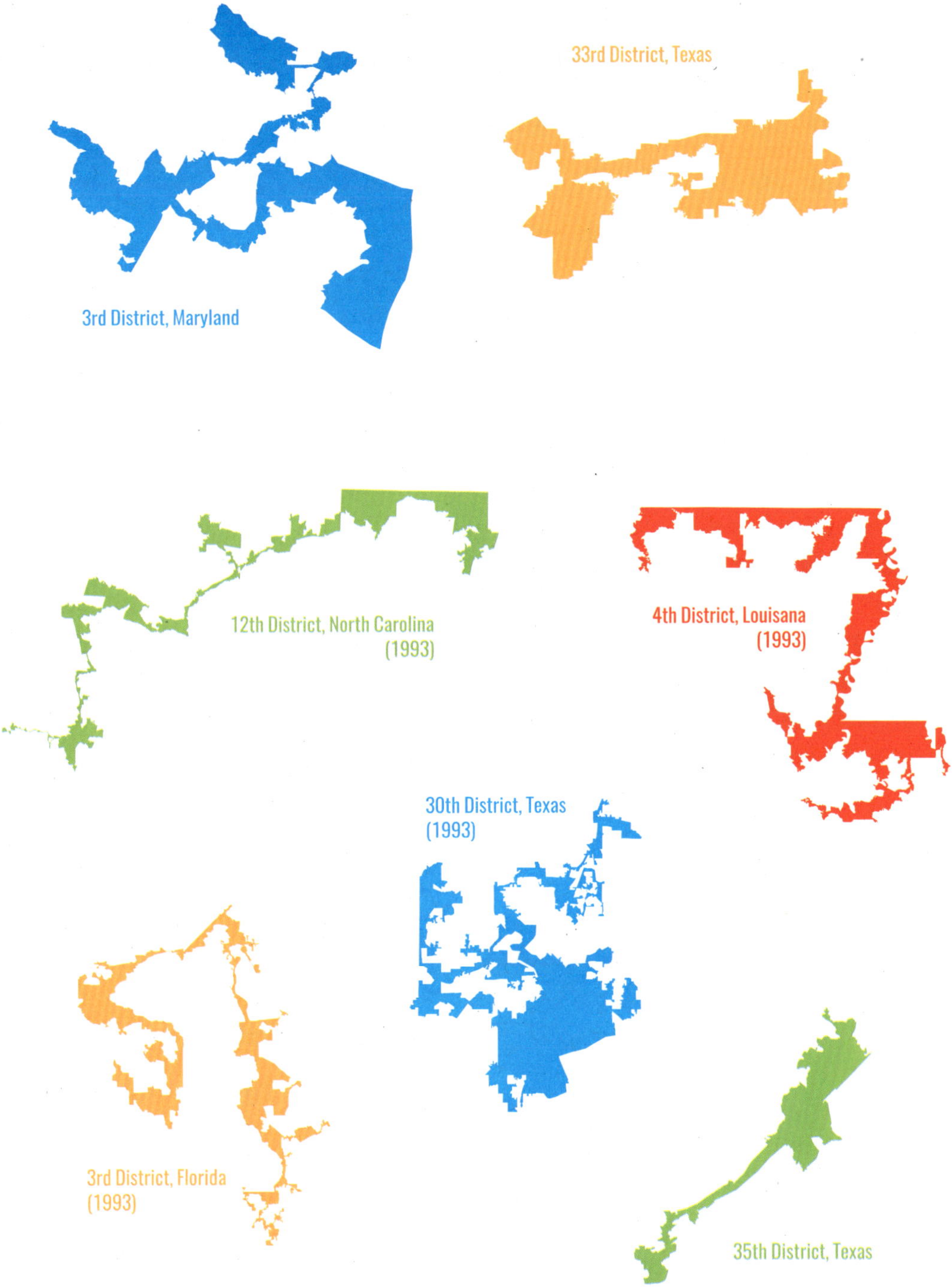
3rd District, Maryland
33rd District, Texas
12th District, North Carolina (1993)
4th District, Louisana (1993)
30th District, Texas (1993)
3rd District, Florida (1993)
35th District, Texas

Bescheuerte Nachbarn ziehen Grenze bis in den Himmel

Manch einer kennt ihn, den Streit mit dem nervigen Nachbarn, weil man die überlangen Äste seines Birnbaums abgesägt hat. Zumindest in Deutschland, Liechtenstein, Österreich und der Schweiz sind Astabschneider dank des Überhangrechts aber im Recht: Egal in welcher Höhe – was überhängt, kann weg. Die Grundstücksgrenze setzt sich theoretisch nämlich nach oben hin unendlich fort. Einige Wissenschaftlerinnen und Wissenschaftler sehen zwar die sogenannte **Kármán-Linie**, die die Erdatmosphäre in 100 Kilometern Höhe vom Weltall trennt, als absoluten Endpunkt. Völkerrechtlich festgeschrieben ist die vertikale Begrenzung des Grundstücks aber nicht. Einen 100 Kilometer hohen Turm zu bauen, ist auf dem eigenen Grundstück trotzdem verboten. Denn in jedem Staat der Erde müssen Bürgerinnen und Bürger ihre Rechte ab einer gewissen Höhe abtreten, sodass niemand den Überflug eines Flugzeugs aus Umweltschutzgründen, Jux und Tollerei oder gar Geldgier verbieten kann – das ist schließlich immer noch die Geschäftsidee der Staaten.

Überflugrechte dienen nämlich vor allem zwei Dingen: der Machtpolitik und als Einkommensquelle. So verbot Israel Fliegern jahrelang, seinen Luftraum zu durchqueren, wenn sie in Afghanistan starteten oder landeten – oder aber in Algerien oder Bahrain oder Bangladesch, Brunei, dem Iran, dem Irak, dem Jemen, Katar, Kuwait, dem Libanon, Libyen, Malaysia, Marokko, dem Oman, Pakistan, Saudi-Arabien, Somalia, dem Sudan, Syrien, Tunesien oder den Vereinigten Arabischen Emiraten (VAE). An eine Landung der Flugzeuge in Israel war erst recht nicht zu denken. Grund für die jahrzehntelange Verkomplizierung der Flugstrecken war der Boykott der jüdischen Bevölkerung durch die Arabische Liga bereits vor der Gründung Israels 1948, der dem neu gegründeten Staat wirtschaftlich, politisch und militärisch schaden sollte. Im Laufe der Zeit schlossen sich dieser Ausgrenzungsstrategie weitere muslimisch dominierte Länder an – und Israel »revanchierte« sich mit Überflug- und Landeverboten. Aus Angst vor Raketenbeschuss haben israelische

Fluggesellschaften heute sogar Raketenerkennungssoftware und Hitzefackeln für etwaige Täuschungsmanöver an Bord. Die Trumpsche Charmeoffensive im Nahen Osten führte aber dazu, dass einige arabische und nordafrikanische Staaten ihre Beziehungen zu dem Land mittlerweile normalisiert haben und mitunter sogar Direktflüge von und nach Israel erlauben. Beispiele sind die VAE und der Sudan. Kuwait und Marokko kündigten ähnliche Schritte an. Saudi-Arabien und Bahrain erlauben immerhin Überflüge israelischer Airlines.

Welch drastische Auswirkungen diese Einschränkungen haben können, zeigt das Beispiel eines Fluges zwischen der libanesischen Hauptstadt Beirut und dem jordanischen Regierungssitz Amman: Die rund 250 Kilometer Luftlinie wären locker in unter einer Stunde zu schaffen. Denn beide Staaten trennt nur ein einziger gemeinsamer Nachbar – Israel. Durch die geopolitischen Verwerfungen dauerte die Flugverbindung bis vor Kurzem aber satte zwei Stunden. Noch dazu fraß sie rund

doppelt so viel umweltschädliches Kerosin wie eigentlich notwendig. Neben dem israelischen Luftraum konnte nämlich auch der syrische wegen des Bürgerkrieges nicht überflogen werden, und so bedurfte es des mühsamen Umwegs über die Sinai-Halbinsel. Ein im Oktober 2020 unterzeichnetes Abkommen zwischen Israel und Jordanien, das gegenseitige Überflugrechte garantiert, soll diese verschwenderische Praxis nun aber beenden.

Ein ähnliches Problem hatten bis vor Kurzem auch katarische Fluglinien. Sie durften aufgrund diplomatischer Querelen zwischen 2017 und Anfang 2021 den Luftraum der VAE, Saudi-Arabiens, Ägyptens oder Bahrains nicht nutzen. Besonders bitter war das bei Flugverbindungen Richtung Westen. Hierbei musste fast die komplette arabische Halbinsel umflogen werden. Im selben Ausmaß ist auch der gesamte chinesische Luftraum für seinen ewigen Rivalen und Nachbarn Taiwan tabu.

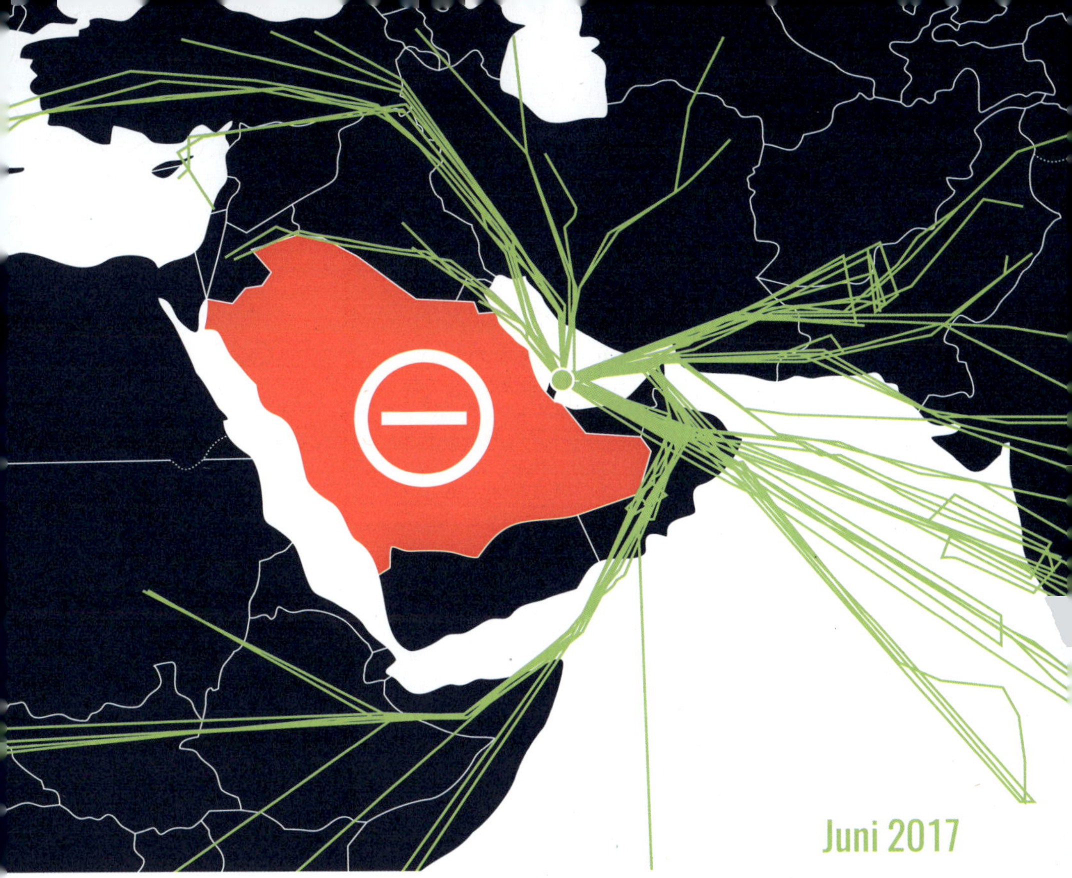

Milliardenbeträge nur fürs Drüberfliegen

Andere Staaten wiederum nutzen ihre geografische Lage, um ihre Kassen aufzufüllen. Nordkorea etwa ist bekannt dafür, hohe Summen für Überflüge zu verlangen, die besonders bei Reisen von und nach Südkorea hilfreich wären. Weil nach unangemeldeten Raketenstarts aber immer wieder Geschosse gefährlich nahe an Passagierfliegern vorbeizischten und sich der nördliche Teil der Halbinsel eigentlich doch relativ problemlos meiden lässt, umfliegen die meisten Gesellschaften mittlerweile den Norden. Aber auch innerhalb Europas werden Airlines zur Kasse gebeten: Für einen Linienflug mit einem Airbus A320 von Barcelona nach Kopenhagen und das Überfliegen von insgesamt sechs Lufträumen werden beispielsweise schon mal 1.572 Euro fällig. Der Preis berechnet sich nach Gewicht, Distanz und einer Überflugpauschale. Bei fast 30.000 Flugzeugen, die normalerweise täglich über Europa hinwegfliegen, kommt so jährlich eine Milliardensumme zusammen. In anderen Regionen der Welt gelten jedoch andere Berechnungsschlüssel.

Eine etwas andere Ausgangssituation stellt die gewaltige Größe des russischen Staatsgebietes dar. Als die Sowjetunion noch existierte, verbot Moskau allen nicht verbündeten Staaten strengstens den Überflug. China tat das Gleiche, was für lange und teure Umwege europäischer und ostasiatischer Fluglinien sorgte. Noch in den 1950ern war so die schnellste Verbindung zwischen London und Tokio eine Acht-Stopp-Variante entlang der Südflanke der Sowjetunion. Später setzten die meisten europäischen und ostasiatischen Fluglinien bei solchen Verbindungen auf eine nördliche Ausweichroute über Anchorage, Alaska. Erst der Zerfall der UdSSR und die dringend benötigten Devisen ließen Russland seinen Luftraum für westlich geprägte Staaten öffnen. Die etlichen Kilometer, die über dem sibirischen Korridor zurückgelegt werden, lässt es sich aber fürstlich entlohnen. Außerdem hat Moskau noch ein Ass im geopolitischen Ärmel. Der Kreml vergibt nämlich – mit sehr wenigen Ausnahmen – nur an jeweils eine Fluglinie pro Staat Überflugrechte. So kann die in Oslo ansässige Billigairline Norwegian keine günstigen Ostasienflüge anbieten, weil die skandinavische SAS bereits Flugrechte besitzt. Und diese ist neben Schweden eben auch in Norwegen lizenziert. Den russischen Luftraum zu umfliegen, lohnt sich für Norwegian schlicht nicht. Russlands Präsident Putin nutzt diesen Machthebel immer mal wieder und droht einzelnen Staaten in politischen Auseinandersetzungen mit der Streichung der Überflugrechte – gelegentlich bekommt das auch gleich die gesamte EU als Warnung in Aussicht gestellt.

Doch nicht alle Staaten wollen oder können sich um ihren eigenen Luftraum kümmern. Die Überwachung, Kontrolle und Verantwortlichkeit kosten schließlich Zeit und Geld. Einige Klein- und Inselstaaten übertragen diese Aufgaben deshalb größeren Ländern. Diese übernehmen immer wieder auch die Überwachung von Bereichen des internationalen Luftraums. Das ist beispielsweise der Grund dafür, dass sich der US-Luftraum fast über den kompletten Nordpazifik erstreckt – wofür die USA ordentlich Überfluggebühren erheben. Das kann dazu führen, dass sogar für einen Flug von Peking nach Neuseeland Zahlungen an die USA fällig werden – und das, obwohl das US-amerikanische Festland Tausende Kilometer entfernt ist.

All diese eher unkollegialen Nachbarschaftsverhältnisse führen nicht zwangsläufig zu Konflikten, können aber mächtig nerven. Wenn ein Land etwa einen Flughafen direkt an der Grenze zu seinem Nachbarn bauen lässt und die Bewohnerinnen und Bewohner der angrenzenden Gemeinden mit dem Lärm und der Verschmutzung in der Einflugschneise leben müssen. Fragen Sie mal im oberbayerischen Freilassing nach – nur einen Katzensprung vom österreichischen Salzburg entfernt. Dort starten und landen jährlich etwa 20.000 Flieger. Während sich manche darüber ärgern, freuen sich andere über die gute Anbindung. Alles Ansichtssache also, egal wo die Grenze am Boden verläuft. Klar ist aber: Auch in den Lüften haben Grenzen immer noch größeren Einfluss, als vielen bewusst ist.

Wie Google Maps fast einen Krieg auslöste

Als Google 2005 seinen Onlinekartendienst auf den Markt brachte, rechnete das Unternehmen wohl nicht damit, nur fünf Jahre später beinahe für einen waschechten Krieg mitverantwortlich zu sein. Tatsächlich war Google Maps der Grund dafür, dass der nicaraguanische General und Ex-Guerilla Edén Pastora 2010 auf die nur wenige Quadratkilometer kleine Isla Portillo einmarschierte, eine Insel des Nachbarlandes Costa Rica. Was war geschehen? Seit ihrer Unabhängigkeit von der Zentralamerikanischen Konföderation Ende der 1830er-Jahre waren sich Costa Rica und Nicaragua immer wieder uneins über den Verlauf ihrer gemeinsamen Grenze. Ein permanenter Zankapfel ist bis in die Gegenwart der Río San Juan. Der Fluss, der vom Nicaraguasee ins Karibische Meer fließt, gilt seit Langem als wesentlicher Teil des Nicaraguakanals – einer geplanten Wasserstraße, die dem Panamakanal Konkurrenz machen würde. Die Schiffsverbindung zwischen Atlantik und Pazifik bringt dem südlichen Nachbarn schließlich Jahr für Jahr einen Milliardenbetrag ein. Einer ähnlichen Einnahmequelle wären beide Staaten nicht abgeneigt. Bis heute ist das Projekt jedoch unverwirklicht.

Eigentlich war der Grenzverlauf seit 1858 geklärt: Der Río San Juan bildet die Grenze, gehört aber zu Nicaragua. Costa Rica darf ihn allerdings für zivile und wirtschaftliche Zwecke nutzen. Das bestätigte 30 Jahre nach dieser Einigung nochmals sogar US-Präsident Grover Cleveland, der zur Streitschlichtung hinzugezogen wurde. Eine Eigenheit des Flussverlaufs sorgt aber immer wieder für Ärger: Kurz vor seiner Mündung ins Karibische Meer schlägt der Fluss noch einmal einen ordentlichen Haken Richtung Norden, wodurch Nicaragua zugunsten Costa Ricas eine erhebliche Ecke seines Territoriums einbüßt. Nicaragua stört vor allem, dass der Strom in seinem natürlichen Verlauf immer weiter nach Norden wandert und so Meter um Meter seines Landes frisst. Sogar von »Diebstahl« war bereits die Rede.

Google Maps

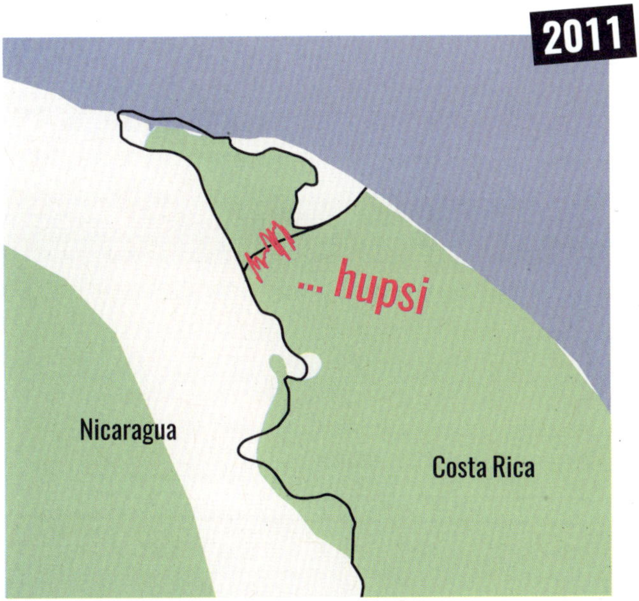

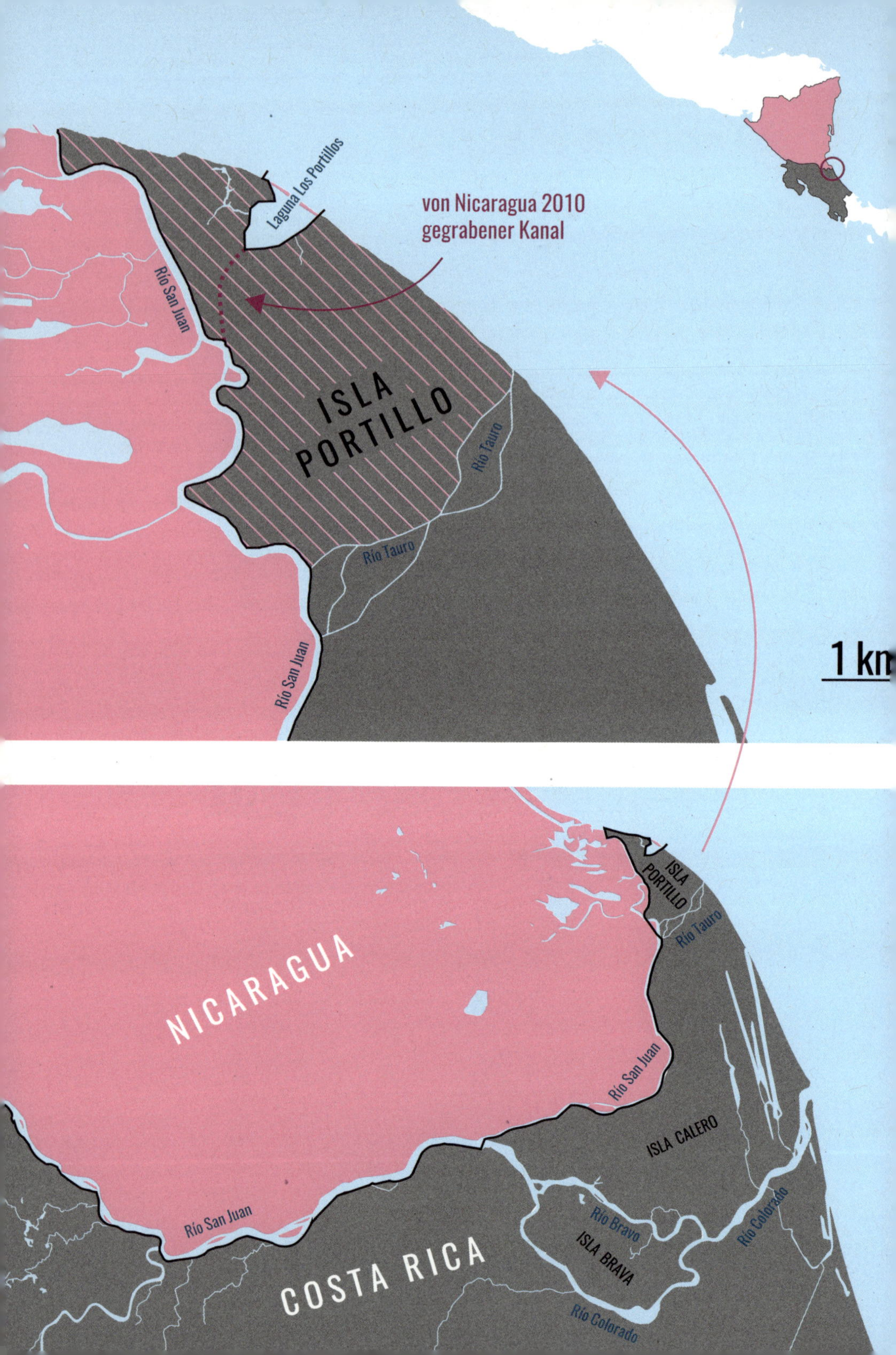
Laguna Los Portillos
von Nicaragua 2010
gegrabener Kanal
Río San Juan
ISLA
PORTILLO
Río Tauro
Río Tauro
Río San Juan
ISLA
PORTILLO
Río Tauro
NICARAGUA
Río San Juan
ISLA CALERO
Río San Juan
Río Bravo
ISLA BRAVA
Río Colorado
COSTA RICA
Río Colorado

Deshalb setzte Nicaraguas Präsident Daniel Ortega den kampferprobten General Pastora auf die Sache an, den er zuvor zum Minister für die Entwicklung des Río-San-Juan-Deltas ernannt hatte. Und der eigentlich bereits befriedete Konflikt kochte erneut hoch. Pastora schickte im Oktober 2010 fünfzig Soldaten auf die Nordspitze der Isla Portillo, kassierte Costa Ricas Flagge ein, hisste die eigene – und ordnete Rodungen sowie Ausbaggerungen an, um mit Hilfe mehrerer Kanäle den San Juan wieder in seinen angeblich ureigenen Verlauf zu zwingen. Den Einmarsch rechtfertigte er mit einem Grenzverlauf, den er auf Google Maps gesehen hatte. Dessen Karten sind aber nun mal nicht unbedingt korrekt. Erst nachdem sich zahlreiche Diplomatinnen, Politiker und Zeitungen öffentlich über die Erklärung mokiert hatten, schwenkte Pastora in seiner Argumentation um und bezog sich seltsamerweise auf das alte Grenzdokument von 1858. Doch auch das konnte seine Forderungen nicht begründen – wie Karten belegen. Im Gegenteil: Sie unterstützten Costa Ricas Sichtweise.
Costa Rica, das zu den wenigen Ländern ohne Militär zählt, reagierte auf die Invasion zunächst mit diplomatischen Protesten. Später entsandte es 70 Polizisten und drohte, vor den Internationalen Gerichtshof (IGH) zu ziehen. Schnell prophezeiten Medien den ersten Google-Maps-Krieg. Zu Zusammenstößen kam es zum Glück aber nicht. Der IGH bestätigte später offiziell, dass die Isla Portillo zu Costa Rica gehört und Nicaragua die Souveränität seines Nachbarn verletzt hatte. Dass ein Land natürliche Flussveränderungen hinnehmen muss, ist ohnehin seit Langem anerkanntes Völkerrecht. Für die Rodungen und Grabungsarbeiten wurde Ortegas Regierung zu einer Strafzahlung von 380.000 US-Dollar verdonnert. Wenngleich der IGH Costa Ricas Schifffahrtsrechte auf dem Río San Juan bestätigte, so verbot er der costa-ricanischen Regierung, Polizeiboote auf dem Fluss patrouillieren zu lassen.
Google selbst reagierte auf die zweifelhafte Ehre, indem es sich für das falsche Kartenmaterial entschuldigte und den Verlauf schnell korrigierte. Zugleich versprach das Unternehmen, künftig noch penibler auf die Grenzziehung zu achten – eine Mammutaufgabe in dieser sich so schnell wandelnden Welt und, wie sich gezeigt hat, eine gewaltige Verantwortung.

Falls Sie General sind und Ihnen dieses Buch auf irgendeiner Seite fälschlicherweise ein Stück Land zuteilt, kontaktieren Sie uns bitte, bevor Sie irgendwo einmarschieren.

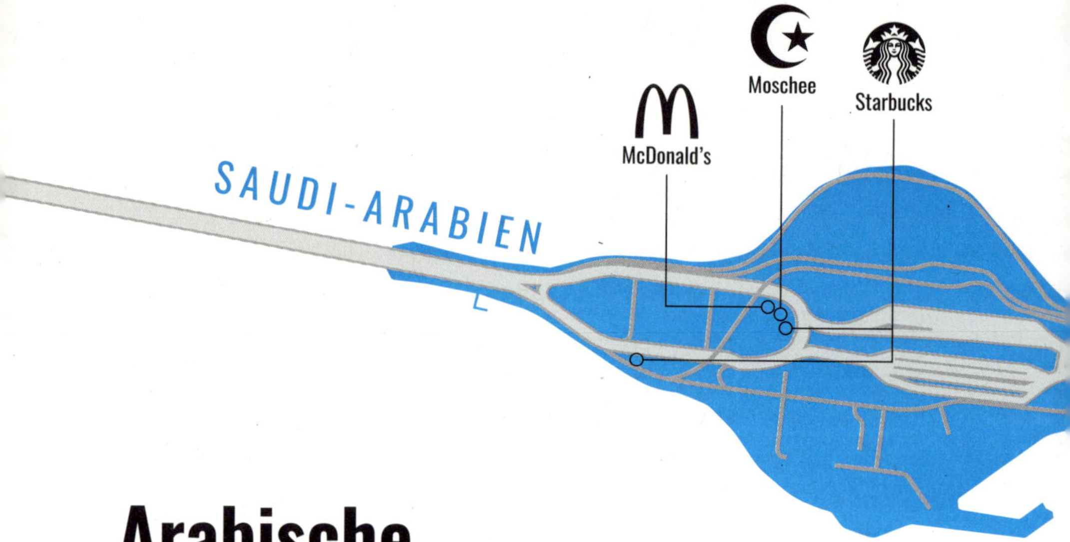

Arabische Nachbarn bauen sich gemeinsame Insel

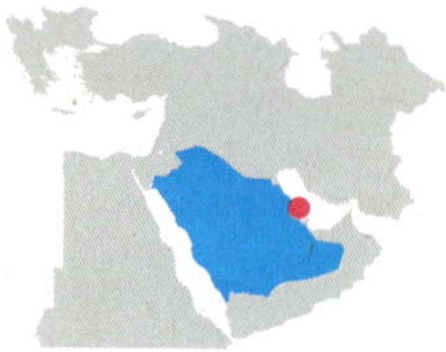

Bahrain ist ein kleiner Inselstaat auf der arabischen Seite des Persischen Golfs. Das Königreich besitzt eine der wenigen Inseln weltweit, auf denen eine internationale Grenze verläuft. Auch Irland mit der Grenze zwischen der gleichnamigen Republik und dem Vereinigten Königreich ist so eine Insel, oder Hispaniola, das sich Haiti und die Dominikanische Republik teilen. Bahrains Fall ist aber insofern einmalig, als dass es dort die weltweit einzige befahrbare Insel mit internationaler Grenze gibt, die künstlich erschaffen wurde. Passport Island liegt in der Mitte einer 25 Kilometer langen Brücke, die Bahrain mit Saudi-Arabien verbindet. Gelegentlich wird die Insel deshalb auch als »Middle Island« bezeichnet. Mit dem Bauprojekt wurde zugleich ein weiterer Rekord aufgestellt: Durch das künstliche Eiland ist Bahrain der einzige Inselstaat der Welt, der eine Landgrenze zu einem Küstenstaat hat.

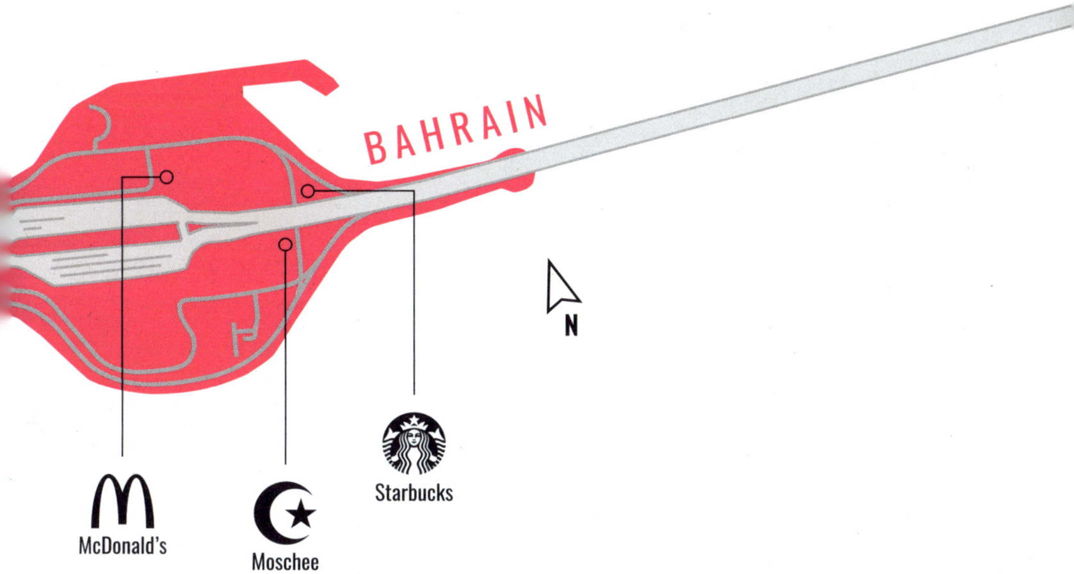

Schon lange hatte es Überlegungen gegeben, die ölreichen Monarchien Saudi-Arabien und Bahrain durch eine Straße zu verbinden. Dahinter standen vor allem wirtschaftliche Interessen. Der Handel sollte gefördert und Gewinne durch eine Reduzierung des Schiffsverkehrs maximiert werden. Nach wechselseitigen Besuchen in den 1950er- und 1960er-Jahren entschieden die Staatsoberhäupter, ihren Traum einer direkten Verbindung zu verwirklichen. Bahrain wechselte vor lauter Euphorie sofort auf Rechtsverkehr, um seinem großen Nachbarn im Westen das Leben zu erleichtern. Zwischen 1981 und 1986 wurden für das Bauprojekt der Superlative 536 Betonpfeiler in das relative seichte Meer gerammt, an mehreren Stellen zudem künstliche Inseln und Dämme aufgeschüttet. Die Tatsache, dass der damalige saudische König Fahd angeblich allein für die Baukosten in Höhe

von rund einer Milliarde US-Dollar aufkam, trug wohl nicht unwesentlich dazu bei, dass die Verbindungsstraße nach ihm benannt wurde.
Die 66 Hektar große Passport Island besteht eigentlich aus zwei kleinen Inseln. Durch einen künstlich angelegten sogenannten Isthmus, eine Landbrücke, wirkt sie aus der Luft wie eine Acht. Auf ihr befinden sich neben den Grenzposten zwei 65 Meter hohe Aussichtstürme samt Restaurants, zwei Moscheen, zwei McDonald's- und drei Starbucks-Filialen sowie zahlreiche Einkaufsmöglichkeiten. Erst 2017 konnten sich Saudi-Arabien und Bahrain darauf einigen, die Kontrollaufgaben auch für den jeweils anderen zu übernehmen. Die Grenzbeamten kontrollieren seitdem die Papiere für den Nachbarn mit. Seitdem fließt der Verkehr auf der oftmals hoffnungslos in Staus versinkenden Straße etwas flüssiger.
Mehr als 23 Millionen Menschen überqueren Passport Island jedes Jahr. Wartezeiten von mehreren Stunden sind besonders an den Wochenenden und zu religiösen Feiertagen eher die Regel als die Ausnahme. Immer wieder gibt es deshalb Pläne, die Zahl der Kontrollspuren auf der Insel massiv auszuweiten oder die insgesamt vier Fahrspuren zu erweitern. Neben zahlreichen Pendlerinnen, Gastarbeitern und Austauschstudierenden boomt seit Jahrzehnten vor allem der Wochenendtourismus. Viele Saudis entfliehen gern für einige Stunden dem streng religiösen, wahhabitischen Königreich, um die etwas lockereren Regeln in Bezug auf Alkohol, Freizeit, Shopping und Kultur in Bahrain zu genießen. So ist es beispielsweise auch der einzige Staat der Region, der eine 30-köpfige jüdische Gemeinde samt Synagoge beheimatet.
Der wirtschaftliche Erfolg des Projekts setzte in den vergangenen Jahrzehnten immer wieder Bestrebungen in Gang, ähnliche künstliche Verbindungen zwischen anderen Golfstaaten zu schaffen. Die Pläne für eine Freundschaftsbrücke zwischen Katar und Bahrain scheiterten zuletzt am Disput zwischen Katar und seinen Nachbarn am Golf. Gut möglich, dass das Anfang 2021 einsetzende diplomatische Tauwetter am Golf und das Ende der Blockade Katars mit weiteren Freundschaftsbrücken besiegelt wird.

Größte künstlich aufgeschüttete Inseln und Passport Island
(ohne Halbinseln und Trockenlegungen)

Point
Roberts
Blaine
Waldron
Stuart
Island
Orcas
Island
Shaw
Island
Blakely
Island
Cypress
Island
San Juan
Island
Decatur
Island
Lopez
Island
HARO-STRASSE
ROSARIO-STRASSE
Vancouver
Island
Kanada
USA

49. Breitengrad

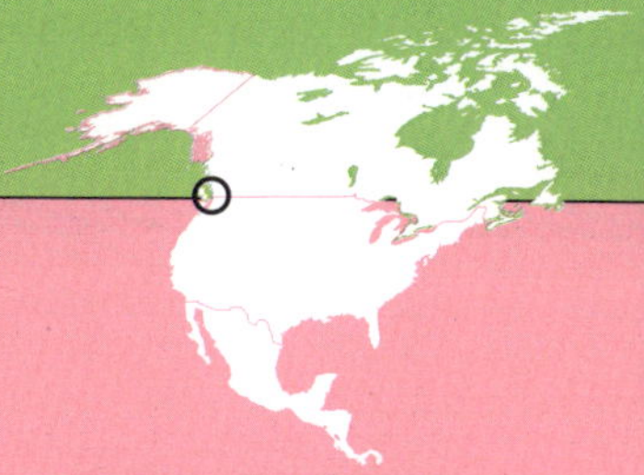

Die längste ungerade Gerade der Welt

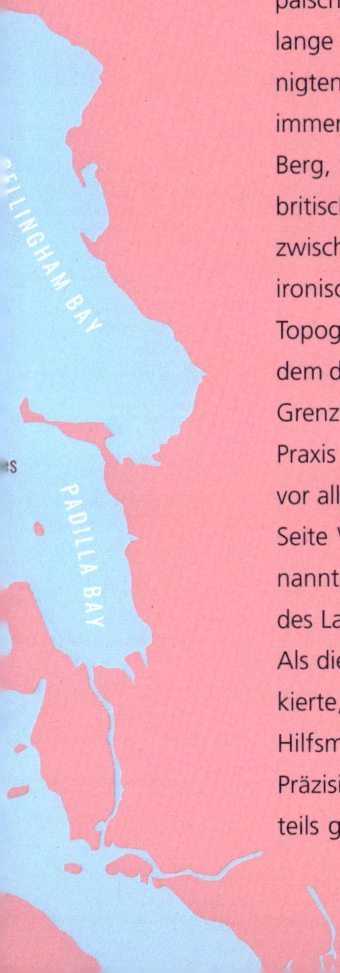

Bei schnurgeraden Grenzen denken Menschen meist an europäische Kolonien in Afrika – oder aber an jene scheinbar endlos lange Grenze im Norden Amerikas, die Kanada von den Vereinigten Staaten trennt. Unglaubliche 2.028 Kilometer verläuft sie immer entlang des 49. nördlichen Breitengrades – egal welchen Berg, welche Schlucht oder welchen See sie auch zerteilt. Der britische Journalist Frank Jacobs bezeichnete den Grenzvertrag zwischen den USA und Großbritannien von 1846 deshalb einst ironisch als »Monument menschlicher Willenskraft wider die Topografie«. Eigentlich wollten das Vereinigte Königreich, zu dem damals noch das heutige Kanada gehörte, und die USA die Grenze der Wasserscheide folgen lassen, so wie es allgemeine Praxis war. Weil sie aber zahlreiche Streitigkeiten befürchteten – vor allem in flachen Gebieten war nicht immer klar, auf welche Seite Wasser von dort abrinnt –, entschied man sich im sogenannten Oregon-Kompromiss für den geraden Strich westlich des Lake of the Woods.

Als die Grenzkommission in den 1870ern die Trennlinie demarkierte, verfügte sie freilich nicht über die nötigen technischen Hilfsmittel, um dieses Mammutprojekt mit der erforderlichen Präzision zu bewältigen. Heute weiß man, dass die Grenzsteine teils grob falsch gesetzt wurden und die Grenze eher im Zickzack als schnurgerade verläuft. Im Mittel weicht die Grenze rund 90 Meter vom 49. Breitengrad ab, bisweilen liegt sie bis zu 175 Meter nördlich des geplanten Verlaufs, in südlicher Richtung sind es an einem Punkt sogar 239 Meter. Bereits damals war jedoch offensichtlich, dass die Grenzlinie im Westen kurz vor Vancouver Island eine Halbinsel vom Festland abschneidet. Die als Point Roberts bezeichnete Landzunge gehört dadurch zu den USA, das Festland zu Kanada. Trotz unzähliger Anläufe, die nicht einmal 13 Quadratkilometer an Großbritannien beziehungsweise Kanada abzutreten, blieb Point Roberts stets in US-Besitz. Die funktionale Exklave kann – ebenso wie Alaska, Alburgh in Vermont sowie Elm Point und der sogenannte Northwest Angle in Minnesota – auf dem Landweg nur über kanadisches Gebiet erreicht werden. Aus diesem Grund müssen etwa die auf der Halbinsel wohnenden Kinder ab dem fünften Schuljahr viermal täglich eine internationale Grenze überqueren, um den Unterricht in Blaine auf dem US-Festland besuchen zu können. Die Grenze ärgerte während der Coronakrise auch jene Kanadierinnen und Kanadier, die wegen der außerordentlichen Grenzschließung nicht in ihre Sommerhäuschen in Point Roberts konnten. Viele mussten zudem länger als geplant auf der Halbinsel ausharren.

Wie nachlässig der Grenzvertrag zwischen Großbritannien und den USA formuliert worden war, zeigte sich auch bereits 1859 an einem etwas skurrilen Streit. In jenem Jahr erschoss der US-Staatsbürger Lyman Cutlar auf der in der Border Bay gelegenen San Juan Island ein frei herumlaufendes Schwein eines Hirten, der dort für ein britisches Unternehmen arbeitete. Es hatte Cutlars Kartoffeln gefuttert. Als Entschädigung bot Cutlar dem Hirten 10 US-Dollar an, was dieser empört ausschlug. Er behauptete, sein Schwein sei locker 100 Dollar wert gewesen. In der Folge entbrannte ein Wortgefecht, bei dem es am Ende auch um den Besitz der Insel ging – denn bis dato

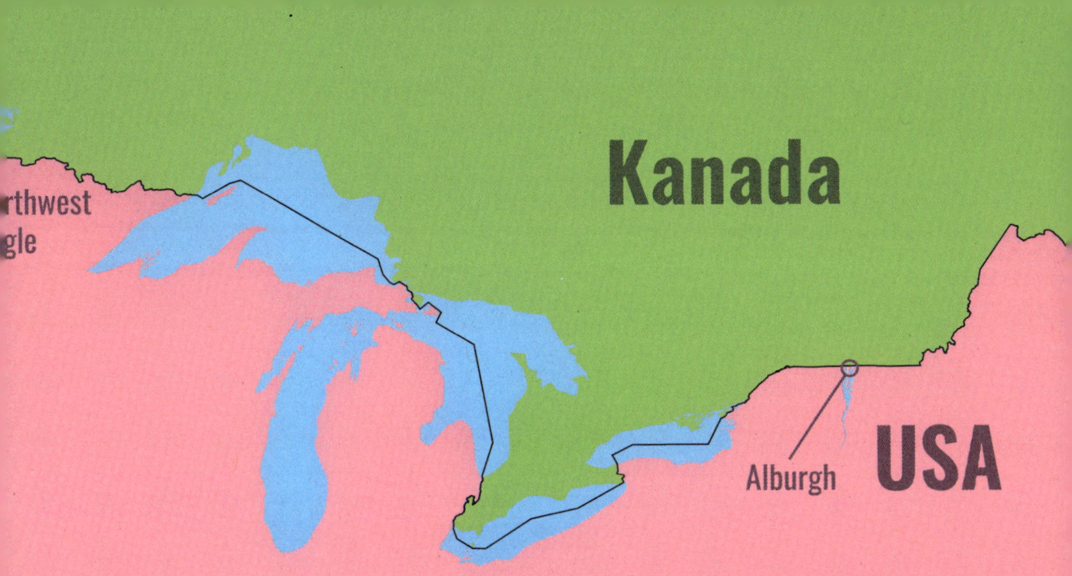

war nicht so richtig klar, welchem Land San Juan Island und ein paar weitere Nachbarinseln eigentlich gehörten. Sowohl die britischen als auch die US-amerikanischen Einheimischen sahen sich durch den Text des Grenzvertrags im Recht. Dieser besagte, die Grenzlinie solle entlang des Hauptkanals, vorbei an Vancouver Island, bis zum Pazifischen Ozean verlaufen. Das Problem: Je nach Interpretation, welches die Hauptwasserstraße der Bucht ist, lagen zahlreiche Inseln – darunter auch die San Juan Island – entweder auf britischer oder auf US-Seite. Nach der Mobilisierung von US-Soldaten aus dem Umland reagierten die Briten mit der Entsendung dreier Kriegsschiffe und Tausender Soldaten. Als die Nachricht über den zu eskalieren drohenden Konflikt Washington und London erreichte, waren die Regierungen fassungslos. Glücklicherweise konnten sich die aus den Hauptstädten entsandten Diplomaten relativ schnell auf eine drastische Reduzierung der Truppen auf je 100 Mann einigen. Bis zur Entscheidung über den tatsächlichen Grenzverlauf dauerte es aber noch weitere zwölf Jahre. Der deutsche Kaiser Wilhelm I. wurde um Vermittlung gebeten. Seine Kommission lehnte einen Kompromiss ab und schlug die Inseln komplett den USA zu. Einziges Opfer des mehrjährigen Konflikts blieb das Schwein.

Europäer machen Saufspiel um Karibikinsel

Eine ganze Reihe internationaler Grenzen sieht ohne Scheiß so aus, als wäre sie das Produkt von ein paar Betrunkenen, denen man einen Stift und eine Karte in die Hand gedrückt hat. Die einzige Landgrenze zwischen den Niederlanden und Frankreich wirkt zwar auf den ersten Blick nicht unbedingt so, ist aber eine, um die sich promillehaltige Mythen ranken.
Hand aufs Herz: Hätten Sie schwören können, dass die beiden Staaten in Europa keine gemeinsame Grenze haben? Die Seefahrernationen sind tatsächlich nur auf einer rund 87 Quadratkilometer kleinen Karibikinsel miteinander verbunden. Christoph Kolumbus entdeckte die Insel unter spanischer Flagge am 11. November 1493, dem Sankt-Martins-Tag. Daher auch ihr einfallsreicher Name: St. Martin. Nach langem Hin und Her zwischen europäischen Kolonialmächten fiel sie Mitte des 17. Jahrhunderts schließlich den Niederlanden und Frankreich zu. Diese einigten sich im Grenzvertrag von Concordia auf eine friedliche Teilung des Eilands. Man wolle in Frieden und als Verbündete ohne Zaun und Mauer auf der Insel leben. Da Frankreich im Norden bereits einige Siedlungen und militärische Stellungen hielt und die Niederlande ihrerseits im Süden, machte eine Nord-Süd-Trennung Sinn. Den Namen »Soualiga«, den indigene Völker der Insel ob ihrer Salzvorkommen gaben und der so viel bedeutet wie »Salzland«, ignorierten die Kolonialisten. Stattdessen entschieden sie sich für »Saint-Martin« im Norden und »Sint Maarten« im Süden.

Die Grenze zwischen
Frankreich und den
Niederlanden ...

Um das Territorium abzustecken, sollen sich der Legende nach im Jahr 1648 Vertreter beider Länder im Osten der Insel nahe Oysterpond getroffen haben. Der Plan: Gehend, aber niemals laufend, sollte je ein Mann an der Küste entlangmarschieren. Die Grenze sollte schließlich vom aktuellen Standort bis zu jenem Punkt im Westen verlaufen, an dem beide wieder aufeinandertreffen. Ein Franzose startete nach dem Leeren einer Flasche Wein Richtung Norden, der Niederländer mit Genever im Gepäck – dem Vorläufer von Gin – Richtung Süden. Ergebnis: Die französische Seite ist heute mit rund 53 Quadratkilometern deutlich größer als die niederländische mit ihren 34 Quadratkilometern. Die Ausrede des langsamen Niederländers: Es habe daran gelegen, dass er den härteren Spiritus mitgehabt habe. Außerdem habe ihn eine weibliche Bekanntschaft zu einer längeren Pause »gezwungen«. Nicht zuletzt soll der Franzose im Nordosten der Insel abgekürzt und bisweilen Teile des Küstenverlaufs gerannt sein. Andere Versionen berichten von einer mit Gin angereicherten Wasserflasche, die der Franzose dem Niederländer gab, oder promillehaltigen Erfrischungen, die dieser von Leuten am Straßenrand erhielt. In Wirklichkeit aber waren wohl eher die drei französischen Kriegsschiffe im Hafen der Grund für die ungleiche Aufteilung. Bis 1816 änderte die Grenze trotz Friedensvertrags nicht weniger als 16-mal ihren Verlauf. Auch kam es mehrmals zu Scharmützeln zwischen Inselbewohnern und zeitweiligen Besetzungen durch das Vereinigte Königreich von der nahegelegen Insel Anguilla aus.

Die Abschaffung der Sklaverei Mitte des 19. Jahrhunderts und der damit verbundene Mangel an Zwangsarbeitskräften führte zu starken wirtschaftlichen Einbußen. Trotz nachlassendem Interesse der Kolonialmächte an der Insel blieben die Hälften aber unter europäischer Kontrolle – wenngleich sich deren Verwaltung heute stark voneinander unterscheidet. So ist Saint-Martin als französisches Überseegebiet zwar nicht Teil des Schengenraums, dennoch gelten bis auf eigene Steuerkompetenzen fast alle französischen Gesetze: Man ist nicht nur Teil der EU und des Euroraums und stimmt bei französischen Präsidentschaftswahlen mit ab, sondern spielt auch im französischen Fußballpokal. Sint Maarten hingegen ist um einiges autonomer. Seit der Auflösung der Niederländischen Antillen 2010 bildet der Inselzwerg neben Aruba, Curaçao und den Niederlanden eines der vier Länder im Königreich der Niederlande, gehört aber dennoch nicht zur EU. Damit ist die Grenze zwischen Saint-Martin und Sint Maarten die westlichste EU-Außengrenze.

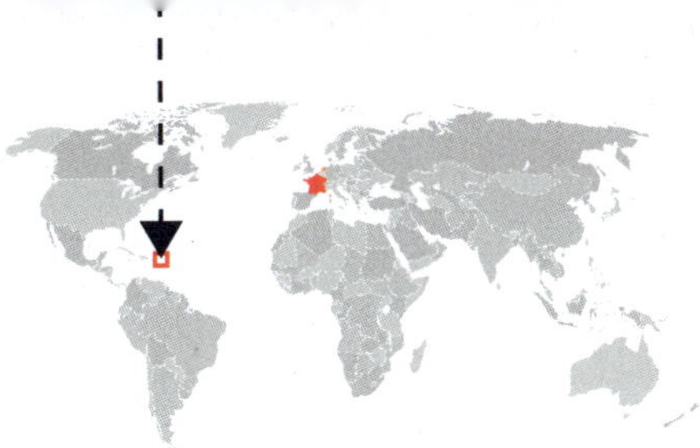

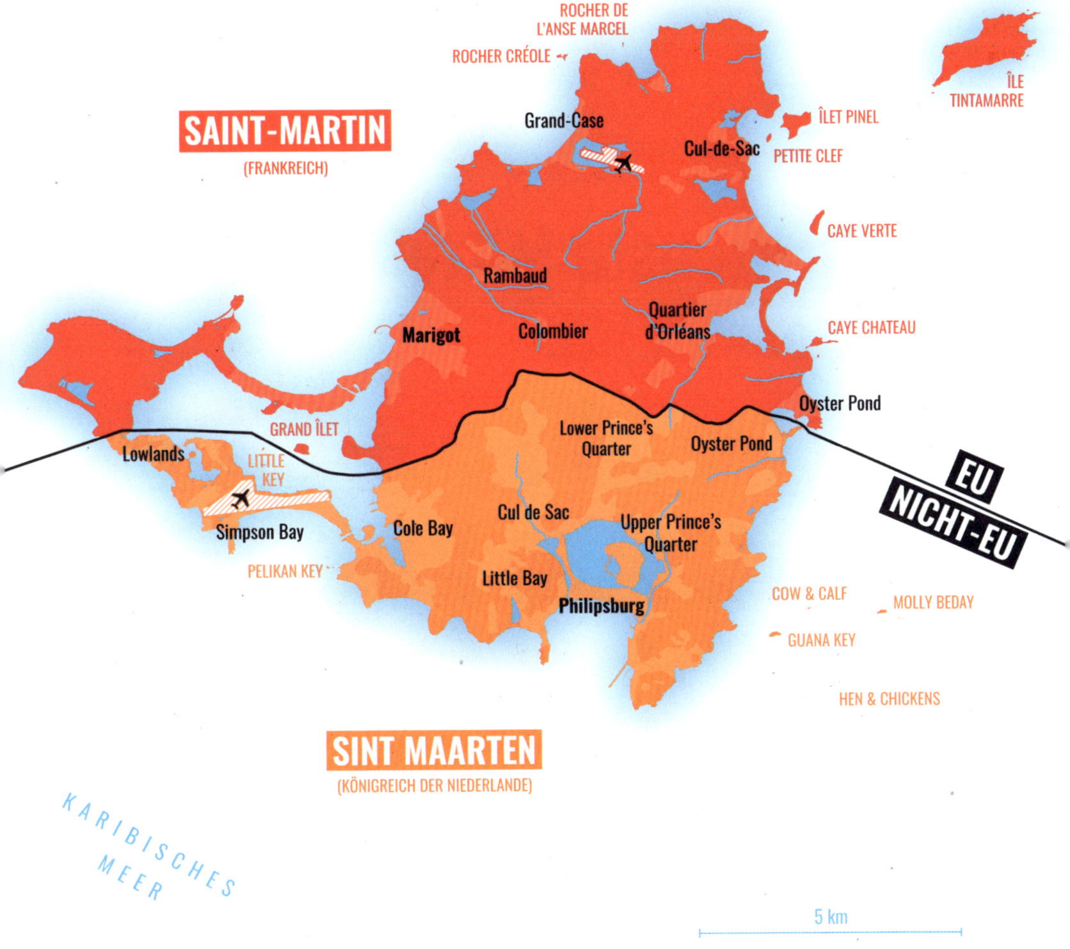
ANGUILLA-KANAL
ATLANTIK
ROCHER DE L'ANSE MARCEL
ROCHER CRÉOLE
ÎLE TINTAMARRE
SAINT-MARTIN
(FRANKREICH)
Grand-Case
ÎLET PINEL
Cul-de-Sac
PETITE CLEF
CAYE VERTE
Rambaud
Quartier d'Orléans
CAYE CHATEAU
Marigot
Colombier
Oyster Pond
GRAND ÎLET
Lower Prince's Quarter
Oyster Pond
Lowlands
LITTLE KEY
EU
NICHT-EU
Cul de Sac
Upper Prince's Quarter
Cole Bay
Simpson Bay
PELIKAN KEY
Little Bay
COW & CALF
MOLLY BEDAY
Philipsburg
GUANA KEY
HEN & CHICKENS
SINT MAARTEN
(KÖNIGREICH DER NIEDERLANDE)
KARIBISCHES MEER
5 km

Umstrittenste Mittelmeerinsel der Geschichte

Zypern ist ein Opfer seiner Geografie. Die Prachtlage im östlichen Mittelmeer sorgt einerseits für monatelanges Badewetter an den zahlreichen Traumstränden sowie fantastisches Olivenöl. Andererseits ist seine Lage auch der Grund dafür, dass Zypern immer wieder von Groß- und Regionalmächten umkämpft ist. Und so ist die Geschichte Zyperns eine von zahlreichen Invasionen. Die Eroberung durch die Osmanen 1570/71 gilt dabei in gewisser Hinsicht als die Wurzel eines Konflikts, der bis heute anhält. Nach der osmanischen Machtübernahme gab es auf der vorwiegend von Griechen bevölkerten Insel plötzlich eine türkische Minderheit, die über die Jahrhunderte hinweg permanenter Zankapfel in den Beziehungen der beiden Länder bleiben sollte. Das ist auch der Grund dafür, dass sich auf der Insel mit Nikosia die einzige geteilte Hauptstadt Europas befindet. Wer durch ihre Straßen schlendert, gerät immer wieder in Sackgassen, verbarrikadiert mit Stacheldraht und Ölfässern.

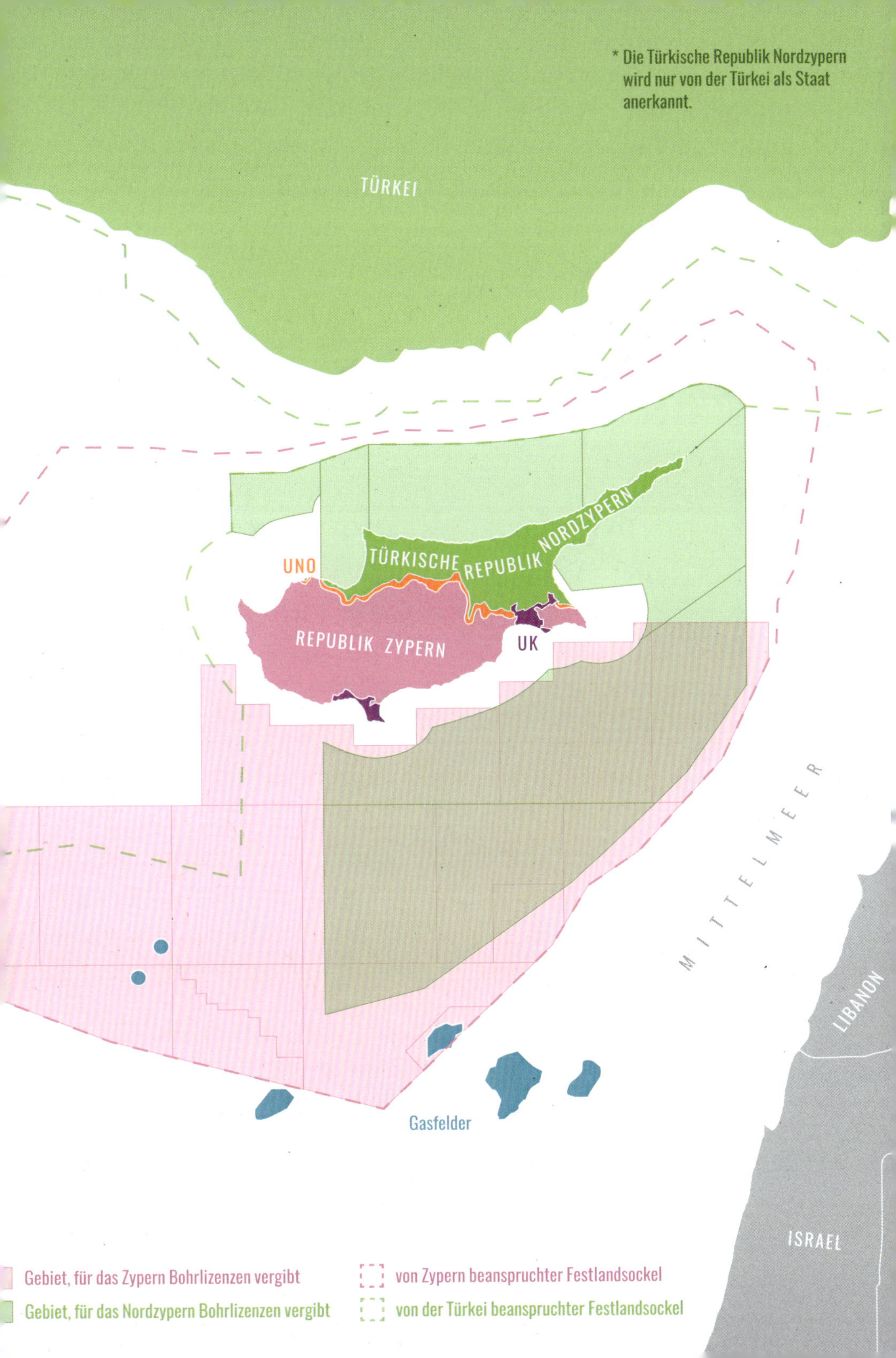
* Die Türkische Republik Nordzypern wird nur von der Türkei als Staat anerkannt.
TÜRKEI
UNO
TÜRKISCHE REPUBLIK NORDZYPERN
REPUBLIK ZYPERN
UK
MITTELMEER
LIBANON
ISRAEL
Gasfelder
Gebiet, für das Zypern Bohrlizenzen vergibt
Gebiet, für das Nordzypern Bohrlizenzen vergibt
von Zypern beanspruchter Festlandsockel
von der Türkei beanspruchter Festlandsockel

Herrschaft über Zypern seit der Antike

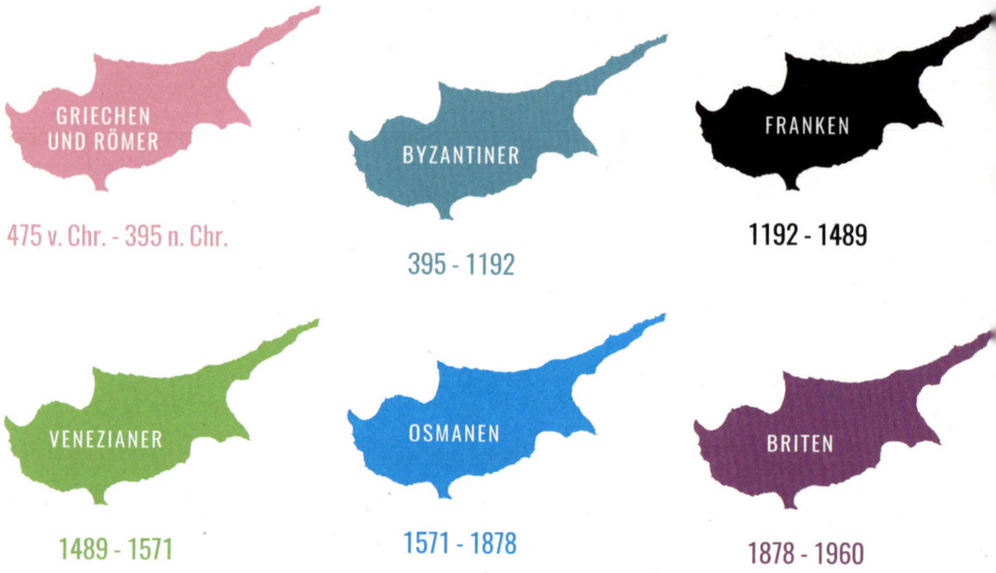

Im Grunde gab es bis zur Ausrufung der Republik Zypern im Jahr 1960 keine zyprische Identität. Stattdessen wurde in der Bevölkerung erbittert um den politischen Anschluss der Insel an Griechenland beziehungsweise die Türkei gerungen. Dem ungebetenen »Gast« und langjährigen Kolonialherren Großbritannien hingegen fühlte sich so gut wie niemand je verbunden. Die Osmanen hatten den Briten 1878 die Verwaltung der Insel übertragen. Diese sollten von Zypern aus das Osmanische Reich und die Insel selbst vor russischer Aggression schützen. Und die Briten sind bis heute geblieben. Auf zwei souveränen Militärbasen im Süden und Südosten der Insel sind immer noch Truppen der Royal Air Force und des Heeres stationiert. Miteinander verbunden sind die Gebiete nur durch eine »britische« Straße. Die Briten waren es auch, die nach den bürgerkriegsähnlichen griechisch-türkischen Auseinandersetzungen und den »blutigen Weihnachten« von 1963 Barrikaden entlang der sogenannten Green Line in Nikosia errichteten. Die Linie, die türkische und griechische Zyprer davon abhalten sollte, sich gegenseitig die Schädel einzuschlagen, wurde von einem britischen General mit einem grünen Wachsmalstift auf einer Karte gezogen. Sie bildet bis heute das Herzstück jener neutralen Pufferzone, die die Insel auf einer Länge von 180 Kilometern – unterbrochen nur von den britischen Gebieten – teilt. An manchen Stellen nur 20 Meter breit, hat der Streifen teils eine Ausdehnung von bis zu sieben Kilometern. Für große Teile des Streifens gilt ein absolutes Betretungsverbot, während manche Regionen zum Zweck einer Normalisierung weiterhin besiedelt und landwirtschaftlich genutzt werden können.

Heute trennt die UN-Pufferzone die 1983 ausgerufene, international außer von der Türkei nicht anerkannte Türkische Republik Nordzypern von der 2004 in die EU aufgenommenen Republik Zypern. De facto beschränkt sich die Kontrolle des EU-Staates auf rund drei Fünftel der Inselfläche. Rechtlich gehört die ganze Insel zur EU, auch auf der Flagge der Republik Zypern ist die gesamte Insel zu sehen. Dass London die strategisch wertvollen Militärbasen auch während der Entkolonialisierung nicht aufgab, war dem Kalten Krieg geschuldet. Zudem soll der US-Auslandsgeheimdienst CIA seine Finger im Spiel gehabt und weder den griechischen Militärputsch von 1967 noch den griechisch-zyprischen von 1974 aktiv verhindert haben. Angeblich soll sogar die türkische Invasion von 1974 mit stiller Erlaubnis der USA und Großbritanniens erfolgt sein. Nachdem sich die Kontakte zwischen Nikosia und Moskau intensivierten, zogen die USA und Großbritannien wohl eine NATO-Präsenz durch die Türkei allen anderen sowjetisch oder sozialistisch beeinflussten Alternativen vor.

Und so ist die kleine Mittelmeerinsel heute noch ein wahres Wirrwarr aus international anerkannten sowie umstrittenen Grenzen und Besatzern. Aufforderungen zum Verlassen der Insel ignorierten die Briten bisher ebenso wie die Türken. Seit 2003 ist zumindest der Grenzübertritt zwischen Nord und Süd erlaubt und die Beziehungen haben sich etwas normalisiert – ein Referendum zur Wiedervereinigung scheiterte im Jahr nach der Grenzöffnung jedoch am Veto des Südens. Eine friedliche Wiedervereinigung scheint immer noch in weiter Ferne. Dabei entwickeln sich nach der Entdeckung von Öl im Mittelmeer neben den Landgrenzen vor allem die Grenzen auf See immer mehr zum ernsthaften Streitgrund.

Warum Tansania nicht an den Malawisee darf

Der Malawisee ist über eine Million Jahre alt und riesig. Auf dem neuntgrößten See der Welt und drittgrößten Afrikas tobte gleich zu Beginn sogar die erste Seeschlacht des Ersten Weltkriegs. Das Gefecht verlief geradezu episch: Der britische Kapitän der »HMS Gwendolen«, Edmund Rhoades, hatte früher vom Kriegsausbruch erfahren und nahm seinen befreundeten Saufkumpanen, den Kapitän des deutschen, jedoch in Reparatur befindlichen Schiffes »Hermann von Wissmann« nach einem einzigen Warnschuss vorübergehend gefangen. »Verdammt noch mal, Rhoades, bist du besoffen?«, soll dieser gerufen haben. Jener ließ die Kanone des deutschen Schiffes abmontieren, konfiszierte wichtige Antriebsteile und sah seinen Auftrag als erledigt an.

Drei ostafrikanische Staaten grenzen an den Malawisee, *die* Süßwasserquelle für die gesamte Region: Tansania, Mosambik und Malawi. Seit einigen Jahrzehnten tobt jedoch ein erbitterter Streit darum, welche Staaten auch tatsächlich über Anteile am See verfügen. Namenspatron Malawi kontrolliert fast das komplette Westufer, Mosambik Teile des Ostufers – Anrainer Tansania hingegen hat gar keinen Anspruch auf den See. Zehn Jahre vor der Unabhängigkeit vom Vereinigten Königreich 1964 sicherten die Briten dem späteren Malawi dank eines Vertrags mit Portugal zudem die Hoheit über die zwei kleinen Inseln Likoma und Chizumulu. Ein Grund dafür war auch, dass Großbritannien auf Likoma bereits um 1900 ein Bistum samt Kathedrale

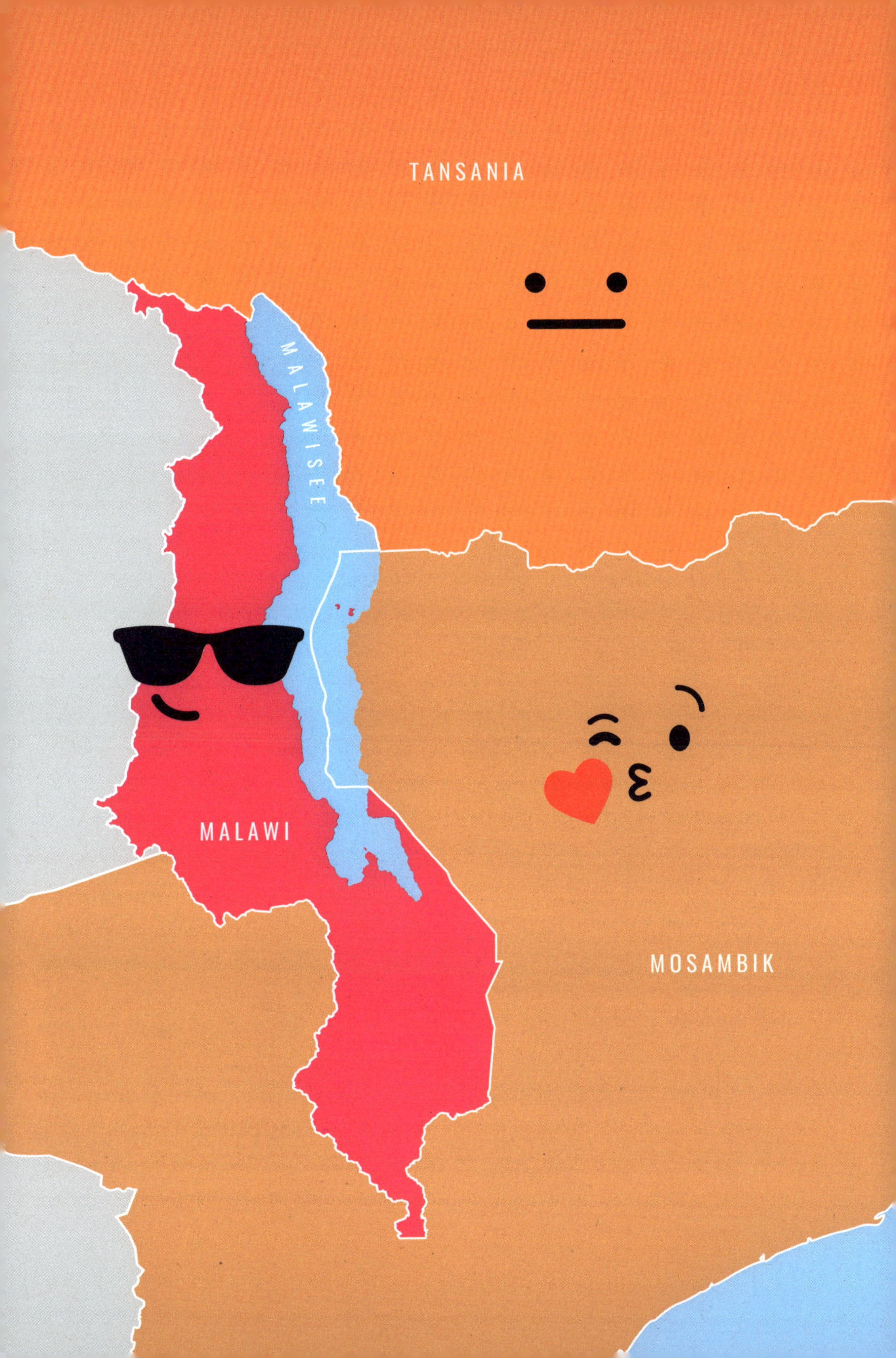
TANSANIA
MALAWISEE
MALAWI
MOSAMBIK

zur Missionierung errichtet hatte. Die beiden Inseln liegen deutlich in der Osthälfte des Sees und damit als funktionale Exklaven Malawis vollständig in den Hoheitsgewässern Mosambiks.

Die in Nord-Süd-Richtung verlaufende Seemittellinie, die heute im Süden malawische und mosambikanische Gewässer trennt, würde Tansania im Norden gerne fortgesetzt sehen, um so einen Teil des Malawisees zu besitzen. Eigentlich entspräche das auch internationalem Völkergewohnheitsrecht. Nur zu gern würde man die etlichen Tonnen Fisch, das Süßwasser, die Mineralien und das unter dem Wasser schlummernde Öl nutzen, um die Wirtschaft anzukurbeln. Ein Vertrag aus der Kolonialzeit, der deutsch-britische Helgoland-Sansibar-Vertrag von 1890, sieht aber unmissverständlich vor, dass sich der damals britische und heute malawische Anspruch bis an die Ostküste des Sees erstreckt.

Im Zuge der Entkolonialisierung Afrikas sollten diese Grenzen getreu dem lateinischen Prinzip »Uti possidetis, ita possideatis« (Wie ihr besitzt, so sollt ihr besitzen) nicht abgeändert werden. Das ist völkerrechtliche Praxis, um ewige Grenzscharmützel zu vermeiden. Das Problem: Die Grenze steht damit im Widerspruch zu einem anderen völkerrechtlichen Prinzip. Denn normalerweise werden Seen unter angrenzenden Staaten fair geteilt. Was, wenn Tansania nun doch Zugriff auf die zahlreichen Rohstoffe des Nyasas bekäme, wie der See in Tansania heißt? Als Malawi 2012 britischen Öl- und Gasgesellschaften Konzessionen für Bohrungen nahe der tansanischen Küste zusprach, kochte der Konflikt jedenfalls erneut hoch. Etliche Verhandlungsrunden und Vermittlungsversuche brachten keine Einigung. Immer wieder droht Tansania, den Sachverhalt vor den Internationalen Gerichtshof (IGH) in Den Haag zu bringen. Ob sich die hohen Gerichtskosten rentieren würden, ist jedoch fraglich. Ausgerechnet eine Rede des ersten Präsidenten und Gründungsvaters der Republik Tansania, Julius Nyerere, aus dem Jahre 1960 schwächte die Verhandlungsposition seines Staates. Es gebe »absolut keine Zweifel über den Grenzverlauf«, sagte er damals, und akzeptierte damit die kolonialen Grenzen. Für den Binnenstaat Malawi wäre ein Gang Tansanias vor den IGH natürlich dennoch riskant, besteht doch das Risiko, etliche Quadratkilometer Seefläche zu verlieren. Bleibt zu hoffen, dass eine friedliche Lösung gefunden wird. Ein erneuter Krieg würde wohl nicht so glimpflich ausgehen wie jener von 1914.

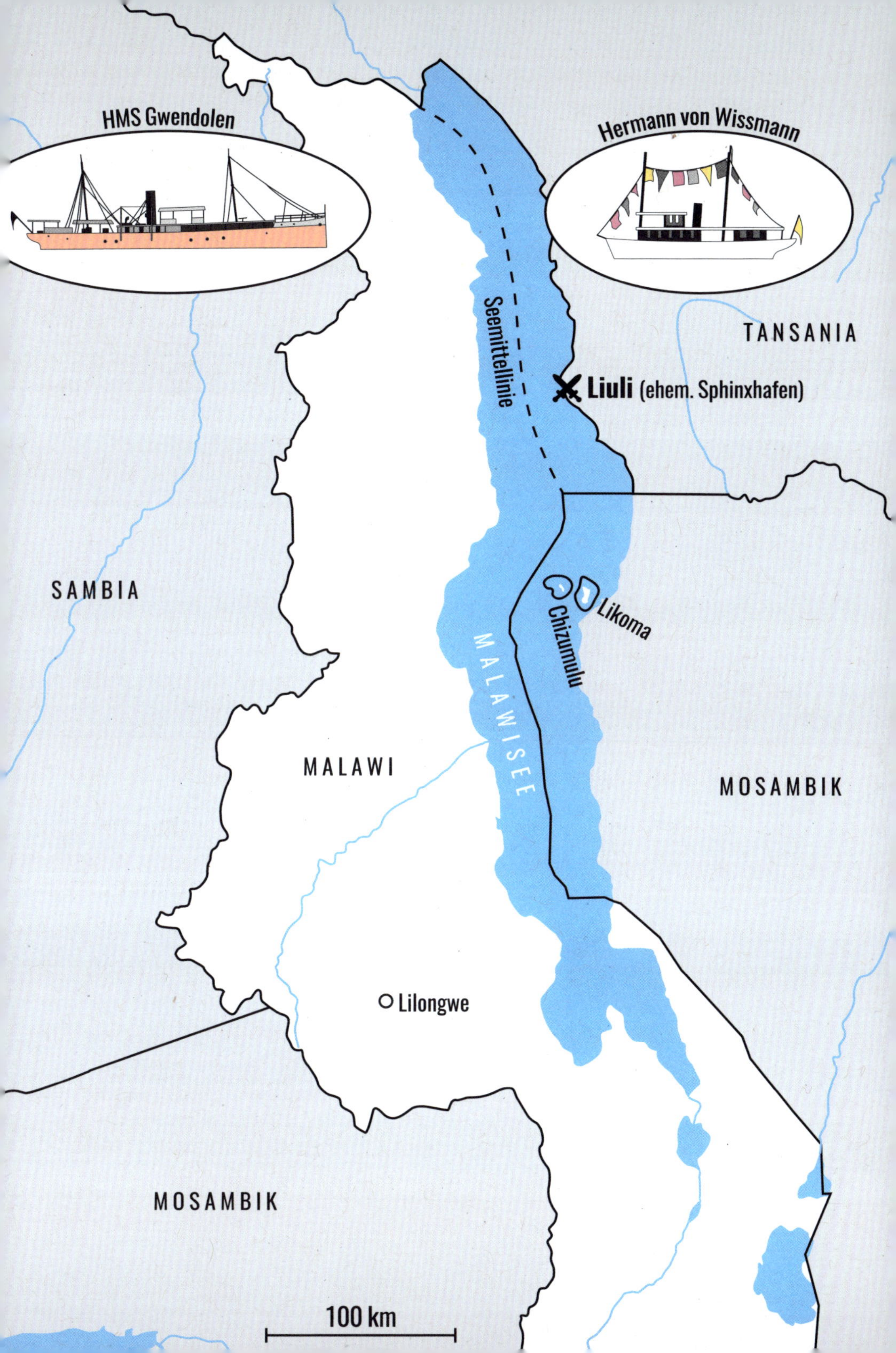

HMS Gwendolen
Hermann von Wissmann
Seemittellinie
TANSANIA
Liuli (ehem. Sphinxhafen)
SAMBIA
Likoma
Chizumulu
MALAWISEE
MALAWI
MOSAMBIK
Lilongwe
MOSAMBIK
100 km

Die größten Seen der Welt

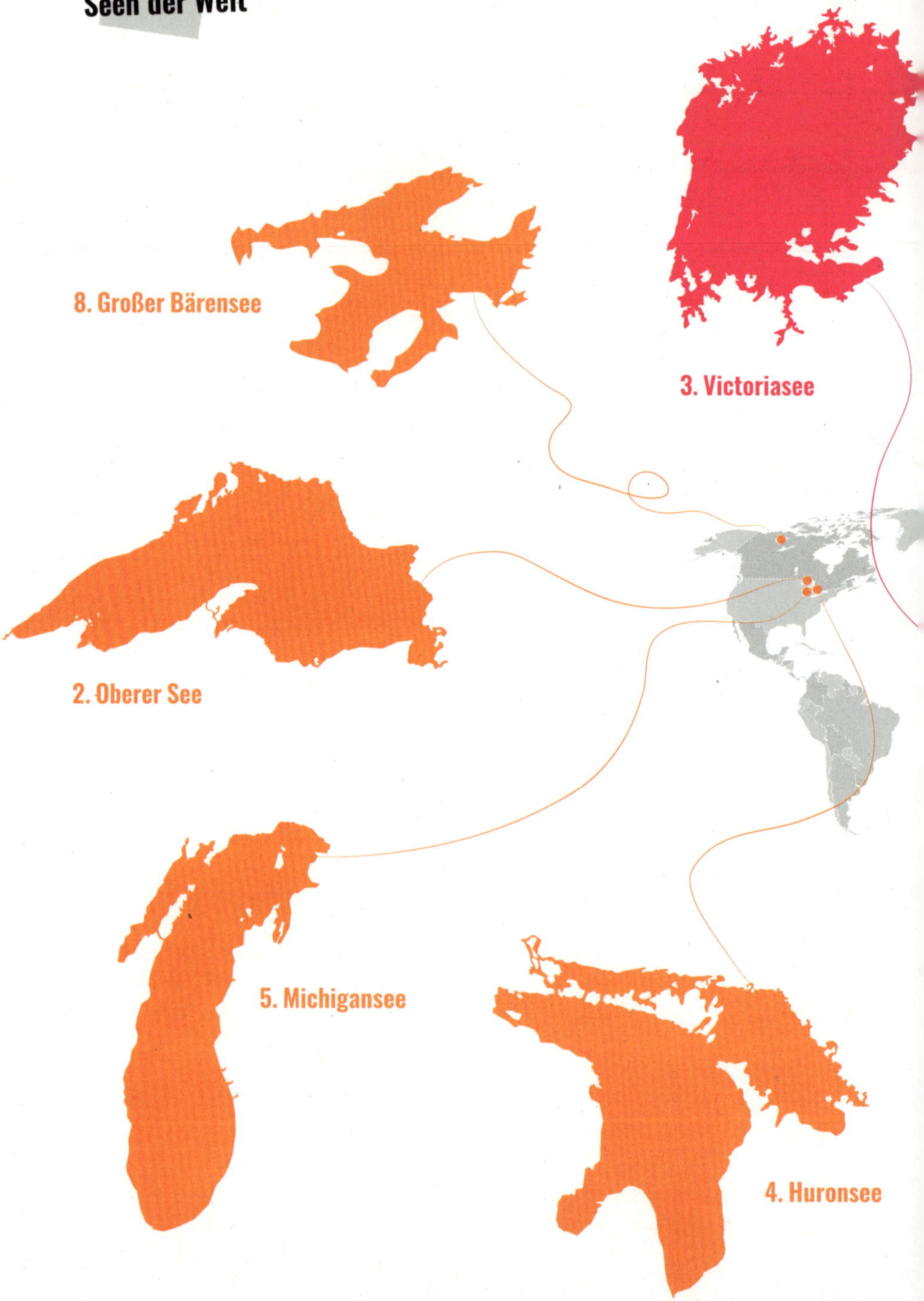

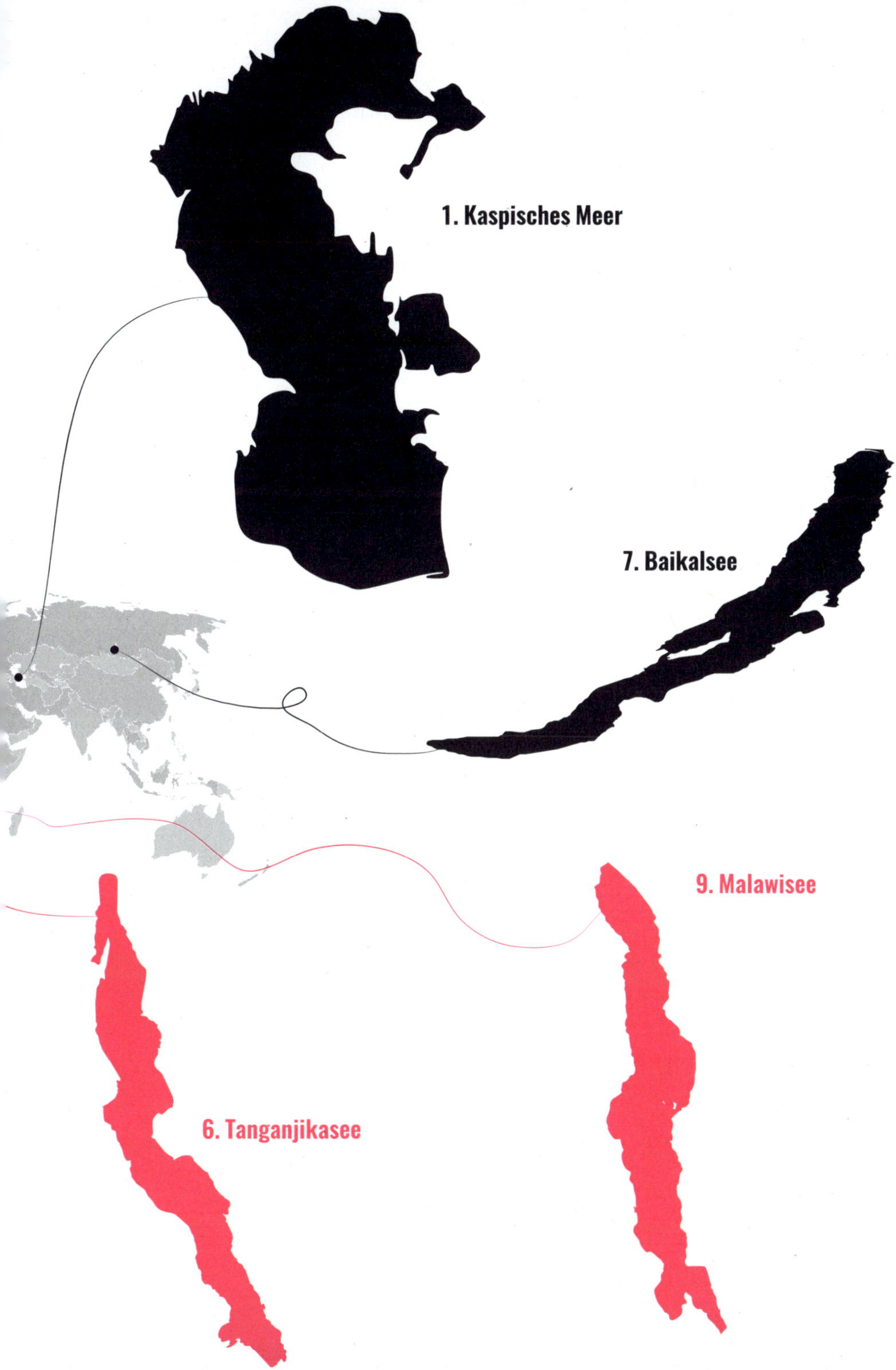
1. Kaspisches Meer
7. Baikalsee
9. Malawisee
6. Tanganjikasee

Der einzige Dezipunkt der Welt

In kaum einem anderen europäischen Land leben junge Menschen länger bei ihren Eltern als in Italien. Im Durchschnitt ziehen Italienerinnen erst mit 29 von zu Hause aus, Italiener sogar erst mit 31. Und so verwundert es nicht, dass die Sizilianerinnen und Sizilianer alle ein Stück ihrer »Mama« haben wollen. Mama ist der Kosename, den die Bewohner der Mittelmeerinsel dem zerstörerischen und daueraktiven Vulkan Ätna gegeben haben. Von den 58 Gemeinden der Großstadtregion Catania treffen auf der Spitze des Vulkans gleich zehn in einem einzigen Punkt zusammen. Es handelt sich damit um den einzigen sogenannten Dezipunkt der Welt. Bedenkt man, dass die Gemeinde Bronte die Gemeinde Maletto umschließt, kann man sogar argumentieren, dass es sich beim Gipfel des Ätna um einen Grenzpunkt elffacher Ordnung handelt.

Der Ätna bildete sich vor mehr als 600.000 Jahren, knapp die Hälfte davon war er vulkanisch aktiv. Grund für die hohe Aktivität und die andauernden Ausbrüche ist, dass sich die Afrikanische Kontinentalplatte hier unter großem Druck unter die Eurasische schiebt. Dabei tritt nicht nur am Hauptkrater Lava aus, sondern immer wieder auch an verschiedensten Flanken des 3.330 Meter hohen Vulkans. Wenngleich der Ätna vor allem für das langsame Abrinnen der Lava bekannt ist, kam es in seiner Geschichte auch immer wieder zu großen, explosionsartigen Ausbrüchen, wie sie etwa vom Vesuv bekannt sind. Gerade weil der langsame Lavaaustritt aber die Regel ist, ist die Zahl der Todesopfer durch Aktivitäten des Ätna überschaubar. In den vergangenen 2.700 Jahren sollen weniger als 100 Personen infolge direkter vulkanischer Aktivität gestorben sein. Bei den Getöteten nicht miteingerechnet sind all jene Lebewesen aus der Ober- und Unterwelt, die laut griechischer und römischer Mythologie den Ätna über die Jahre bewohnt haben.

Gemeinden am Ätna
Randazzo
Castiglione di Sicilia
Maletto
Bronte
Sant'Alfio
Zafferana Etnea
Randazzo (Süd)
Adrano
Biancavilla
Nicolosi
Belpasso

Zweifelsfrei zerstört der Vulkan aber in unregelmäßigen Abständen ganze Landstriche, Gebäude und Siedlungen. Wegen der seismischen Aktivität und schweren Erdbeben mussten etwa die Großstädte Catania (1693) und Messina (1908) wiederaufgebaut werden. Dass dennoch Hunderttausende Menschen im direkten Einzugsgebiet des Vulkans siedelten und mit der permanenten Gefahr leben, liegt einerseits an der Mutterliebe – vor allem aber an den fruchtbaren Böden, die das Lavagestein mit sich bringt. Neben Wein werden in niedrigen Lagen auch Zitronen, Orangen, Feigen, Oliven und Pistazien angebaut. Zudem lässt sich das Vulkangebirge ganzjährig touristisch nutzen. Dass ein Skigebiet seine Liftanlagen nach der Zerstörung durch die Lava erneuern musste, kam sogar in diesem Jahrtausend schon einmal vor. Eine wichtige Rolle bei der Tourismusplanung kommt den Bürgermeisterinnen und Vorstehern der zehn sich am Gipfel treffenden Gemeinden zu. Nach einem täglichen Austausch über die aktuelle seismische Entwicklung am Berg entscheiden sie, wie hoch Urlaubsgäste wandern dürfen. Eine Wanderung zum Dezipunkt am Gipfel des Vulkans ist angesichts der giftigen Gase und der ständigen Ausbruchgefahr aber meist eine äußerst schlechte Idee. Und so kann man sich über diesen einmaligen Grenzverlauf lediglich auf Karten freuen.

USA
5 Counties in Florida

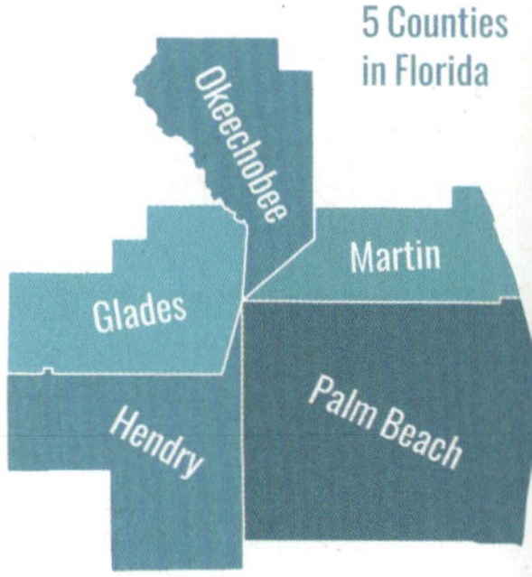

ST. KITTS UND NEVIS
5 Parishes auf der Insel Nevis

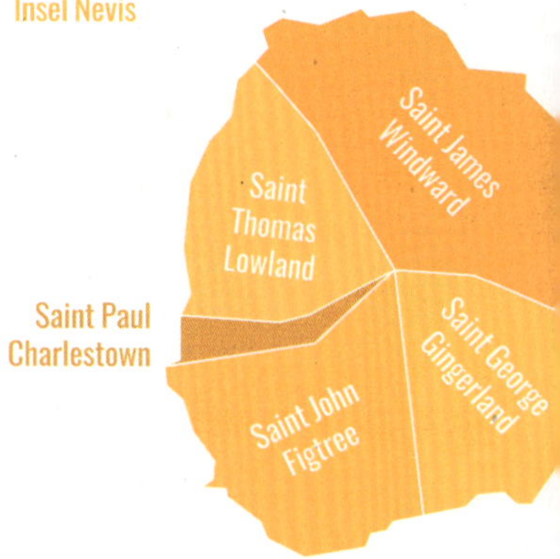

KOLUMBIEN
5 Municipios im Departamento de Boyacá

Echte Quadripunkte gibt es auf regionaler Ebene mehrere Hundert – vor allem in den USA. Echte Quintipunkte hingegen sind seltener und auch nur auf unteren Verwaltungsebenen zu finden.

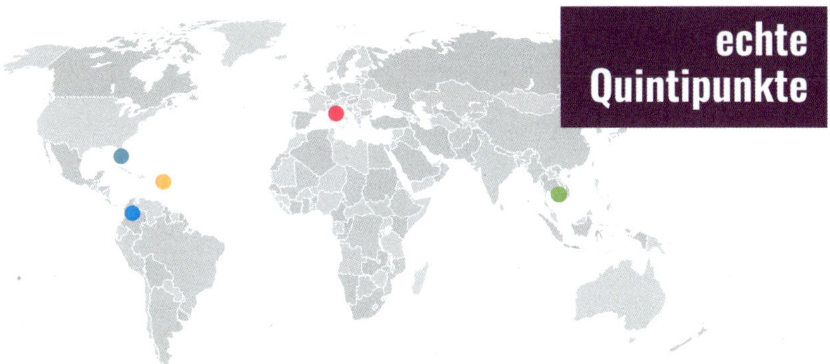

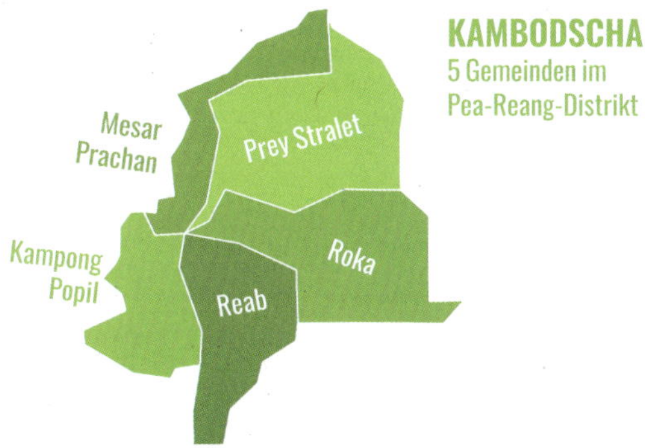

Die wahre Geschichte der Hans-Insel

Manche Grenzkonflikte dauern Jahrzehnte an, weil es für die rivalisierenden Staaten um extrem viel geht. Andere wiederum ziehen sich hin, weil das, worum es geht, so unspektakulär ist, dass sich die Konfliktparteien nur halbherzig dafür einsetzen. Die Hans-Insel – auf Dänisch Hans Ø – zwischen Kanada und dem dänischen Grönland ist so ein Fall, bei dem nur sehr langsam Bewegung in den »eingefrorenen« Konflikt kommt. Die niedrigschwellige Art der Konfliktlösung hat sogar dafür gesorgt, dass der »Inselkrieg« als »friedlichster Konflikt der Welt« in den vergangenen Jahren öffentliches Interesse erregt hat. Dabei wurde ein überwiegend harmonisches Bild des Grenzstreits skizziert: Abwechselnd schicken beide Länder ihr Militär auf die Insel, um immer wieder die eigene Flagge zu hissen und die fremde zu entfernen. Vor der Abfahrt hinterlassen die »Besatzer« jeweils eine Flasche Hochprozentiges für die Gegenseite.

In Wahrheit ist es, wie so oft, etwas komplizierter und letzten Endes steht für die beiden Staaten dann doch etwas mehr auf dem Spiel als eine Flasche des dänischen Magenbitters »Gammel Dansk« oder des kanadischen Whiskys »Crown Royal«, die übrigens nur sehr unregelmäßig auf der Insel platziert wurden. Die wenigen Mineralien im Meeresboden und das Fischvorkommen im Umkreis der Insel sind als Streitgrund wohl vernachlässigbar, zumal beide Länder bereits immense Flächen besitzen. Im Zuge des Klimawandels und milderer Sommer könnten freilich die Navigationsrechte in der Meeresstraße immer interessanter werden. Noch ist sie nur wenige Wochen im Jahr und nur mit Eisbrechern befahrbar. Die Auseinandersetzung ist wohl jedoch ein

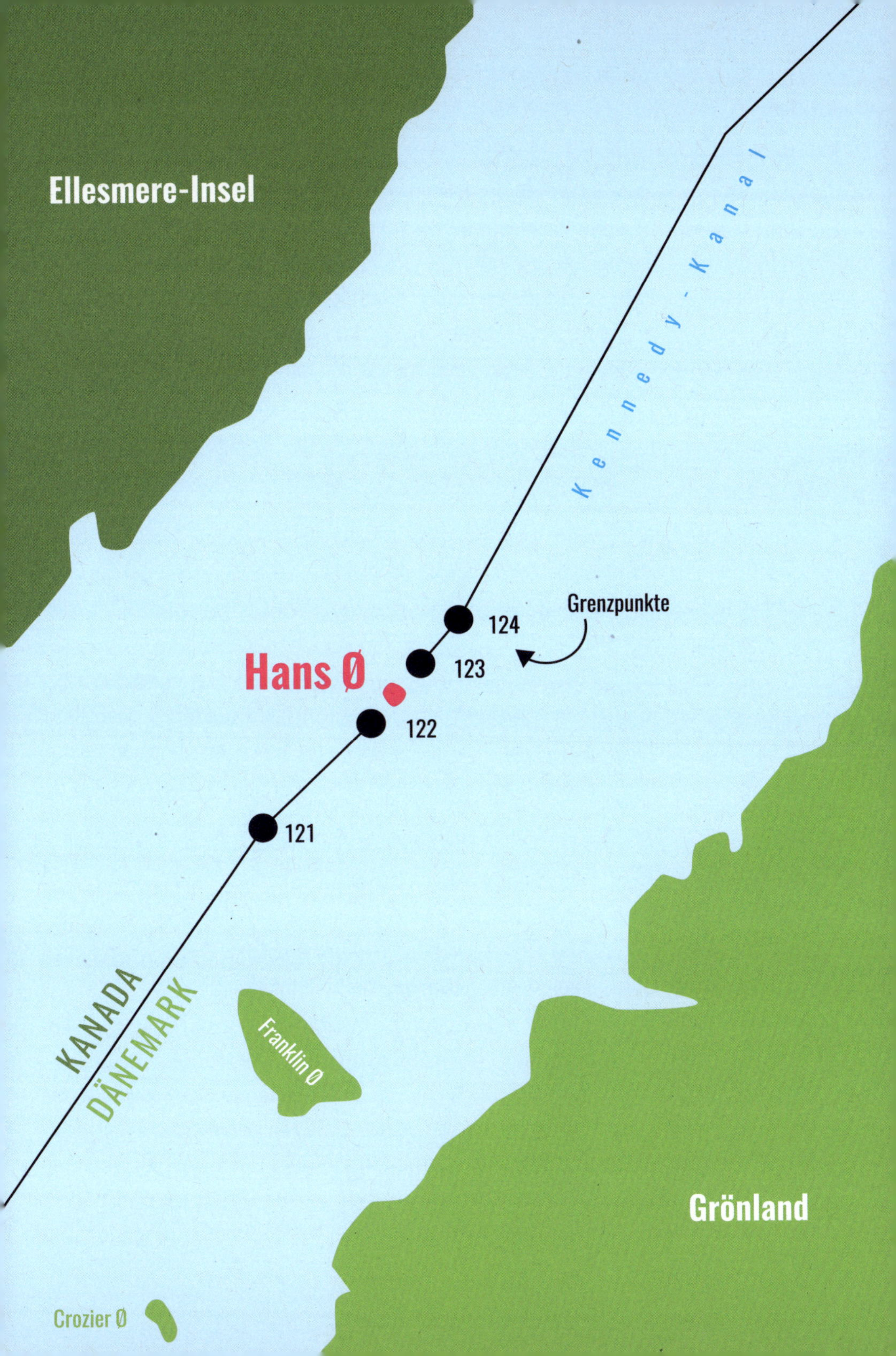
Ellesmere-Insel
Kennedy-Kanal
Grenzpunkte
124
123
Hans Ø
122
121
KANADA
DÄNEMARK
Franklin Ø
Grönland
Crozier Ø

erster Ausblick auf das, was in den kommenden Jahrzehnten in der Arktis noch in viel größerem Ausmaße droht: mögliche Territorialstreitigkeiten, wenn die Ressourcen dann plötzlich doch sehr begehrt sind.

Hans Ø ist die kleinste von drei Inseln im eiskalten Wasser des Kennedy-Kanals entlang der Naresstraße. Die anderen beiden Inseln, Franklin Ø und Crozier Ø, liegen deutlich näher am Festland Grönlands und sind damit unbestritten dänisch. Denn Grönland ist eine autonome Region des Königreichs Dänemark und nicht selbst für seine Außenbeziehungen verantwortlich. Aus Sicht der Dänen gehört der 1,25 Quadratkilometer kleine, unbewohnte, karge Fels zu besagtem Inseltrio und damit zu Dänemark. Kanada hingegen sieht die Hans-Insel als Ausläufer der riesigen Ellesmere-Insel vor seiner Ostküste.

Verschiedene alte Karten zeigen die Insel – wenig überraschend – jeweils etwas näher am eigenen Staatsgebiet, je nachdem wer sie erstellt hat. Das Zeitalter der Satellitenfotografie zeigte später aber deutlich, dass Hans Ø von Grönland knapp 17, von kanadischem Festland hingegen fast 19 Kilometer entfernt ist. Entsprechend erkannte der Vorläufer des Internationalen Gerichtshofes die Insel bereits im Jahre 1933 Dänemark zu. Die Sache bleibt aber bis heute umstritten, auch weil die restliche vereinbarte maritime Grenzlinie das Eiland quasi in der Mitte zerschneiden würde. Fast so, wie es der Strich beim dänischen Wort für Insel mit dem O macht. Als die beiden Staaten 1973 ihre Seegrenzen absteckten, wurde daher extra nicht auf die Insel eingegangen. Und so fehlt auf Seekarten die Verbindungslinie zwischen den Grenzpunkten 122 und 123 einfach. Fast so als hätte jemand bei einem Zahlenbild einen Strich nicht hinbekommen.

Anfang der 2000er gab es jedoch einige undiplomatische Vorstöße. So schalteten patriotische Aktivisten beider Seiten Werbeanzeigen auf Google, um die Bewohner des jeweils anderen Landes zu ärgern. Kanada vergab sogar Schürfrechte an Geologen. Kanadische und auch dänische Minister bereisten die Insel und echauffierten sich über die Besuche des jeweils anderen. Der Verteidigungsminister Kanadas, Bill Graham, soll 2005 sogar die dänische Flagge auf Hans Ø einkassiert und an die dänische Botschaft in Ottawa geschickt haben – in einem Karton einer örtlichen Bäckerei. Die dänische Marine soll daraufhin ein Schiff in Richtung des Eilands entsandt haben. Glücklicherweise reagierten die Außenminister der beiden Staaten besonnen und beschlossen, überhaupt keine Flaggen mehr auf der Insel zu hissen und sämtliche kindischen Neckereien zu unterlassen.

Die verbesserte Diplomatie trug zuletzt Früchte: So einigte man sich auf die Errichtung einer gemeinsamen Wetterstation und verzichtete bislang auf den Gang vor den Internationalen Gerichtshof, wobei viele Völkerrechtsexperten Dänemark dort die besseren Chancen ausrechnen. 2018 wurde stattdessen eine gemeinsame Kommission gebildet, die in ein paar Jahren eine endgültige Entscheidung über die Souveränität der Insel fällen soll. Neben einem gemeinschaftlich genutzten Gebiet, einem sogenannten Kondominium, wurde auch vorgeschlagen, die Insel den indigenen Völkern beider Nationen zuzusprechen. Auch die Teilung von Hans Ø steht weiterhin im Raum. Beide Staaten würden dadurch die Zahl ihrer Landgrenzen zu anderen Staaten von eins auf zwei verdoppeln. Darauf könnte man endlich auch mal gemeinsam auf der Insel anstoßen.

Staaten mit nur einer Landgrenze zu einem anderen Staat

Sprechen Sie Spanugiesisch?

Viel zu oft teilen Grenzen, was eigentlich zusammengehört. Mauern, Zäune und Grenzbeamte bauen sich in aller Welt als Barrieren auf und trennen Familien, Liebende und Freunde. Doch es gibt sie, die positiven Signale der Freundschaft, Integration und Durchmischung. Eine Grenzstadt in Südamerika etwa, die es ohne gute Nachbarschaft so nicht geben würde. In den vergangenen Jahrzehnten sind die uruguayische Stadt Rivera und das brasilianische Santana do Livramento zu einer 200.000 Menschen zählenden, friedlichen Großstadt zusammengewachsen.

Dabei ist die Grenze zwischen Brasilien und Uruguay keineswegs unumstritten. Gut 200 Kilometer nordwestlich der Grenzstadt liegt im Dreiländereck etwa die kleine Flussinsel Ilha Brasileira/Isla Brasilera, um die sich die beiden Staaten streiten. Sie wurde zwischen 1964 und 2011 von einer achtköpfigen brasilianischen Bauernfamilie bewohnt, wird aber seit Jahrzehnten von Uruguay reklamiert. Einige Hundert Kilometer südöstlich davon liegt mit der sogenannten Artigas-Ecke (Rincão de Artigas) ein ebenfalls von Uruguay beanspruchtes, aber von Brasilien kontrolliertes Gebiet. Hintergrund ist hier – wie so oft – eine vage Formulierung. Sie stammt aus dem gemeinsamen Grenzziehungsabkommen von 1851 und führte dazu, dass an einer Flussgabelung die Grenzsteine falsch gesetzt wurden. Seit 1934 beansprucht Montevideo den Flecken Land für sich – Brasilia macht bisher keine Anstalten, ihn herzugeben.

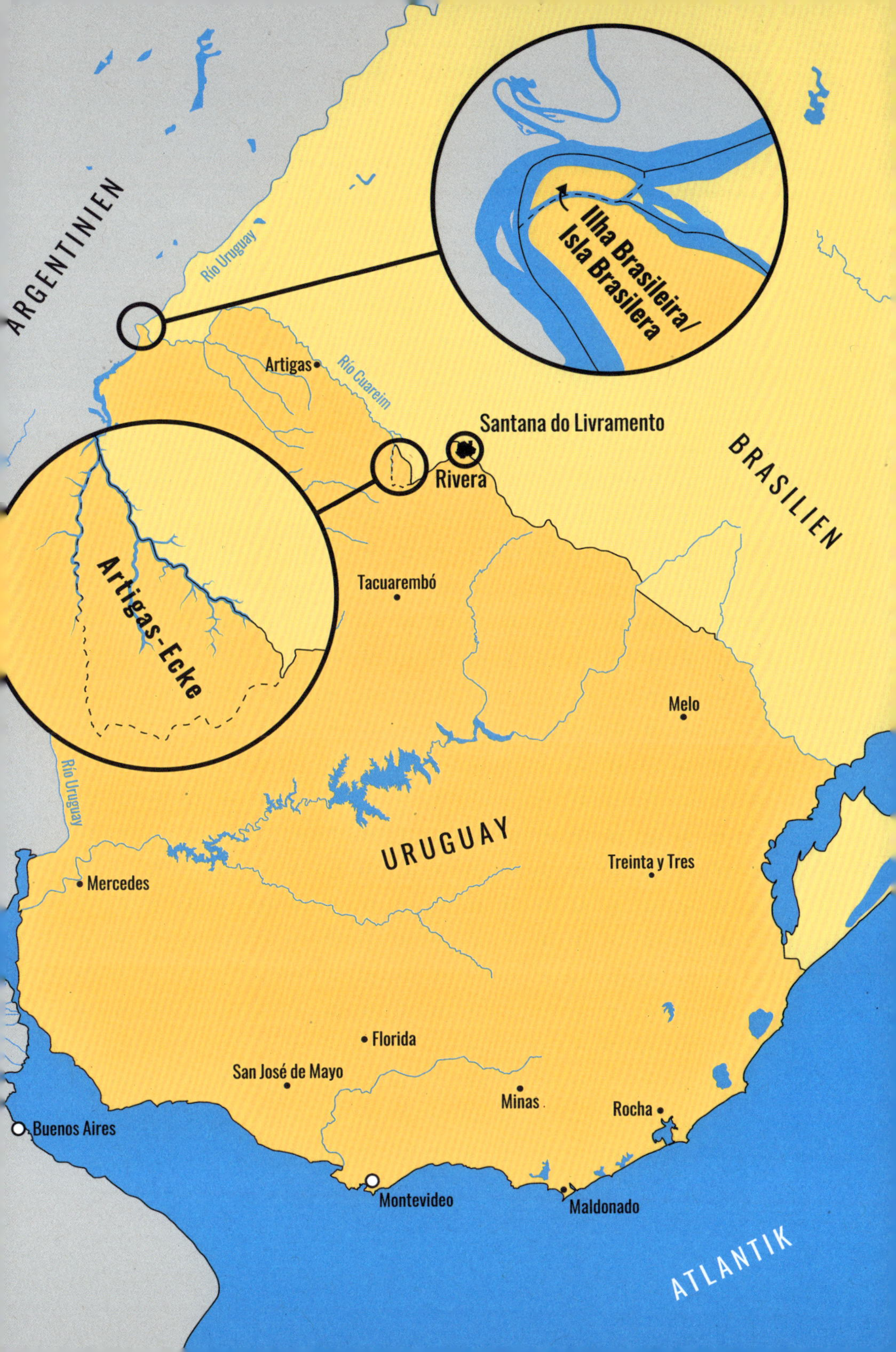
ARGENTINIEN
Río Uruguay
Ilha Brasileira/
Isla Brasilera
Artigas
Río Cuareim
Santana do Livramento
Rivera
BRASILIEN
Artigas-Ecke
Tacuarembó
Melo
Río Uruguay
URUGUAY
Treinta y Tres
Mercedes
Florida
San José de Mayo
Minas
Rocha
Buenos Aires
Montevideo
Maldonado
ATLANTIK

Das alles hat der engen wirtschaftlichen und kulturellen Verflechtung sowie den guten diplomatischen Beziehungen zwischen Uruguay und Brasilien aber keinen Abbruch getan. Als Zeichen guter Nachbarschaft eröffnete man 1943 in Rivera/Livramento einen binationalen Friedenspark, bezeichnenderweise zu einer Zeit, in der die Welt in den Wirren des Zweiten Weltkriegs versank. Den beiden Grenzstädten kam durch ihre Randlage einst selbst militärische Bedeutung zu. Heute gilt die »Plaza Internacional« – Portugiesisch »Praça International« – als der weltweit einzige gemeinschaftliche Platz zweier Staaten und ist ohne jegliche Grenzkontrollen frei passierbar. Die beiden Städte lehnen eine harte Grenze nämlich kategorisch ab. Ortsansässige dürfen sich seit 2006 ohnehin frei in der Stadt bewegen. Für Touristen wurde zehn Jahre später in einem Einkaufszentrum sogar eine gemeinsam betreute Einreisebehörde geschaffen, die sich um die nötigen Dokumente für Reisende in beiderlei Richtung kümmert.

Auch wenn die Grenze der Zwillingsstadt nicht zu sehen ist, so ist sie trotz allem spürbar – im Geldbeutel etwa. So locken die zahlreichen steuerfreien »Free Shops« auf uruguayischer Seite Gäste aus dem ganzen Süden Brasiliens mit bis zu 40 Prozent billigeren Produkten. Auch dem in Brasilien verbotenen Glücksspiel darf in Rivera nachgegangen werden.

Was Sie sich vielleicht auch schon gefragt haben: Wie unterhalten sich die Menschen aus dem portugiesischsprachigen Norden und dem spanischsprachigen Süden eigentlich miteinander? Tatsächlich gilt die Grenzstadt als Geburtsort des Grenzdialekts Portuñol. Die jahrhundertealte Mischsprache ist entlang der brasilianischen Grenzen zu Argentinien und Paraguay, vor allem aber im Norden Uruguays auch deshalb weitverbreitet, weil sich in der Region die politische Zugehörigkeit immer wieder änderte und Wechsel der offiziellen Sprache damit einhergingen. Portuñol wird oft auch »Fronterizo« beziehungsweise »Fronteiriço« genannt, was »Grenzländisch« bedeutet, und wird sogar im lokalen Fernsehen gesprochen. Der Dialekt folgt weder konkreten grammatikalischen Vorgaben noch einem festen Vokabular und ist eines der beeindruckendsten Zeugnisse friedlicher, binationaler Koexistenz.

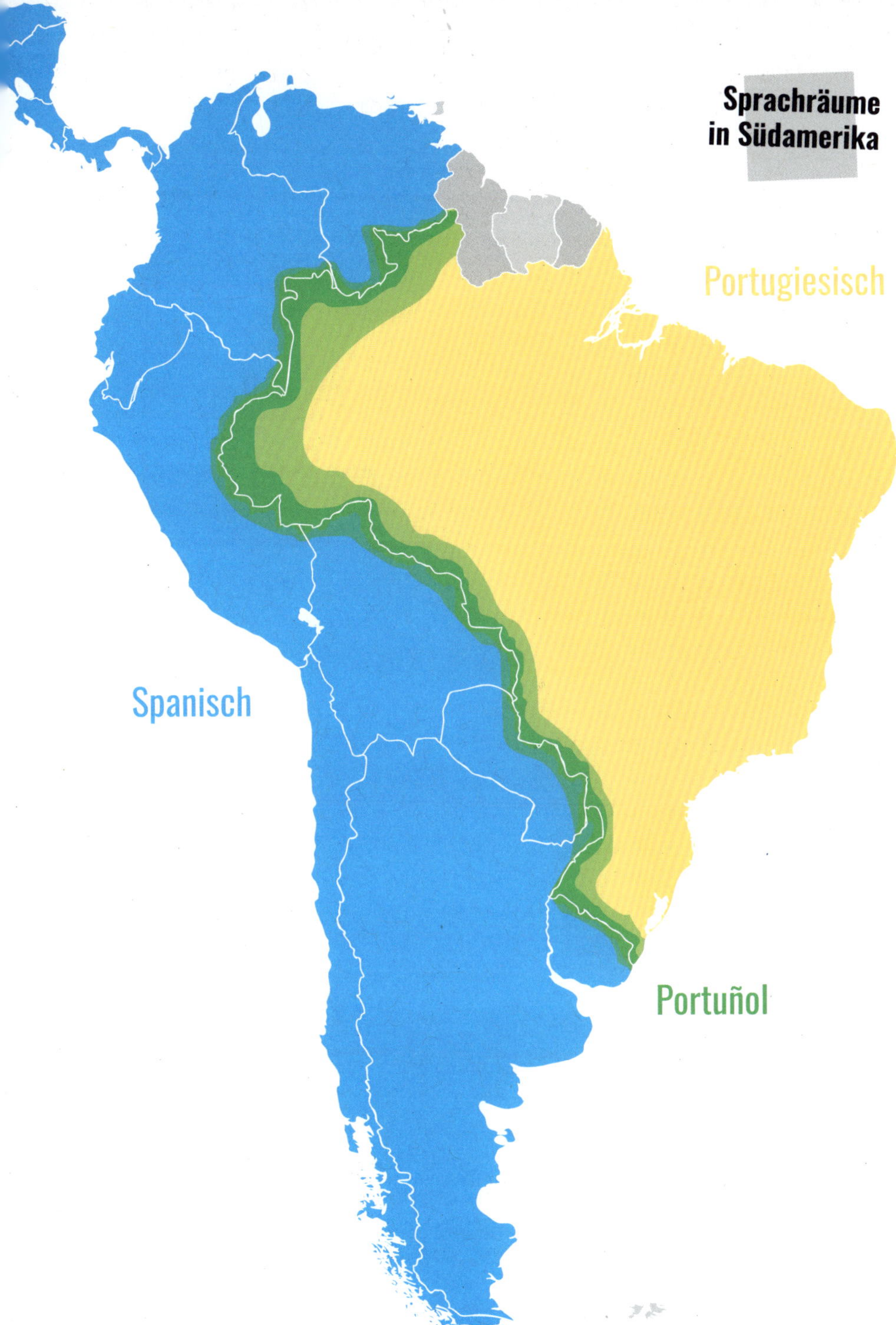
Sprachräume
in Südamerika
Portugiesisch
Spanisch
Portuñol

Wie tief reichen Grenzen?

Wer eine Staatsgrenze unterhalb der Erde überschreitet, macht dies in den seltensten Fällen auf legalem Wege. Dort, wo die Sonne nie aufgeht, beginnt das Reich der Schmuggler. Egal ob Zigaretten, Alkohol, Erdöl oder Menschen – seit Jahrhunderten werden geheime Tunnel gegraben oder bestehende umfunktioniert, um zu verbinden, was Regierende getrennt haben. Was einst lokaler, völlig legaler Handel war, kann durch eine neu gezogene Grenze schnell zu illegalem, transnationalem Schmuggel werden. Wer trotzdem einmal auf ganz legale Art eine unterirdische Staatsgrenze überschreiten möchte, wird in Österreich fündig.

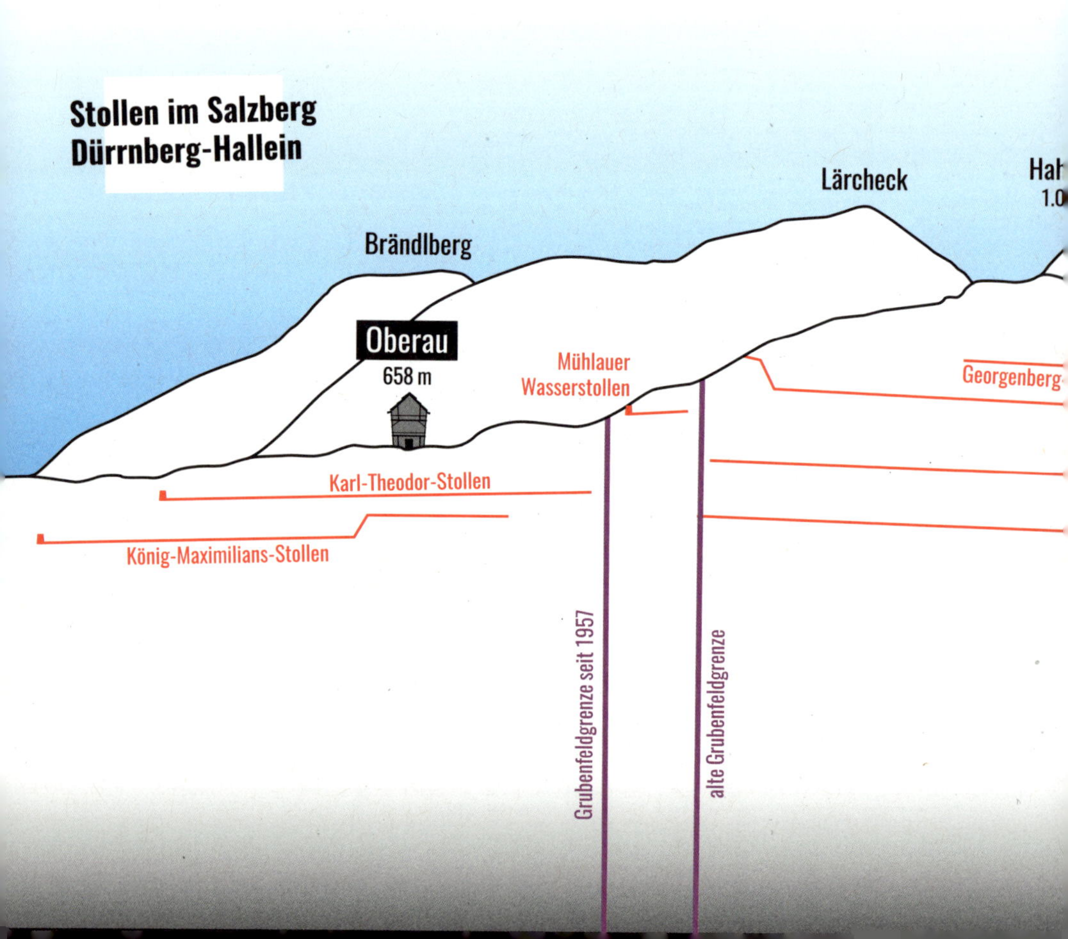

Wenige Kilometer von Salzburg entfernt, ganz nah an der Grenze zu Deutschland, liegt das beschauliche Städtchen Hallein, das seinen Reichtum dem Bergbau, vor allem dem Abbau von Salz, verdankt. Durch seinen Wohlstand trug es sogar zur prunkvollen Gestaltung Salzburgs bei. Schon im 6. Jahrhundert vor unserer Zeitrechnung schürften die Kelten unter dem Dürrnberg nach dem »weißen Gold«. Freilich hörten spätere Bergleute auch dann nicht gern auf zu graben, als sie sich der Grenze näherten, das Geld aber im wahrsten Sinne des Wortes vor ihrer Nase lag. Laut Völkergewohnheitsrecht setzen sich die Grenzen eines Staates bis zum Erdkern fort – gelten also auch unter Tage. Bisweilen gibt es jedoch Sondervereinbarungen für den Bergbau. Alles was unter Tage abgebaut werden darf, wird in Minen dann von sogenannten Grubenfeldgrenzen eingegrenzt. Bereits 1271 kamen das Stift Berchtesgaden und das Salzburger Domkapitel erstmals überein, einen

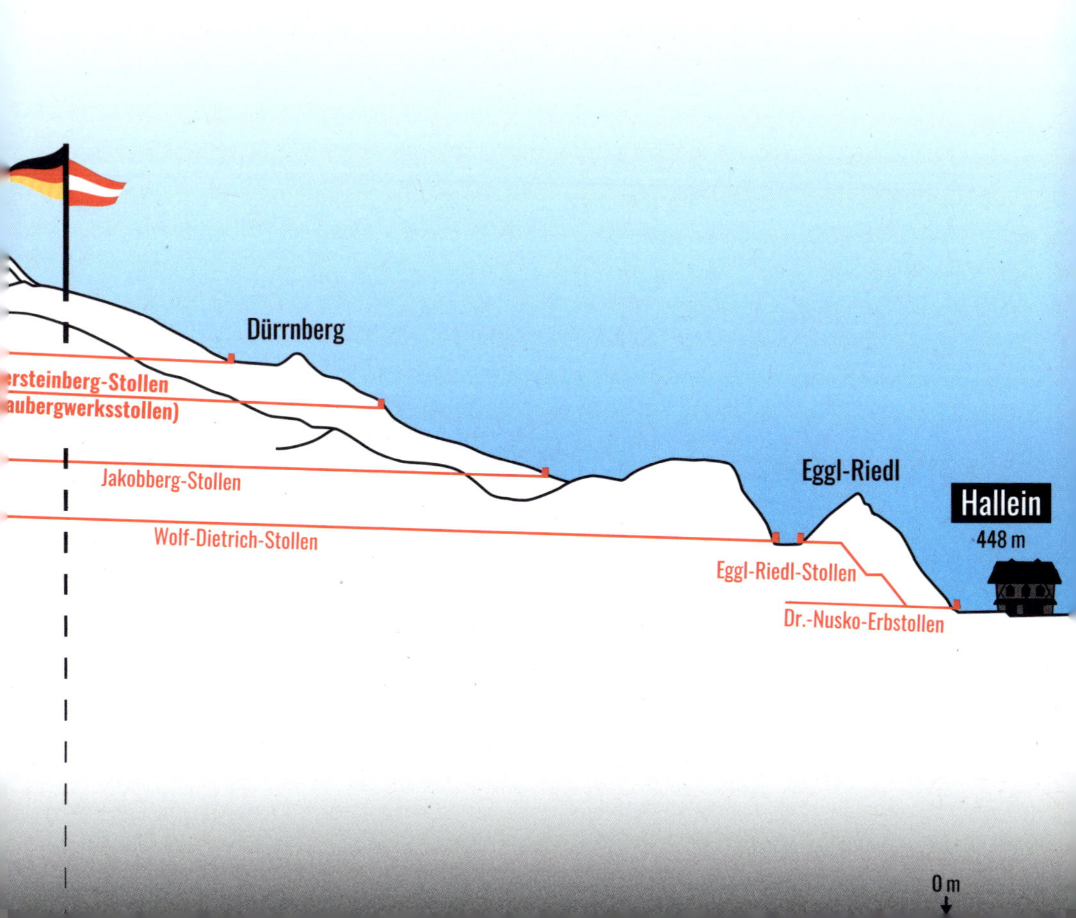

grenzüberschreitenden Salzbergbau zu genehmigen. Bayern wurden im Gegenzug Arbeitsplätze im Bergwerk zugesichert. Seit 1829 regelt die Salinenkonvention den Abbau – Österreichs ältester noch aktiver Staatsvertrag. In seiner 2.600-jährigen Geschichte wurde in Hallein mehr als 800 Jahre lang Salz abgebaut. Nach insgesamt rund zwölf Millionen Tonnen gefördertem Salz war 1989 vorerst Schluss, nachdem zehn Jahre zuvor ganz in der Nähe ein weiteres großes Salzbergwerk eröffnet hatte. 2020 begann man aber auch in Hallein wieder mit dem Abbau kleiner Mengen eines Premiumsalzes. Seit 1994 sind knapp 13 der gut 64 Kilometer des Bergwerkes für den Tourismus geöffnet. Einziger Wermutstropfen beim unterirdischen Grenzübertritt: Deutschland kann nur unter Tage betreten werden, denn auf deutscher Seite gibt es keinen Ausgang.

Der Bergbau war im Koreakonflikt anfangs übrigens auch die offizielle Ausrede Nordkoreas, als die Südkoreaner 1978 den dritten von immerhin vier bislang bekannten Infiltrationstunneln entdeckten. Nur dass es dort fast gar keine Kohle gab, wo angeblich so emsig danach gebuddelt wurde. Als der Süden die genaue Lage geortet hatte und seinerseits einen Abfangtunnel grub, war das nordkoreanische Militär bereits 435 Meter südlich der demilitarisierten Zone – die von beiden Seiten nicht betreten werden darf – vorgedrungen. 30.000 Soldatinnen und Soldaten hätten bei einer Invasion pro Stunde unbemerkt durch den Tunnel in feindliches Gebiet einfallen können. Zum Angriff kam es nie. Südkorea baute auf seiner Seite einfach drei massive Betonwände und verwendet den Tunnel in 73 Meter Tiefe seither als Tourismusattraktion.

Auch an der Grenze zwischen den USA und Mexiko wurden allein zwischen 1990 und 2015 183 illegale Schmugglertunnel entdeckt. Das wohl verwinkeltste bekannte Tunnelsystem existiert jedoch in und um den Gazastreifen. Während der Hochphase der israelischen Blockade des Gazastreifens um 2008/2009 sollen mehr als 1.500 Gänge in unterschiedlicher Größe und Ausstattung existiert haben. Von kleinen, engen, einsturzgefährdeten Tunneln, durch die nur sehr kleine Menschen passten, bis hin zu mit Beton ausgekleideten Unterführungen, die mit Lieferwagen befahrbar waren, gab es alles. Die Tunnel bildeten einerseits eine überlebenswichtige Versorgungslinie für das isolierte palästinensische Gebiet – vor allem aus Ägypten –, andererseits wurden auch immer wieder Terroristen über die Tunnel auf israelisches Gebiet geschleust. Seit einigen Jahren verstärkt Ägyptens Militär die Grenze mit einer im Boden versenkten, eisernen Mauer. Seither graben die Menschen tiefer.

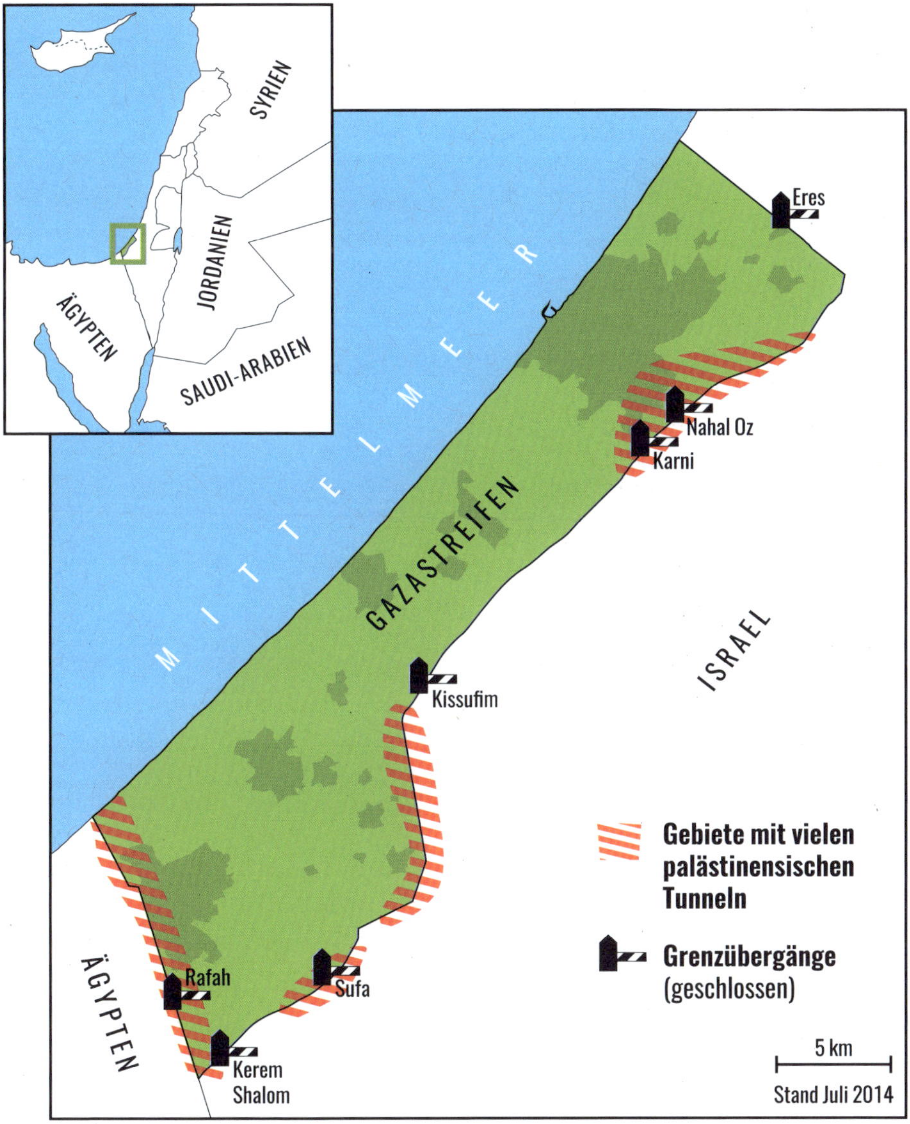

Kompliziertester Grenzverlauf der Welt

Eine komplexere Grenzsituation als in Baarle gibt es nicht: einen Flickenteppich aus belgischen Exklaven in niederländischem Gebiet. Und trotzdem nimmt in der kleinen belgisch-niederländischen Gemeinde beinahe alles reibungslos seinen Gang. Baarle ist so etwas wie der Inbegriff dessen, was die EU und das Schengener Abkommen bewirken wollen. Wenn wie hier nationale Grenzen nur noch durch unscheinbare weiße Markierungen am Boden und nicht durch Grenzposten und Mauern erkennbar sind, wenn das größte Problem die unterschiedlichen Ladenöffnungszeiten am

Breda
Baarle-Hertog
Baarle-Nassau
NIEDERLANDE
Baarle-Hertog
BELGIEN

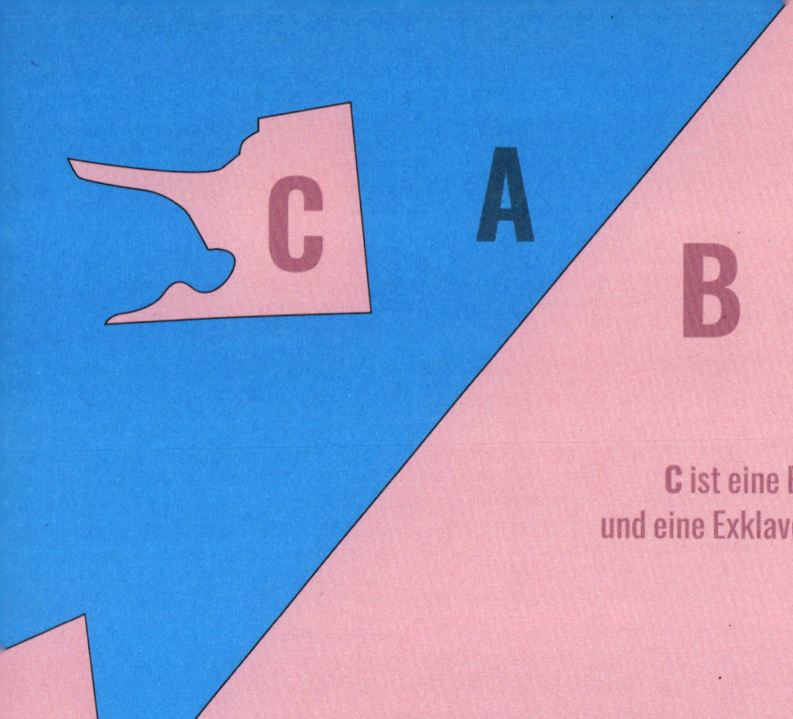

C ist eine Enklave in A
und eine Exklave von B in A

Sonntag sind, wenn die Bereinigung des vermeintlichen Grenzproblems gar nicht mehr gefordert wird, weil das friedliche Miteinander bestens funktioniert, dann ist das ein Vorbild für das restliche Europa und die Welt.

Das gilt umso mehr, als dass die Geschichte der beiden Gemeinden eine von Konflikten und Machtspielen ist. Wie so oft in Europa hat auch die eigenartige Grenzziehung von Baarle seinen Ursprung im Feudalismus, als noch adlige Grundbesitzer den Ton angaben. Das Gebiet um Breda, zu dem auch Baarle gehört, wurde im Mittelalter von der Familie van Schoten beherrscht. Sie hatte es von der Herzogsfamilie von Brabant zur freien Verfügung erhalten. Weil auch der Graf von Holland dieses Gebiet für sich reklamierte, forderte der Herzog es 1198 von den van Schotens zurück. Obwohl die Eigentumsverhältnisse nicht geklärt waren, willigten sie ein und bekamen als Ausgleich einige verstreute Ländereien – darunter auch Teile des heutigen Baarle-Nassau. Der Graf von Holland hingegen erhielt zur Besänftigung einen Teil des Gebiets um Breda. Auf bestimmte Felder wollte der Herzog jedoch nicht verzichten. Im Laufe der Jahrhunderte entwickelte sich daraus schließlich der Flickenteppich aus Baarle-Hertog und Baarle-Nassau. Während spanischer beziehungsweise österreichischer Regentschaft verbunden, sorgte erst der Westfälische Frieden von 1648 für die Aufteilung der Gemeinde auf zwei verschiedene Staatsgebiete: die

Spanischen Niederlande und die Republik Niederlande. Mit der Abspaltung Belgiens von den Niederlanden im Jahr 1839 wurde die Teilung des Ortes endgültig besiegelt und hat bis heute Bestand. 22 der 26 separaten Teilstücke von Baarle-Hertog liegen seither als belgische Exklaven auf niederländischem Gebiet. In diesen Territorien befinden sich wiederum sieben niederländische Enklaven, die komplett von belgischem Gebiet umschlossen sind. Eine weitere niederländische Enklave liegt in einem der vier Teile Baarles, die direkt mit dem Mutterland verbunden sind.

Bei jeglichen Grenzbereinigungsverträgen zwischen Belgien und den Niederlanden wurde Baarle ob seiner Komplexität stets ausgeklammert. Bis zur Neuvermessung 1995 wies die Grenzsituation dadurch auch teils erhebliche Mankos auf. So mussten viele Bewohner erstaunt feststellen, dass sie eigentlich gar keine Belgier, sondern Niederländer sind, oder umgekehrt. Dies wurde vielerorts elegant mit der sogenannten Voordeurregel gelöst, zu Deutsch »Haustürregel«. Bei Häusern, deren Grundstücke von der Grenze geteilt wurden, entschied einfach die Position der Haustür über die Staatszugehörigkeit des Gebäudes. Einige Bewohner und Bewohnerinnen Baarles versetzten daraufhin kurzerhand die Tür, um sich lästigen Papierkram zu ersparen. Noch heute existiert aber ein Haus, dessen Vordertür exakt auf der Grenze liegt. Die Lösung? Zwei Hausnummern, zwei Klingeln. Das Haus in der Siedlung Loveren 2 ist beispielsweise belgisch, mit der Hausnummer 19 aber zugleich niederländisch, und deshalb ein beliebtes touristisches Ziel.

Derlei Kuriositäten und Dopplungen gibt es in der 9.000-Seelen-Gemeinde Baarle einige: Zwei Bürgermeister beziehungsweise Bürgermeisterinnen, zwei Postämter, zwei Kirchen, zwei Fußballklubs und so weiter. Zwar wurden durch die EU viele Gesetze harmonisiert, aber noch heute lässt sich der eine oder andere steuerliche Vorteil nutzen – etwa beim Tanken oder Zigarettenkauf. Ein Kiosk an der Grenze verkauft Tabakwaren sogar aus zwei Fenstern zu unterschiedlichen Preisen. Weit spektakulärer sollen im vergangenen Jahrhundert aber die Praktiken einer Bank gewesen sein. Dem Vorwurf der Geldwäsche ließ sich erst nach einer mühevollen Zusammenarbeit der Behörden nachgehen, weil der Eingang auf niederländischer Seite und der Tresorraum auf belgischem Gebiet lagen. Die niederländische Polizei durfte zwar in die Bank, nicht aber in den Tresorraum. Die belgischen Behörden hätten dort zwar reingedurft, konnten die Bank aber nicht betreten.

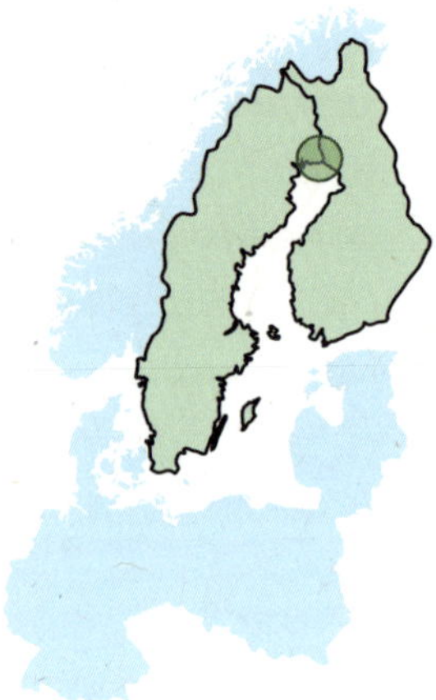

Abschlag in die Zukunft

Wie lange dauert es, ein »Hole-in-One« zu erzielen? Viele Golfamateure, aber auch manche Profis versuchen ein Leben lang, mit einem einzigen Schlag einzulochen, und erreichen das ultimative Erfolgserlebnis dennoch nie. Aber wie lange dauert es im konkreten Fall? Je nach Distanz des Lochs, des Landepunktes und der Distanz, die der Ball rollt, normalerweise zwischen fünf und zehn Sekunden. Am sechsten Loch des finnisch-schwedischen Tornio-Haparanda-Golfplatzes dauert ein Hole-in-One jedoch rund eine Stunde und sechs Sekunden. Wie geht das? Es handelt sich nicht nur um einen der wenigen Golfplätze der Welt, die sich über zwei Länder erstrecken, sondern auch um den einzigen, auf dem einige Bahnen durch eine Staatsgrenze und eine Zeitzone getrennt werden. Auf der kurzen Bahn an Loch sechs schlägt man den Ball vom schwedischen Abschlag direkt aufs finnische Grün – und damit von einer Zeitzone in die andere. Wenngleich der Ball selbstverständlich auch hier nur einige Sekunden in der Luft ist, dauert der Vorgang auf dem Papier mehr als eine Stunde. Der 6.180 Meter lange Golfplatz im Delta des Torneälven – beziehungsweise Tornionjoki, wie der Fluss auf Finnisch heißt – verfügt über elf schwedische und sieben finnische Löcher. Durch seine nördliche Lage kann er im Sommer rund um die Uhr bei Tageslicht bespielt werden. Bevor Schweden und Finnland der EU beitraten,

SCHWEDEN
Tornio-Haparanda-Golfplatz
6
+ 1 Stunde
FINNLAND

mussten nichtskandinavische Golfspieler bei der Anmeldung noch ihre Pässe vorlegen. In der Platzgebühr von 55 Euro ist – wie es sich für finnische Verhältnisse gehört – ein Saunabesuch enthalten.
Auch zwischen Österreich und Deutschland, genauer gesagt im Grenzgebiet zwischen dem Tiroler Kössen und dem bayerischen Reit im Winkl, befindet sich ein geteilter Golfplatz, jedoch ohne eine geteilte Bahn. Sechs davon liegen komplett in Österreich, zwölf im benachbarten Deutschland. Dass grenzübergreifende Golfplätze mitunter auch Probleme bereiten, zeigte sich zu Beginn der Coronapandemie. Golferinnen und Golfern aus Österreich war der Grenzübertritt nach Deutschland untersagt, und so musste nach Loch fünf umgekehrt und die finale Bahn 18 gespielt werden. Eine unfreiwillig schnelle Runde. Es geht aber noch skurriler, wie ein Beispiel aus dem Nordosten Nordamerikas zeigt. Obwohl sich alle 18 Löcher sowie das Clubhouse des Aroostook Valley Country Clubs in Kanada befinden, konnte der dortige Golfplatz zu Beginn der Coronapandemie nicht von kanadischen Golffans bespielt werden. Grund dafür war, dass er nur über den US-Bundesstaat Maine erreichbar ist und der Grenzübertritt für sportliche Aktivitäten verboten war. Durch die verschärften Einreisebedingungen hätte ein Bespielen des Platzes zudem eine 14-tägige Quarantäne bei der Heimkehr nach Kanada bedeutet. Im Gegensatz zu dieser Problematik war der Golfplatz vor 100 Jahren für einige US-Amerikaner ein Segen. Der 1929 erbaute Platz ist nämlich ein Relikt der Prohibition. Die Gäste aus dem Süden nutzten damals die nur wenige Meter hinter der Staatsgrenze gelegene Sportstätte, um sich während einer Golfrunde ein legales Schlückchen Alkohol zu genehmigen.
Auch beim Fußball kennt man grenzübergreifende Plätze. So steht etwa das Stadion des englischen Fußballklubs Chester FC beinahe zur Gänze im benachbarten Wales. Nur die Eingangstore, die Haupttribüne und die darunter befindlichen Büros des Vereins befinden sich im Mutterland des Fußballs, weshalb er auch weiterhin als englischer Verein gelistet ist. Beim Sport ist das Vereinigte Königreich ganz allgemein weit weniger vereinigt als in anderen Bereichen, wie die getrennten »Nationalmannschaften« von England, Wales, Schottland und Nordirland verdeutlichen.

JSA
KANADA
Aroostook Valley Country Club
Eingang

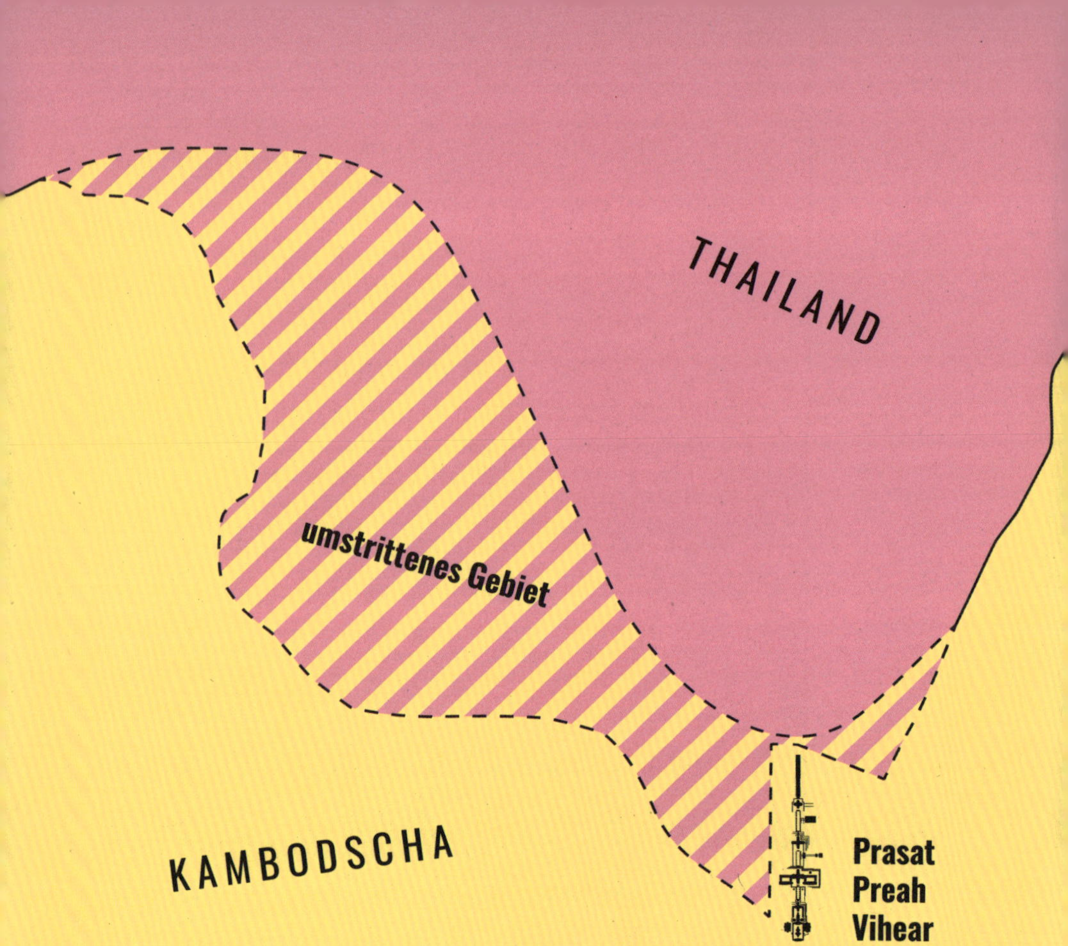

Dauerstreit um fast vergessenen Tempel

Warum wird ein längst vergessener Tempel zum jahrzehntelangen Zankapfel zweier Nationen? Vereinfacht gesagt: wegen übertriebenem Nationalismus. Im Detail ist die Situation natürlich verzwickter und voller historischer Ressentiments, kolonialem Erbe und politischen Machtspielen. Prasat Preah Vihear ist der Name der mehr als 1.100 Jahre alten hinduistischen Tempelanlage der damals äußerst mächtigen Khmer-Könige. Obwohl sie wunderschön auf ei-

nem Hügel gelegen ist, deuten die fehlenden Fenster auf der Südseite darauf hin, dass es weniger Aussichts- als Rückzugsort war. Die unterschiedlichen Baustile zeugen vom Einfluss verschiedener Könige. Das alleine macht den Tempel schon zu etwas Besonderem, haben die Khmer einen Tempel nach dem Ableben eines Königs doch meist aufgegeben.

Die Tempelanlage befindet sich heute in Kambodscha, unmittelbar an der Grenze zu Thailand – und das obwohl die Wasserscheide, die in dieser Region eigentlich die Grenze markiert, den Tempel gerade noch zugunsten Thailands einschließt. Warum gehört er dann zu Kambodscha? Um 1900 hatten die europäischen Kolonialmächte längst in Südostasien Fuß gefasst. Ein wesentlicher Bestandteil des eurozentrischen Weltbildes waren klar definierte Einflusszonen samt sorgfältiger Kartografie und genauer Grenzen. Das bekam auch Siam, der Vorläufer des heutigen Thailands, zu spüren. Nach und nach hatten sich die Franzosen in Indochina – heute Laos, Vietnam und Kambodscha – ein Gebiet nach dem anderen einverleibt und zu Protektoraten erklärt. Als 1907 die Grenzen zwischen Siam und dem französischen Protektorat Kambodscha festgelegt werden sollten, ignorierten die Franzosen aber aus ungeklärten Gründen die Empfehlungen der drei Jahre zuvor eingesetzten Grenzkommission. Diese hat-

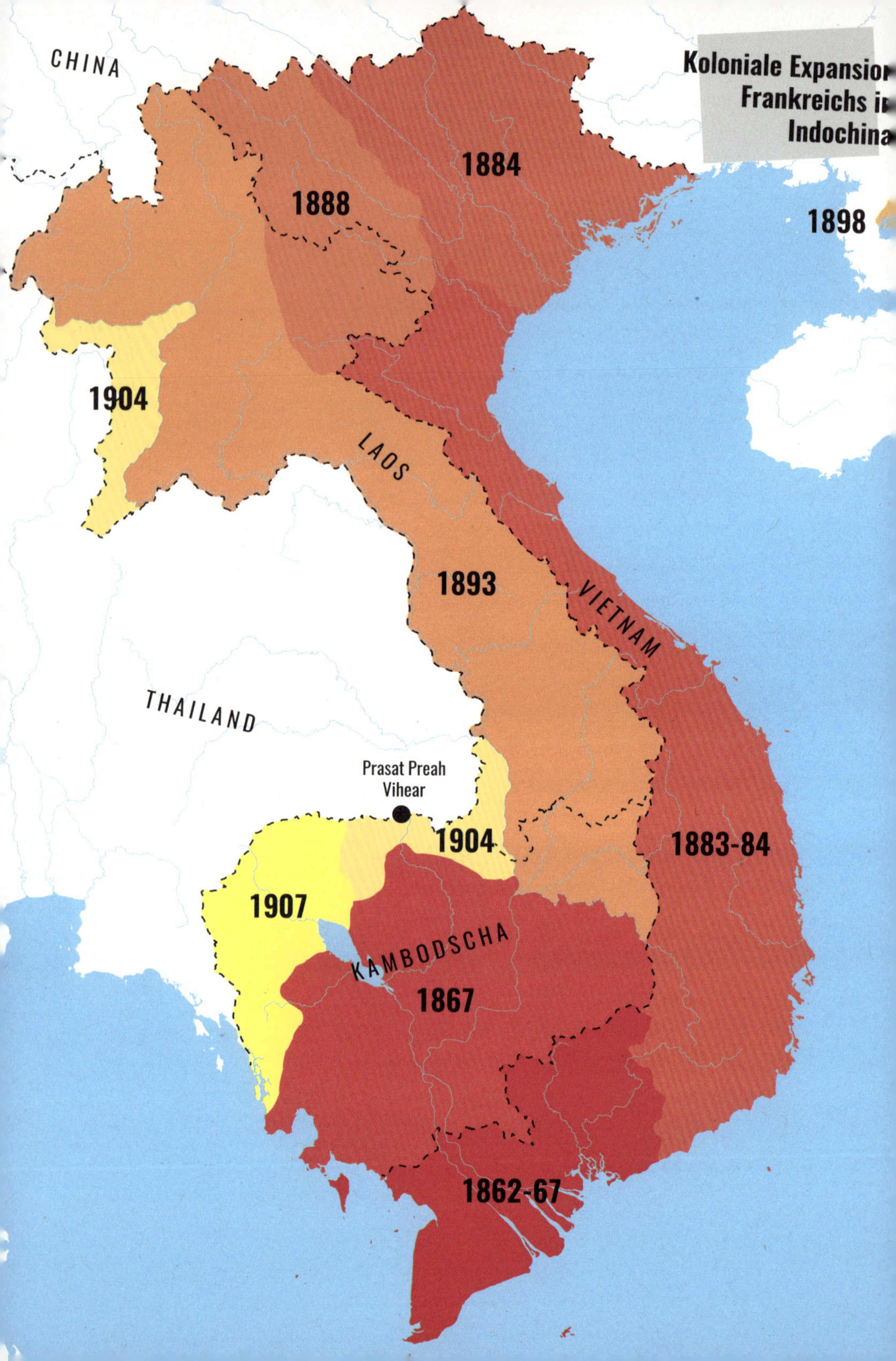

Koloniale Expansion Frankreichs in Indochina
CHINA
1884
1888
1898
1904
LAOS
1893
VIETNAM
THAILAND
Prasat Preah Vihear
1904
1883-84
1907
KAMBODSCHA
1867
1862-67

te noch die Wasserscheide als Trennlinie bestimmt, wodurch der damals wenig beachtete Tempel überwiegend in Thailand lag. Im tatsächlichen Grenzvertrag wich die Trennlinie dann aber just in der Nähe der Tempelanlage von der Wasserscheide ab, wodurch diese auf der Seite Kambodschas lag. Offenbar weil der Tempel auf älteren siamesischen Karten aber schon gar nicht mehr auftauchte, schien das seinerzeit kaum jemanden zu kümmern.

Dass Siam (und später Thailand) die Grenzziehung mehrere Jahrzehnte lang nicht beanstandete und zwischenzeitlich sogar mehrmals eigene Karten mit der bestehenden Grenze veröffentlichte, sollte später seine Verhandlungsposition vor dem Internationalen Gerichtshof (IGH) deutlich schwächen. Als Thailand die Grenze 1934 abermals vermessen ließ, fiel die Unregelmäßigkeit im Grenzverlauf auf – Rufe nach einer Rückeroberung des nationalhistorischen Denkmals wurden erstmals laut. Nach der Unabhängigkeit Kambodschas im Jahr 1953 wurden gar thailändische Truppen zur Besetzung mobilisiert, ehe Kambodscha den IGH anrief. Dieser entschied in Kambodschas Sinne und bezog sich in seinem Urteil auf die Karte aus dem Jahr 1907. 2013 musste der IGH erneut eingreifen und erklären, dass auch die 4,6 Quadratkilometer große Umgebung östlich und westlich des Tempels unter kambodschanische Herrschaft falle, und Thailands Militär zum permanenten Abzug auffordern.

Der Konflikt war fünf Jahre zuvor wieder aufgeflammt, als die Tempelanlage zum UNESCO-Weltkulturerbe erklärt und dafür die Grenze rund um den Tempel eigentlich mit beidseitiger Zustimmung leicht angepasst wurde. Thailändische Nationalisten empfanden den Verzicht auf die unmittelbare Gegend rund um die Anlage aber als Unterwerfung gegenüber Kambodscha und als Ausverkauf der eigenen Geschichte durch den damaligen thailändischen Außenminister. Viele Zeichen standen auf Krieg. Bei verschiedenen Grenzscharmützeln starben sogar mehrere Soldaten. Der Schiedsspruch aus Den Haag beruhigte die Situation später deutlich. Vielen thailändischen Nationalisten ist der Tempel in Händen des jahrhundertealten Rivalen aber nach wie vor ein Dorn im Auge.

Samoas geklauter Tag

»Bis wann soll das fertig sein?« »Am besten gestern!« Fast jeder hat den blöden Spruch am Arbeitsplatz schon einmal ertragen müssen. Ginge es tatsächlich nur um den Posteingangsstempel, so könnte eine Neuseeländerin einfach zu den Cookinseln fliegen, dabei die internationale Datumsgrenze überqueren und der Chefin die getane Arbeit hinknallen. Zeigt die Uhr in Auckland Freitag, 10:40 Uhr an, ist es in Avarua, der Hauptstadt der Cookinseln, nämlich erst kurz nach Donnerstagmittag, 12:40 Uhr, im Sommer sogar noch eine Stunde früher. Dass die Datumsgrenze irgendwo im Pazifik verläuft, ist ein Überbleibsel der Ära, als sich London noch als Nabel der Welt verstand. Der globale Nullmeridian verläuft durch dessen südöstlichen Stadtteil Greenwich, wo das königliche Observatorium steht. Praktischerweise ist der gegenüberliegende Längengrad, der 180. von 360, relativ dünn besiedelt und sorgt daher kaum für Probleme.

Die kleinen »Zeitreisen« im Pazifik sind jedenfalls unvermeidbar, wenn unser Zeitsystem funktionieren soll. Das liegt am sogenannten Weltumseglerparadoxon. Es wurde bereits vor rund 700 Jahren vom kurdischen Geografen Abu'l-Fida formuliert und 1522 in der Praxis bestätigt. Es besagt, dass in den Fahrtenbüchern bei einer Weltumseglung ein Fehler von einem Tag auftritt. Wer etwa ostwärts, der Sonne entgegensegelt – und keine Uhr dabei hat –, glaubt, das Ziel einen Tag später zu erreichen, als die Ortszeit

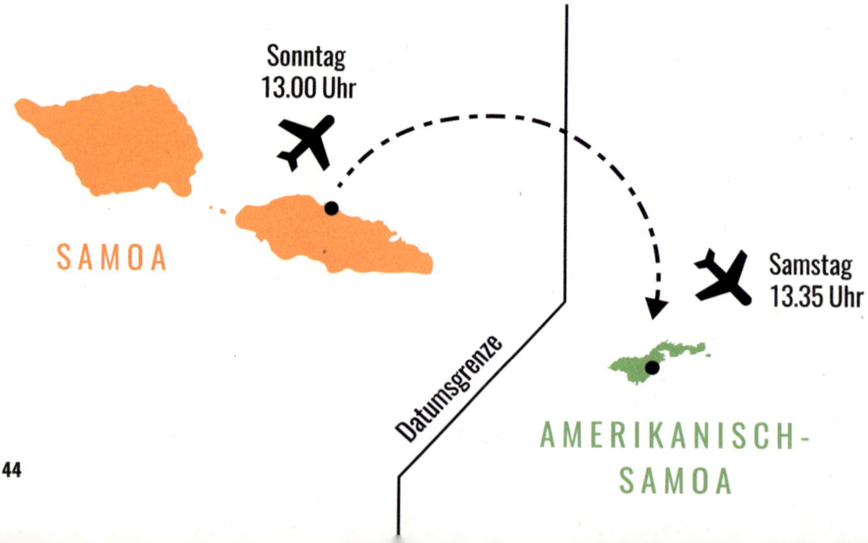

Anzahl der Menschen, die am 30. Dezember 2011 in Samoa

geboren wurden

0

gestorben sind

0

geblinzelt haben

0

es tatsächlich anzeigt. Warum? Wird die Erde binnen neun Tagen umschifft, geht die Sonne im Schnitt täglich um ein Neuntel früher unter. Werden die berühmten 80 Tage benötigt, verabschiedet sich die Sonne durchschnittlich ein Achtzigstel früher als für jemanden, der am Ausgangsort wartet. Am Ende werden Reisende die Sonne einmal öfter untergehen gesehen haben. Wer aber mit der Sonne Richtung Westen segelt, für den geht sie einen Bruchteil später unter als gewohnt. Am Ende der Reise wird hier die Sonne einmal weniger oft untergegangen sein. Damit sich West- und Ostwärtsreisende nach ihrer Ankunft dennoch am richtigen Tag – und nicht an drei verschiedenen – auf ein Bier verabreden können, braucht es eine Datumsgrenze.

Dass diese nicht schnurgerade verläuft, hat praktische Gründe. Der Osten Sibiriens will nicht an einem anderen Wochentag Weihnachten feiern als die Landsleute in Moskau oder St. Petersburg. Ebenso wenig sollen die westlichsten Bewohnerinnen und Bewohner der Inselgruppen vor Alaska um den Superbowl Sunday gebracht werden. Und so liegen zwischen der russischen Großen Diomedes-Insel und der US-amerikanischen Kleinen Diomedes-Insel immer nur vier Kilometer, aber stets 21 Stunden und damit fast ein Tag. Südlich des Äquators geht es beim Zickzackkurs der Datumslinie neben allerlei patriotischen Hintergründen vor allem um wirtschaftliche Aspekte. Je nachdem, ob der größte Handelspartner westlich oder östlich des 180. Längengrades liegt, positionieren sich kleine Staaten auf derselben Seite. Andernfalls würde die Wirtschaft zu sehr leiden, weil sich die Arbeitswochen lediglich vier Tage überschnitten. Während die einen schon arbeiten, wäre der Handelspartner noch in der Sonntagsruhe. Sollte das Verhältnis zum Partner in Handelsfragen einmal zerrütten oder neue, bessere Handelsrouten entstehen, so kann ein Staat leicht wieder auf die andere Seite springen.

Die Datumslinie ist schließlich keine tatsächliche Grenze, sie ist eine grafische Orientierungshilfe und als solche auch nirgends gesetzlich verankert. Jeder Staat kann für sich entscheiden, welchen Tag und welche Uhrzeit er gerade hat, oder auf welcher Seite der fiktiven Datumslinie er liegen will. Wechsel kamen immer wieder vor, etwa in Samoa: Den 30. Dezember 2011 gab es auf der Insel schlichtweg nicht. Man ließ ihn aus, um wieder westlich der Datumsgrenze zu liegen und damit die Wochentage mit Neuseeland und Australien zu koordinieren. 775 Inselbewohner wurden damals angeblich um ihre Geburtstagsfeier gebracht. Gealtert sind sie trotzdem genauso wie jene, die am 4. Juli 1892 ganze 48 Stunden lang Geburtstag hatten, damit das Land auf die Ostseite der Datumsgrenze wechseln konnte.

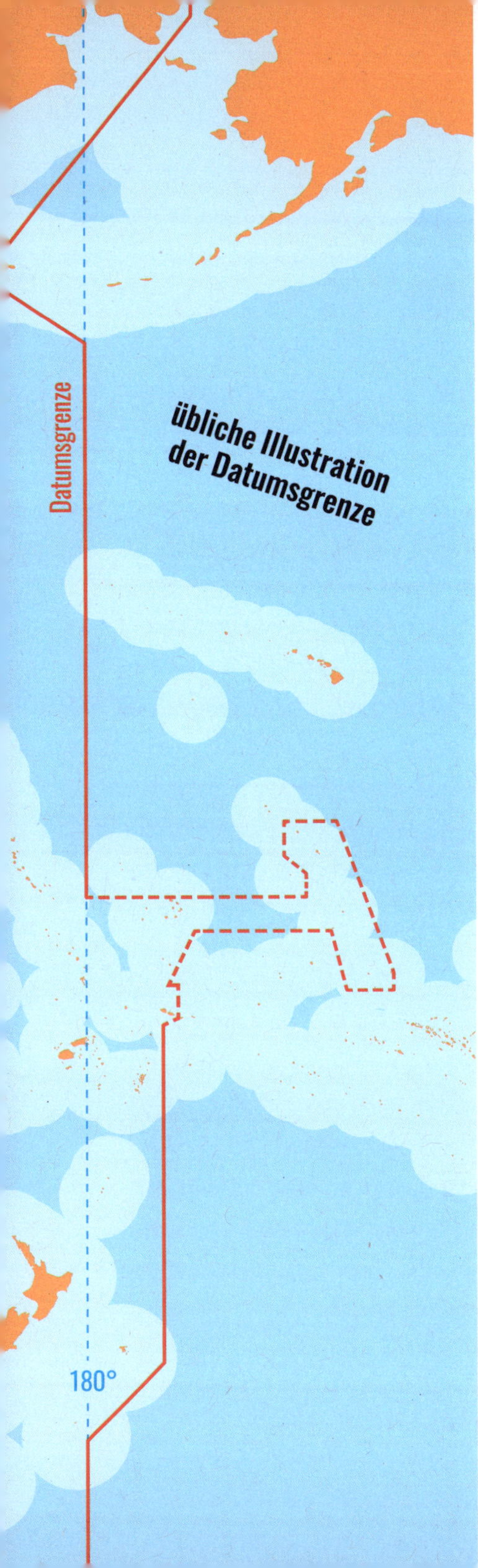
Datumsgrenze
übliche Illustration der Datumsgrenze
180°

Datumsgrenze
korrektere Darstellung unter Berücksichtigung der 200-Seemeilen-Zone
Cookinseln
SAMOA
Amerikanisch-Samoa
Auckland
NEUSEELAND

Ein Toter zieht um

»Huzur içinde yatsın«, sagen Türkinnen und Türken, wenn sie einer geliebten Person eine friedliche letzte Ruhe wünschen. Dieser ewige Frieden ist Sulaiman Schah offenbar nicht vergönnt. Sofern seine Gebeine denn tatsächlich irgendwo dort gebettet sind, wo die Erbauer seines leeren Grabmals – seines Kenotaphs – es vermuteten. Sulaiman Schah war ein Stammesführer im Ostanatolien des 13. Jahrhunderts. Im Jahr 1236 soll er im Euphrat im heutigen Syrien ertrunken und in unmittelbarer Nähe bestattet worden sein. Bekannt ist er heute vor allem für seinen (angeblichen) Enkel, Osman I., der als Gründer des Osmanischen Reiches gilt, sowie für die völkerrechtlichen Querelen rund um seine (vermeintliche) letzte Ruhestätte.

Zu einem großen Mausoleum ausgebaut wurde das Grab Sulaiman Schahs erst 1886. Bis zum Ende des Ersten Weltkriegs war das kein Problem. Dann begann das Osmanische Reich sich langsam aufzulösen, und die Franzosen besetzten Syrien. Frankreich hatte sich seit 1918 einige kriegerische Auseinandersetzungen mit der späteren Türkei geliefert. Im Vertrag von Ankara räumte es dann den türkischen Nationalisten das Recht ein, die Grabstätte mit eigenen Streitkräften zu bewachen und dort die türkische Flagge zu hissen. Die »Grande Nation« akzeptierte sogar, dass das zwei Hektar große Areal offiziell als türkisches Staatsgebiet gilt. Wenngleich Syrien nach dem Ende der französischen Herrschaft nie wirklich glücklich über die türkische Exklave war, verlief alles recht friedlich. Ab 1973 drohte jedoch der durch die Tabqa-Talsperre entstehende Assadsee, das Grab zu fluten. Nach einer Einigung beider Staaten wurde das Grab 85 Kilometer nördlich umgebettet – wieder am Euphrat und noch immer 27 Kilometer vor der türkischen Grenze.

Dem türkischen Militär wurde in einem weiteren Abkommen das Recht auf freie Zufahrt zur Grabstätte für Reparaturarbeiten eingeräumt. Deren völkerrechtlicher Status ist seit der ersten, aber nicht letzten Umbettung umstritten.

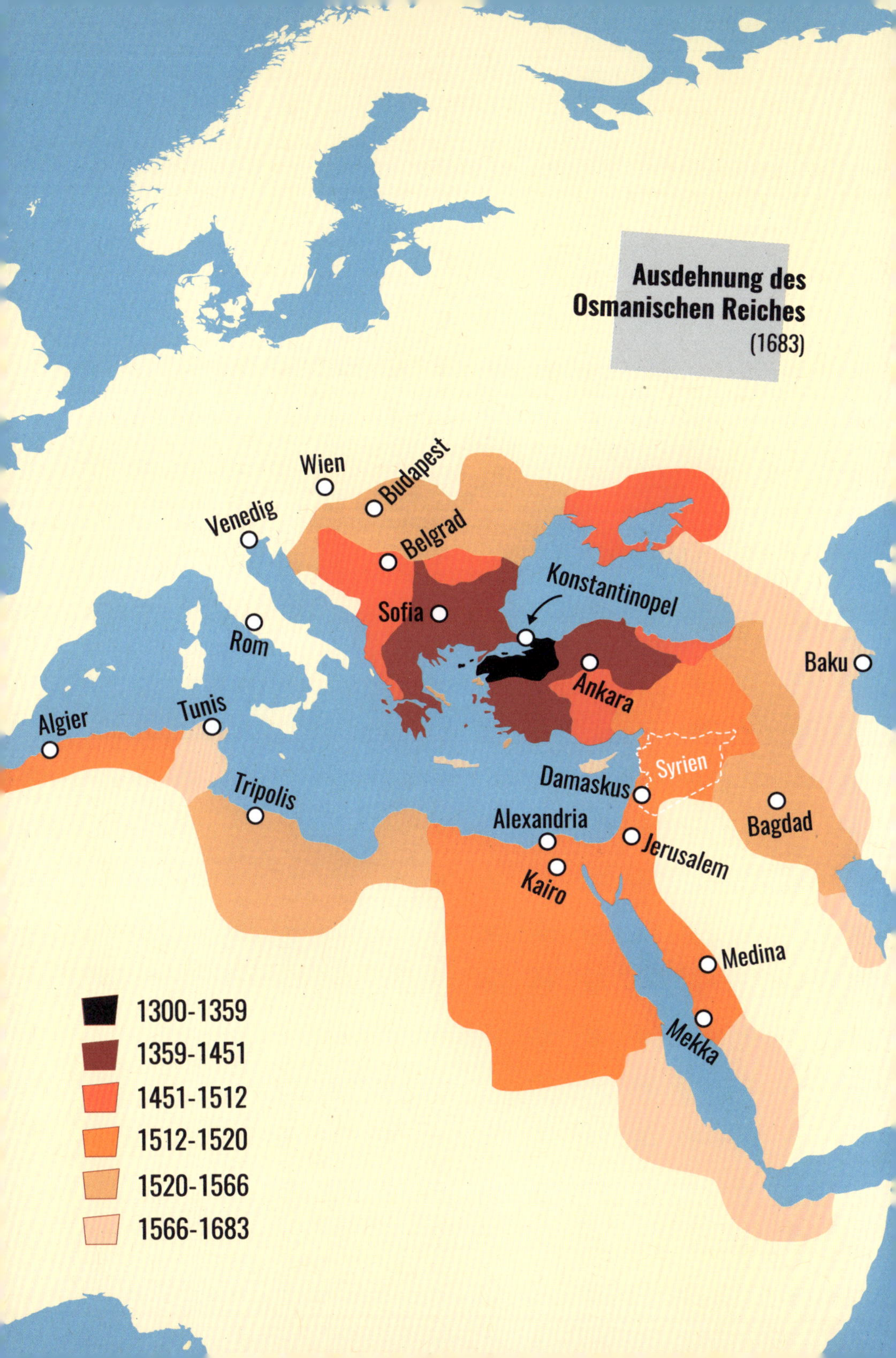
Ausdehnung des
Osmanischen Reiches
(1683)
Wien
Budapest
Venedig
Belgrad
Konstantinopel
Sofia
Rom
Baku
Ankara
Algier
Tunis
Syrien
Damaskus
Tripolis
Alexandria
Bagdad
Jerusalem
Kairo
Medina
Mekka
1300-1359
1359-1451
1451-1512
1512-1520
1520-1566
1566-1683

Die drei vermeintlichen Ruhestätten des Schahs
TÜRKEI
jetziger Standort
Standort ab 1973
Aleppo
Assadsee
Tabqa-Talsperre
ursprünglicher Standort bei Qal' at Dscha' bar
Euphrat
Homs
SYRIEN
LIBANON
Damaskus
IRAK
JORDANIEN

Während die Türkei ihre damalige Exklave einfach »weiterwandern« sehen wollte, sah Syrien das Recht durch die Umbettung erloschen. Dass türkische Wachposten am De-facto-Grenzübergang Reisepässe kontrollierten, vermittelte zumindest den Anschein einer neuen syrisch-türkischen Grenze.

Der syrische Bürgerkrieg sorgte ab 2011 dann abermals für Schlagzeilen rund um das längst nicht mehr als Ruhestätte zu bezeichnende Grab Sulaiman Schahs. Die Terrororganisation IS war auf ihrem Vormarsch dem Grab immer näher gekommen. Der damalige Ministerpräsident und heutige Präsident der Türkei, Recep Tayyip Erdoğan, stellte aber schon 2012 in einem TV-Interview klar: »Das Grabmal von Sulaiman Schah und das Land, das es umgibt, ist unser Territorium. Wir können keinen schädlichen Akt gegen das Denkmal ignorieren, da es sich um einen Angriff auf unser Territorium handeln würde, genau wie um einen Angriff auf ein NATO-Land.« Ob ein Angriff auf das Grab tatsächlich den NATO-Bündnisfall ausgelöst hätte, ist unter Völkerrechtlern und Völkerrechtlerinnen jedoch umstritten.

Ebenso umstritten ist, wie ernst das türkische Militär tatsächlich eine Operation unter falscher Flagge plante, um im März 2014 eine Invasion syrischen Staatsgebiets zu unternehmen. Im selben Monat, in dem die Türkei ein Ultimatum des IS zur Räumung des Grabmals verstreichen ließ, tauchten nämlich Tonbandmitschnitte von hochrangigen türkischen Militärs und Politikern auf: Sie diskutierten einen vorgetäuschten IS-Angriff als ideale Rechtfertigung für ein direktes militärisches Eingreifen der Türkei in den syrischen Bürgerkrieg. Tatsächlich sollte dieser Schritt erst Jahre später erfolgen – ohne vorgetäuschten Angriff auf das Mausoleum. 2015 erfolgte jedenfalls eine andere Operation, nämlich die dritte Umbettung – offenbar sogar unter Duldung kurdischer Milizen. 39 Panzer, 57 gepanzerte Fahrzeuge und 572 türkische Soldatinnen und Soldaten evakuierten die stationierte Garnison und nahmen die sterblichen Überreste mit. Das muslimische Mausoleum – die Türbe – sprengten sie. Bis zumindest die zweite Ruhestätte Sulaiman Schahs wieder sicher ist, »ruht« er einstweilen 180 Meter hinter der türkischen Grenze auf syrischem Gebiet in seiner dritten. Ob die Reisen des Schahs eines Tages ein Ende haben werden?

Minenverseuchung
Stand 2020

Der Kaktusvorhang von Guantánamo

Im besten Fall sind Grenzregionen völkerverbindende Begegnungszonen, im schlechtesten Fall sind es Todesstreifen. Das kubanisch-US-amerikanische Grenzgebiet rund um die Bucht von Guantánamo gehört leider seit Jahrzehnten zur zweiten Kategorie. Das passiert, wenn der Erzfeind den Hinterhof pachtet. Eine verifizierbare Zahl der Todesopfer gibt es nicht. Verschiedene Schätzungen gehen aber von Hunderten bis Tausenden Personen aus, die von kubanischen Grenzposten auf der Flucht auf US-Boden erschossen wurden. In Anlehnung an den Eisernen Vorhang wird das mit zahlreichen Minen und Kakteen versehene Gebiet rings um Guantánamo deshalb auch oft als Kaktusvorhang bezeichnet.

Kubas jüngere Geschichte ist eine von Abhängigkeiten und Besatzungen. Die USA hatten Kuba 1898 im Unabhängigkeitskrieg gegen Spanien noch unterstützt. Schon währenddessen tobte in den Vereinigten Staaten eine innenpolitische Debatte über die Zukunft der strategisch günstig gelegenen und ressourcenreichen Insel. Während sich einige für die volle Souveränität Kubas aussprachen, wollten andere das Land gänzlich den USA einverleiben oder zumindest politisch und wirtschaftlich abhängig machen. Letzteres geschah und wurde 1903 durch einen Pachtvertrag über eine

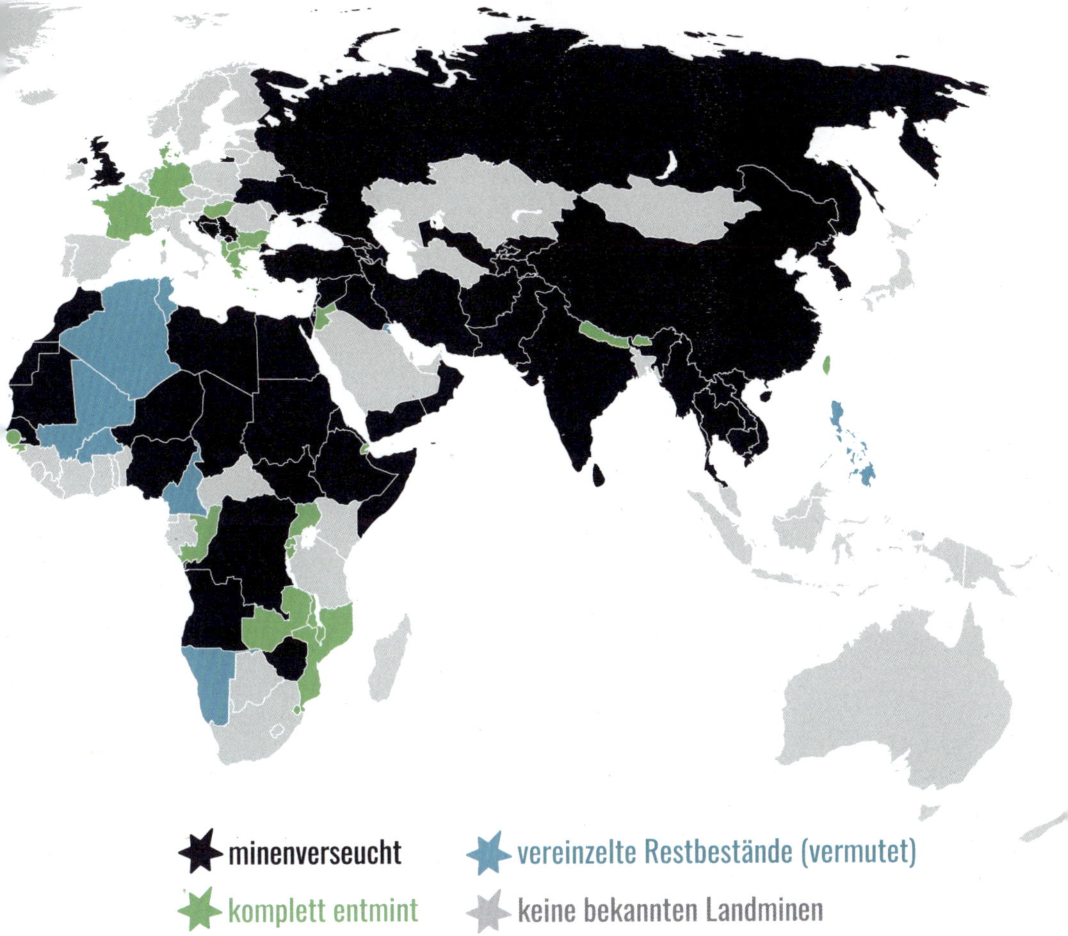

US-Marinebasis besiegelt. Ein in der kubanischen Verfassung verankertes »Invasionsrecht« der USA sollte freilich nur zum Schutz des kubanischen Volkes und dessen Bewahrung vor externen Gefahren dienen. Das zumindest behauptet Washington noch immer. Tatsächlich nutzt Uncle Sam es als Kontrollmöglichkeit. Guantanamo Bay ist der älteste von zwölf noch heute betriebenen Navy-Stützpunkten außerhalb der Vereinigten Staaten. Es ist vor allem aber der einzige, der gegen den ausdrücklichen Willen des »Verpächters« betrieben wird.

2.000 Goldmünzen ließen die USA pro Jahr für die rund 117 Quadratkilometer Land und Meer zunächst springen. Der Vertrag war eigentlich auf 99 Jahre angelegt,

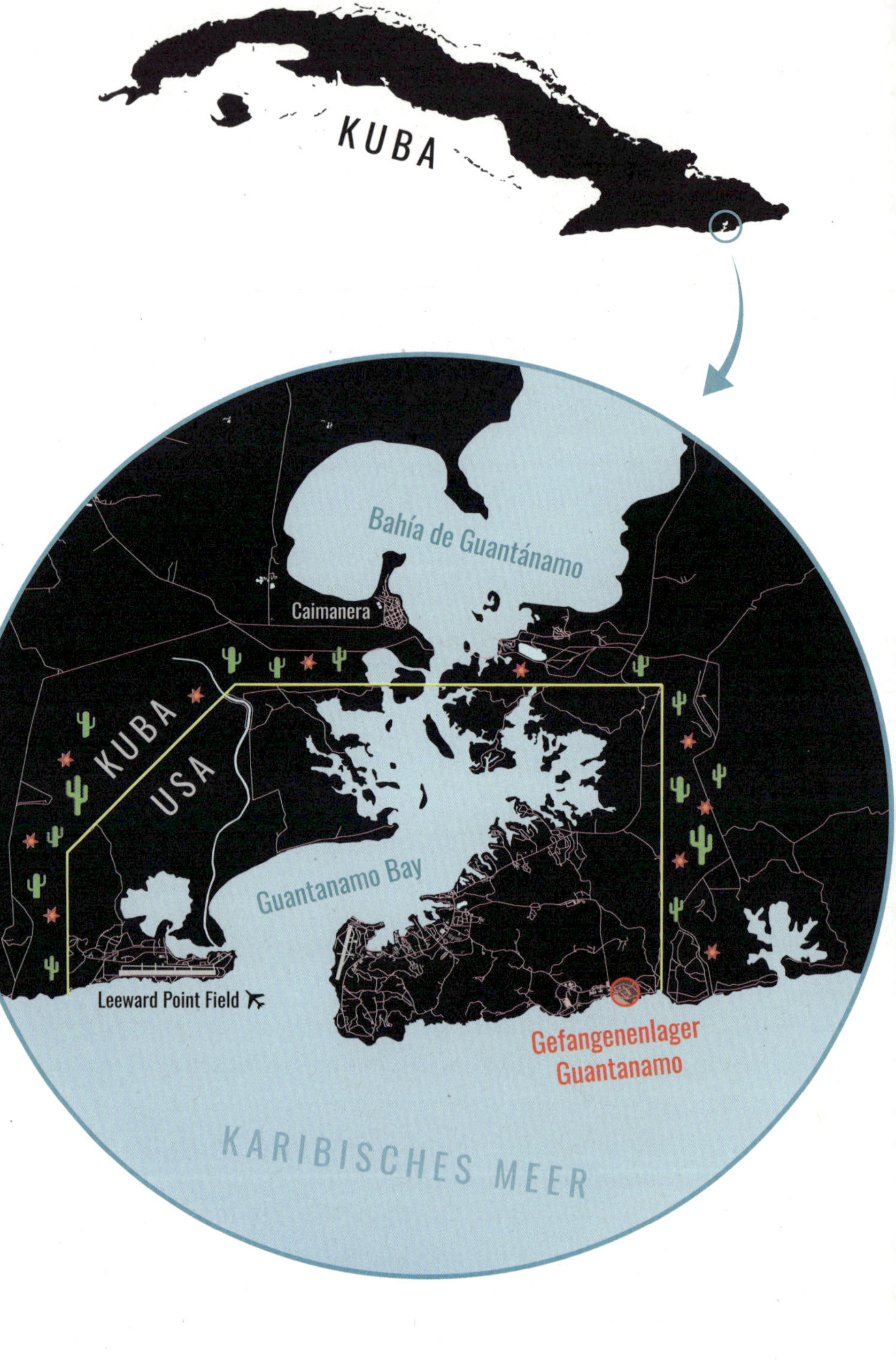
KUBA
Bahía de Guantánamo
Caimanera
KUBA
USA
Guantanamo Bay
Leeward Point Field
Gefangenenlager
Guantanamo
KARIBISCHES MEER

wurde 1934 praktisch aber auf unbestimmte Zeit verlängert. Die Pacht wird seitdem in US-Dollar bezahlt, 1974 erfolgte die bislang letzte Anpassung auf gerade einmal 4.085 US-Dollar pro Jahr. Der Unmut über die US-Exklave war bereits seit Längerem gestiegen, mit Ende der kubanischen Revolution 1959 und der Machtübernahme Fidel Castros erklärte Kuba den Vertrag für ungültig. Auch die jährlich eintrudelnden Pachtschecks lehnt Kuba seither ab. Weil kurz nach Castros Machtübernahme aber – wie Kuba beteuert: versehentlich – ein Scheck eingelöst worden sein soll, geht Washington bis heute von stiller Vertragsverlängerung zum Schnäppchenpreis aus. Wirklich gute Nachbarschaft herrscht seither nicht. Kuba drehte in den 1960ern etwa Strom und Wasser ab, seitdem versorgt sich Guantanamo Bay autonom. Im Kalten Krieg verschlechterten sich die Beziehungen zwischen Havanna und Washington und in Guantánamo entstand neben einem 28 Kilometer langen Grenzzaun auch das zweitgrößte Minenfeld der Welt. Während die USA ihre Seite des Gebiets mittlerweile großteils entmint haben, ist Kuba bislang untätig geblieben.
Seit 2002 ist Guantánamo aber weniger Symbol für einen kapitalistisch-kommunistischen Machtkampf als für zahlreiche Menschenrechtsverletzungen, die die USA in ihrem »Krieg gegen den Terror« begangen haben. Aus dem ominösen extraterritorialen Gefängnis wurden zahlreiche Fälle von Folter und missbräuchlichen Verhörmethoden bekannt. US-Präsident Barack Obama konnte sein Versprechen, das Straflager zu schließen, nie einlösen. Unbestätigten Quellen aus dem Weißen Haus zufolge wollte sein Nachfolger Donald Trump sämtliche illegal eingereiste Migranten in ein zusätzliches Lager hinter dem Kaktusvorhang stecken. Dazu kam es zum Glück nie. Die Administration Präsident Joe Bidens will offenbar einen neuen Anlauf zur Schließung des Gefängnisses unternehmen.
Der Grenzübertritt war Besucherinnen und Besuchern stets untersagt, das ist auch heute noch so. Lediglich einige Hundert kubanische Gastarbeiterinnen und Gastarbeiter durften Gitmo – wie die US-Truppen es gerne abkürzen – zeitweise betreten. Nachdem Castro auch das verbot, gingen 2012 die beiden letzten kubanischen Angestellten der Militärbasis in Pension. Und so sind die US-Streitkräfte samt ihrer Gefangenen aus aller Welt nun wieder unter sich – auf der Insel Kuba, ohne Kubanerinnen und Kubaner.

Modernes Märchen entpuppt sich als Kolonialismus

2014: Ein 38-jähriger Farmer aus den USA reist um die halbe Welt und scheut weder Kosten noch Mühen, um mitten in der Wüste ein Königreich zu gründen – nur damit seine sechsjährige Tochter eine echte Prinzessin sein kann. Bester Papa der Welt! Die Gute-Laune-Story, die sich in Windeseile im Internet verbreitete, hatte auf den ersten Blick das Potenzial eines wahr gewordenen Märchens. Tatsächlich klopfte bald Disney bei Papa Jeremiah Heaton an, um sich die Filmrechte zu sichern. Dass der Streifen noch nicht in den Kinos lief, hat mehrere Gründe: Erstens ist eine Staatsgründung nicht so leicht, wie es sich manch Abenteurer gerne vorstellt. Kein anderer Staat der Welt erkennt das »Königreich« an und es gibt keinerlei Infrastruktur vor Ort, die auf einen echten Staat schließen lassen würde. Zweitens erntete Disney einen veritablen Shitstorm. Mehr als ein halbes Jahrhundert nach der großen Dekolonisierungswelle zeichnet es vielleicht nicht das beste Bild, wenn ein weißer US-Amerikaner den afrikanischen Kontinent mitten im 21. Jahrhundert abermals erobern will und Ländereien für sich beansprucht – so gut seine Motive anfangs auch gewesen sein mögen. Das musste selbst Disney einsehen.
Das Königreich, das in den vergangenen Jahrzehnten auch schon als Emirat, Vereinigte Arabische Republik, Mond-Emirat und Großherzogtum ausgerufen wurde, trägt den Namen Bir Tawil. Der »lange Brunnen« – so die wörtliche Übersetzung aus dem Arabischen – ist wenig überraschend wieder einmal das Produkt durchaus fragwürdiger Grenzziehungen europäischer Kolonialmächte. Das Besondere: Keiner der Großen wollte Bir Tawil. Just als gegen Ende des 19. Jahrhunderts die britische Herrschaft über Ägypten begann, verlor das Nilkönigreich nach dem Mahdi-Aufstand auch noch die Hoheit über seinen sudanesischen Süden. Die Briten beendeten den zwei Jahrzehnte andauern-

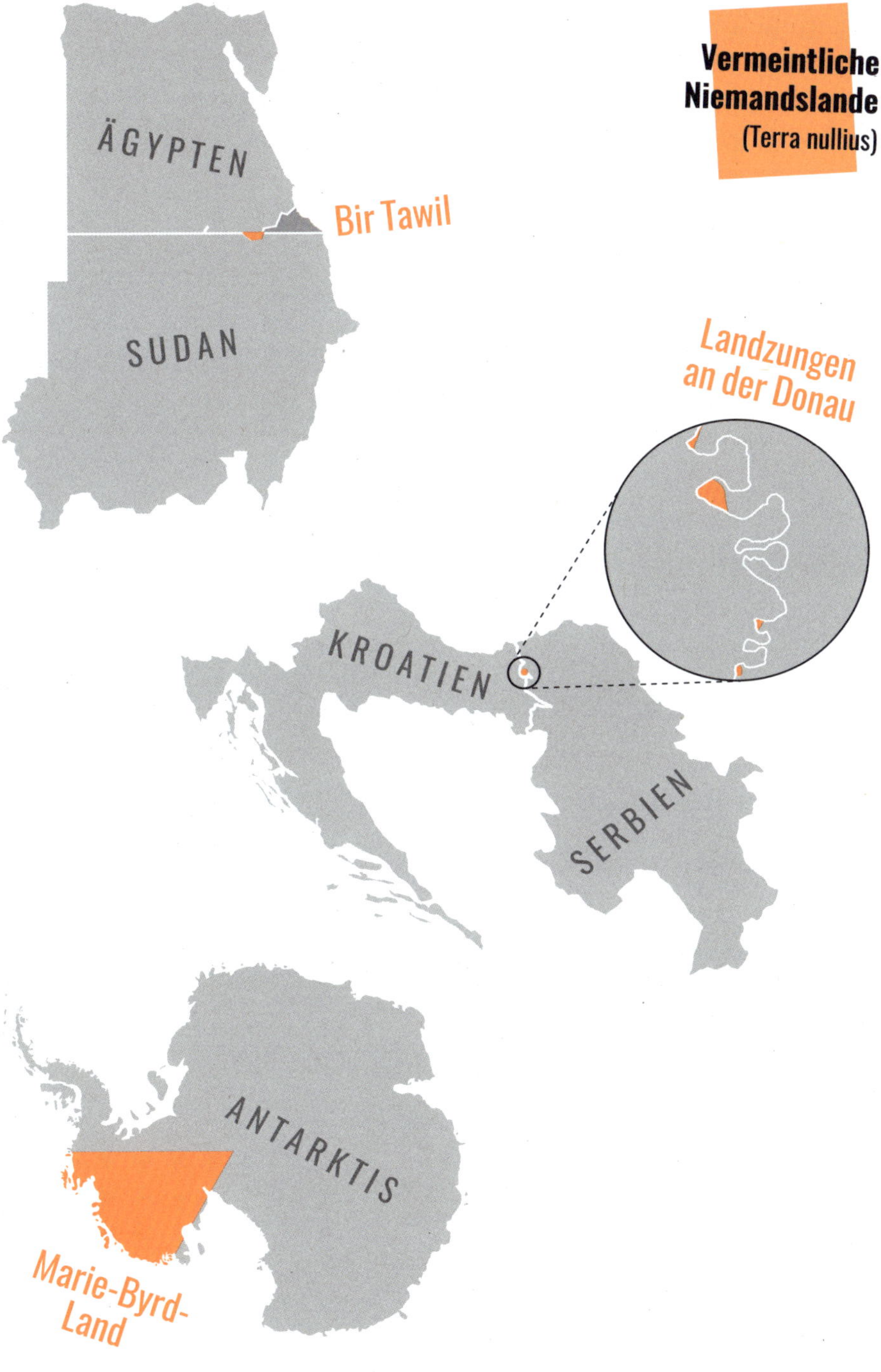
Vermeintliche
Niemandslande
(Terra nullius)
ÄGYPTEN
Bir Tawil
SUDAN
Landzungen
an der Donau
KROATIEN
SERBIEN
ANTARKTIS
Marie-Byrd-
Land

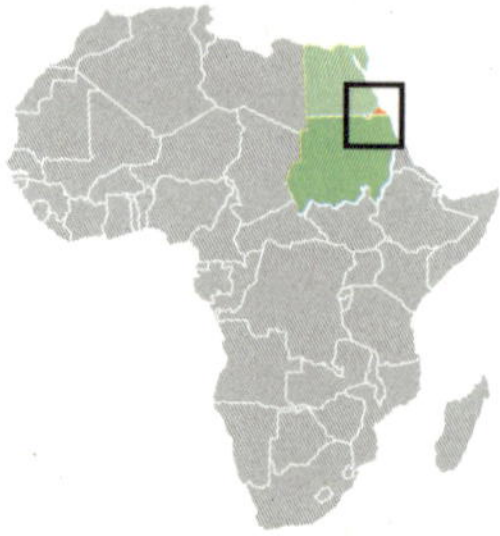

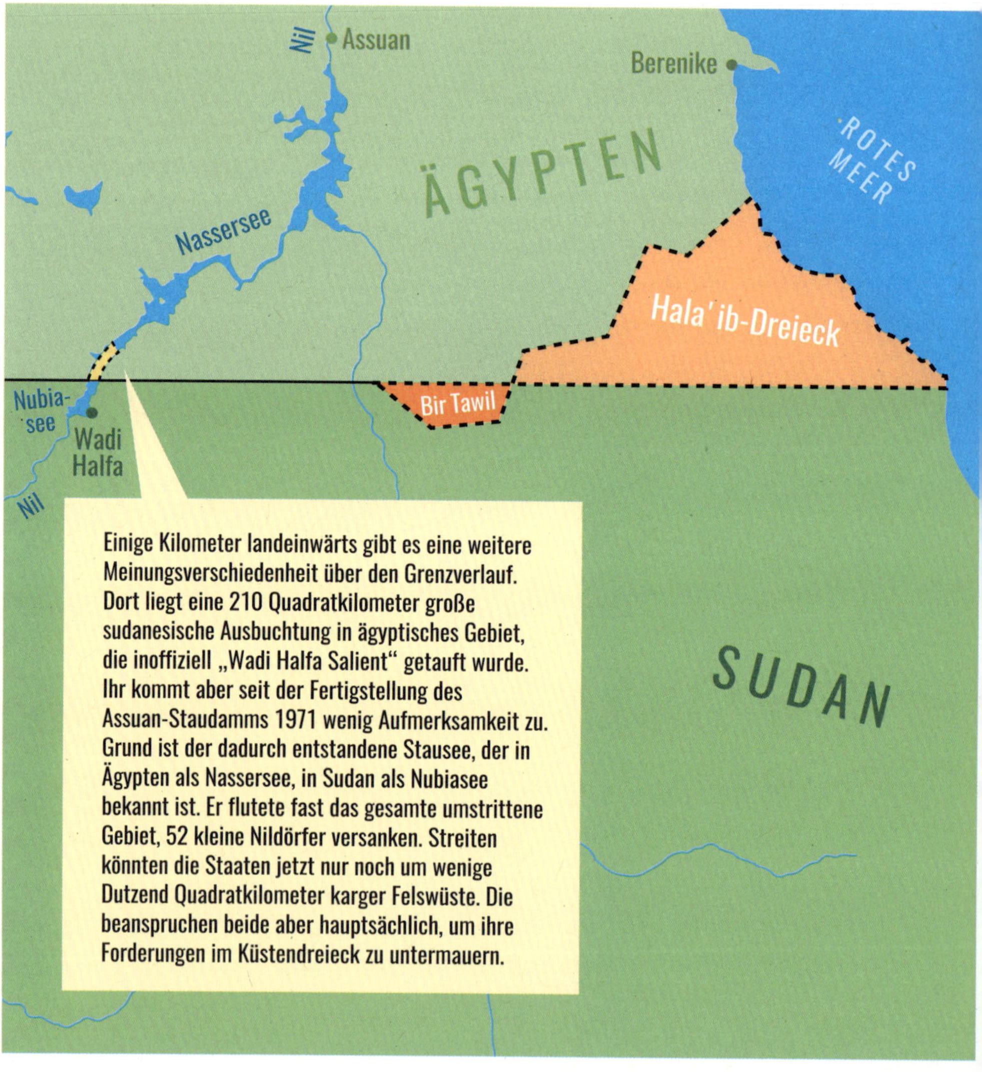

Einige Kilometer landeinwärts gibt es eine weitere Meinungsverschiedenheit über den Grenzverlauf. Dort liegt eine 210 Quadratkilometer große sudanesische Ausbuchtung in ägyptisches Gebiet, die inoffiziell „Wadi Halfa Salient“ getauft wurde. Ihr kommt aber seit der Fertigstellung des Assuan-Staudamms 1971 wenig Aufmerksamkeit zu. Grund ist der dadurch entstandene Stausee, der in Ägypten als Nassersee, in Sudan als Nubiasee bekannt ist. Er flutete fast das gesamte umstrittene Gebiet, 52 kleine Nildörfer versanken. Streiten könnten die Staaten jetzt nur noch um wenige Dutzend Quadratkilometer karger Felswüste. Die beanspruchen beide aber hauptsächlich, um ihre Forderungen im Küstendreieck zu untermauern.

den Konflikt später blutig, gaben die abtrünnige Region aber nicht mehr an Ägypten zurück. Stattdessen riefen sie das anglo-ägyptische Kondominium Sudan aus, das bis zur sudanesischen Unabhängigkeit 1956 Bestand hatte. Die Trennlinie zwischen den beiden nordafrikanischen Staaten besiegelten die Ägypter und Briten im Grenzvertrag von 1899. In kolonialer Manier verlief die Grenze schnurgerade entlang des 22. nördlichen Breitengrades. Nur drei Jahre später überdachten die Briten zur Abwechslung aber noch mal die Linie und zogen die Verwaltungsgrenzen neu. Sie schlugen je ein traditionell ägyptisches und sudanesisches Siedlungsgebiet den jeweiligen Staaten zu.

Es gibt also zwei historisch bedeutsame Grenzlinien. Seit in der Küstenregion Hala'ib Erdöl gefunden wurde, beanspruchen nun aber überraschenderweise beide Staaten jeweils die Grenze, die ihnen das lukrativere und rund zehnmal größere Küstendreieck zuspricht. Dadurch beanspruchen weder der Sudan noch Ägypten das annähernd trapezförmige und 2.060 Quadratkilometer kleine Bir Tawil. Es wird regelmäßig als Niemandsland bezeichnet, oder völkerrechtlich als »Terra nullius« – als nicht reklamiertes Land. In Wahrheit ist es aber wohl für beide Staaten immer noch die zweitbeste Option, sollte eines Tages ein Schiedsgericht den Grenzdisput entscheiden. Vor allem aber ist es eine Region, die zwar nicht permanent besiedelt ist, durch die aber sehr wohl Wüstenstämme hindurchziehen.

In den vergangenen Jahren versuchten sich dennoch einige Geografiefreaks und Möchtegern-Präsidenten an der Ausrufung eines eigenen Staates. Einige reisten hin und hissten ihre selbst entworfene Flagge. Ein Journalist des britischen »Guardian« war sogar nachweislich früher da als die bekannten Fälle des Prinzessinnenvaters, eines indischen IT-Nerds und eines russischen Amateurfunkers. Die Ziele variierten – von der Errichtung libertärer Steueroasen und überstaatlicher Forschungseinrichtungen bis zu einem Aufnahmeort für Staatenlose und Flüchtlinge. Keiner blieb dauerhaft. Das liegt an den rauen Bedingungen in der Wüste, vor allem aber am Unwillen der etablierten Staaten, ein neues Konstrukt abseits der gängigen Staatsetikette zu tolerieren. So bleiben die Pläne zur Errichtung eines neuen Staates vor allem eines: ein Märchen!

SCHWARZES MEER
GEORGIEN
RUSSLAND
KASPISCHE MEER
ARMENIEN
ASERBAID-SCHAN
Baku
TÜRKEI
ASERBAIDSCHAN
IRAN
Yukari Eskipara
Barkhudarli
Arzwaschen
von Arzach beanspruchte Gebiete, von Aserbaidschan kontrolliert
selbstausgerufene Republik Arzach
Karki
Stepanakert
Nachitschewan (ASERBAIDSCHAN)
Grenzen des autonomen Gebiets Bergkarabach in der Sowjetunion

Postsowjetisches Grenzwirrwarr

»De jure« und »de facto« sind zwei der am häufigsten bemühten völkerrechtlichen Begriffe, wenn es Streit um Land gibt. Und zwar immer dann, wenn eine Grenze rein rechtlich irgendwo sein sollte, wo sie in Wahrheit gar nicht ist. De-facto-Grenzen sind nichts anderes als Tatsachen am Boden, »facts on the ground«, wie es im Englischen heißt. Staaten, Separatisten und militante Gruppen versuchen immer wieder, mit Trennlinien klare Tatsachen zu schaffen. Sie verrücken sie nach ihrem Wunsch und kümmern sich recht wenig um das, was etwa in Den Haag als rechtens ausjudiziert wird. Die Kartografie steht dann wiederum vor der Frage, wie sie solche Grenzen abbilden soll. Stricheln, ignorieren oder kommentieren? Die Tatsachen widerzuspiegeln, würde Reisenden bei der Navigation helfen, geht jedoch stets mit der Gefahr einher, mögliches Unrecht zu akzeptieren und sogar noch zu verbreiten.

De jure und de facto sind auch zwei maßgebliche Komponenten des armenisch-aserbaidschanischen Konflikts. Mit der Auflösung der Sowjetunion und dem Kampf um die Region Bergkarabach Anfang der 1990er eskalierte dieser Konflikt so richtig. Wie so oft standen auch hier interne Grenzen, die zu internationalen wurden, am Beginn der jahrzehntelangen Auseinandersetzung. Ethnische Armenierinnen und Armenier forderten die Abspaltung von Aserbaidschan und wollten sich ihren Brüdern und Schwestern im jungen armenischen Staat anschließen. Baku hingegen fürchtete um ein beträchtliches Stück seines Territoriums. Die frisch gezogenen Grenzen wurden sofort infrage gestellt und ein Konflikt konnte nicht mehr abgewendet werden.

Zigtausende Tote und über eine Million Vertriebene forderten die Kriege und regelmäßigen Scharmützel entlang der Frontlinien seither. 2020 schließlich eroberte

Aserbaidschan mit Unterstützung der Türkei und Söldnern aus den Bürgerkriegsländern Syrien und Libyen rund ein Drittel der Fläche Arzachs zurück. So nennt sich die selbstausgerufene, international nicht anerkannte Republik Bergkarabach seit 2017. Ausgebrochen war der jüngste Krieg just an einem Teil der Grenze zwischen Armenien und Aserbaidschan, der eigentlich relativ unumstritten, weit nördlich von Arzach liegt. Später kam es dann aber auch im Süden zu schweren Kämpfen. Dort weichen zahlreiche De-facto- und De-jure-Grenzen beinahe öfter voneinander ab, als dass sie sich decken. Der Krieg schuf neue Fakten am Boden.
Die regelmäßigen Gewaltausbrüche entlang vermeintlicher Waffenstillstandslinien ließen in den vergangenen Jahren die Grenzregionen langsam verwaisen. Nur wenige Kilometer von der Frontlinie entfernt befinden sich aber auf beiden Seiten noch immer Dutzende Siedlungen mit insgesamt rund 150.000 Menschen. Wann immer es kracht, sind Alte, Frauen und Kinder die ersten, die evakuiert werden. Viele von ihnen kehren niemals zurück und normalisieren auf diese Weise unabsichtlich die De-facto-Grenze. Dort wo Zivilistinnen und Zivilisten ausharren, bringen sie sich in Gefahr. Arbeit gibt es kaum. Die Männer der Familien ziehen aus, um in nahegelegenen Großstädten Geld für die Daheimgebliebenen zu verdienen. Sie werden dort immer noch in der Rolle des Beschützers und Ernährers gesehen. Das ging in den vergangenen Jahren so weit, dass in der Region deutlich weniger Mädchengeburten registriert wurden. So deutlich, dass dies mit

einer natürlichen Schwankung nicht mehr erklärbar ist, sondern eher auf gezielte Abtreibungen hinweist.

Als wäre das Grenzwirrwarr zwischen den beiden südkaukasischen Staaten nicht schon kompliziert genug, bestehen mit Barxudarlı (Barkhudarli), Yuxarı Əskipara (Yukari Eskipara) und Kərki (Karki) de jure auch noch drei kleine aserbaidschanische Enklaven in Armenien, sowie die armenische Enklave Arzwaschen in Aserbaidschan. Praktisch, also de facto, wurden die lokalen Bevölkerungen aber jeweils vertrieben. So existieren die Enklaven tatsächlich nur mehr auf dem (Karten-)Papier. Die einzige Exklave beider Staaten, die sowohl de jure als auch de facto ihr Territorium kontrolliert, ist die aserbaidschanische Republik Nachitschewan. Sie verwaltet sich jedoch autonom.

Anzahl Geburten von Jungen pro 100 Mädchen

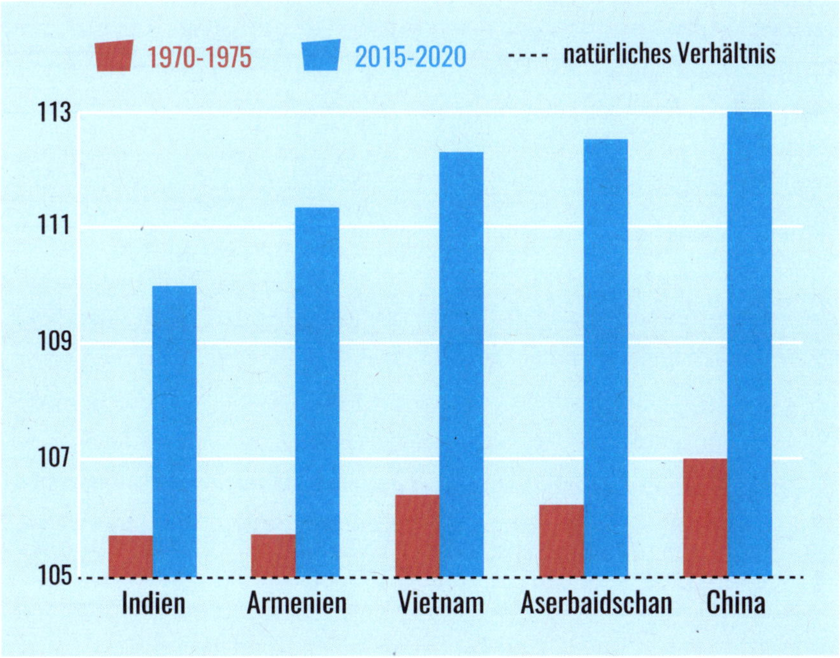

Kampf um den Nordpol

Sie wird gerne *der* kommende Konfliktherd genannt: die Arktis. Das schmelzende Eis, die Rohstoffe, die Aussicht auf extrem lukrative Handelsrouten und die sich überlappenden Ansprüche der Anrainerstaaten werden hier zu einem hochexplosiven Cocktail zusammengemixt. Fast alle Beteiligten rüsten auf – sogar der Nichtanrainerstaat China bringt sich in Position. Ist eine militärische Konfrontation im nördlichsten Teil der Erde wirklich unausweichlich? Keinesfalls. Die fünf arktischen Anrainerstaaten Dänemark, Kanada, Norwegen, Russland und die USA haben ihre Differenzen in den vergangenen Jahrzehnten weitestgehend friedlich gelöst. Sie bilden gemeinsam mit Finnland, Island und Schweden den Arktischen Rat. Damit wurde sogar ein zwischenstaatliches Forum zum Interessenaustausch mit den indigenen Völkern geschaffen, das dem Umweltschutz und wissenschaftlichen Fortschritt dienen soll. Ebenso haben bis auf die USA alle Staaten jenes Seerechtsübereinkommen der Vereinten Nationen ratifiziert, das zu einer friedlichen, bilateralen Konfliktlösung bei Grenzstreitigkeiten verpflichtet. Aber wird dieser Wille zum Frieden gemeinsam mit dem ewigen Eis dahinschmelzen, sobald das eisfreie Meer erstmals eine richtige Grenzziehung erlaubt?

Klar ist: Der Klimawandel setzt der gesamten Polarregion immens zu. Selbst nach den günstigsten Szenarien wird das Nordpolarmeer ab Mitte des Jahrhunderts in den Sommermonaten weitgehend eisfrei sein. Erstens verkürzt das die Wege kommerzieller Frachter zwischen Asien und Europa um rund ein Drittel. Das dürfte wohl einen ebenso einschneidenden Effekt haben wie die Eröffnungen von Panama- und Suezkanal. Zweitens gehen US-Behörden davon aus, dass dadurch mindestens 13 Prozent der unerschlossenen Öl- und mehr als 30 Prozent der Gasreserven förderbar werden. Und plötzlich werden die Seegrenzen wieder äußerst bedeutend. Die gute Nachricht: Der Großteil der Ressourcen dürfte innerhalb der Ausschließlichen Wirtschaftszone der jeweiligen Staaten liegen. Dort können diese aufgrund der Seerechtskonvention

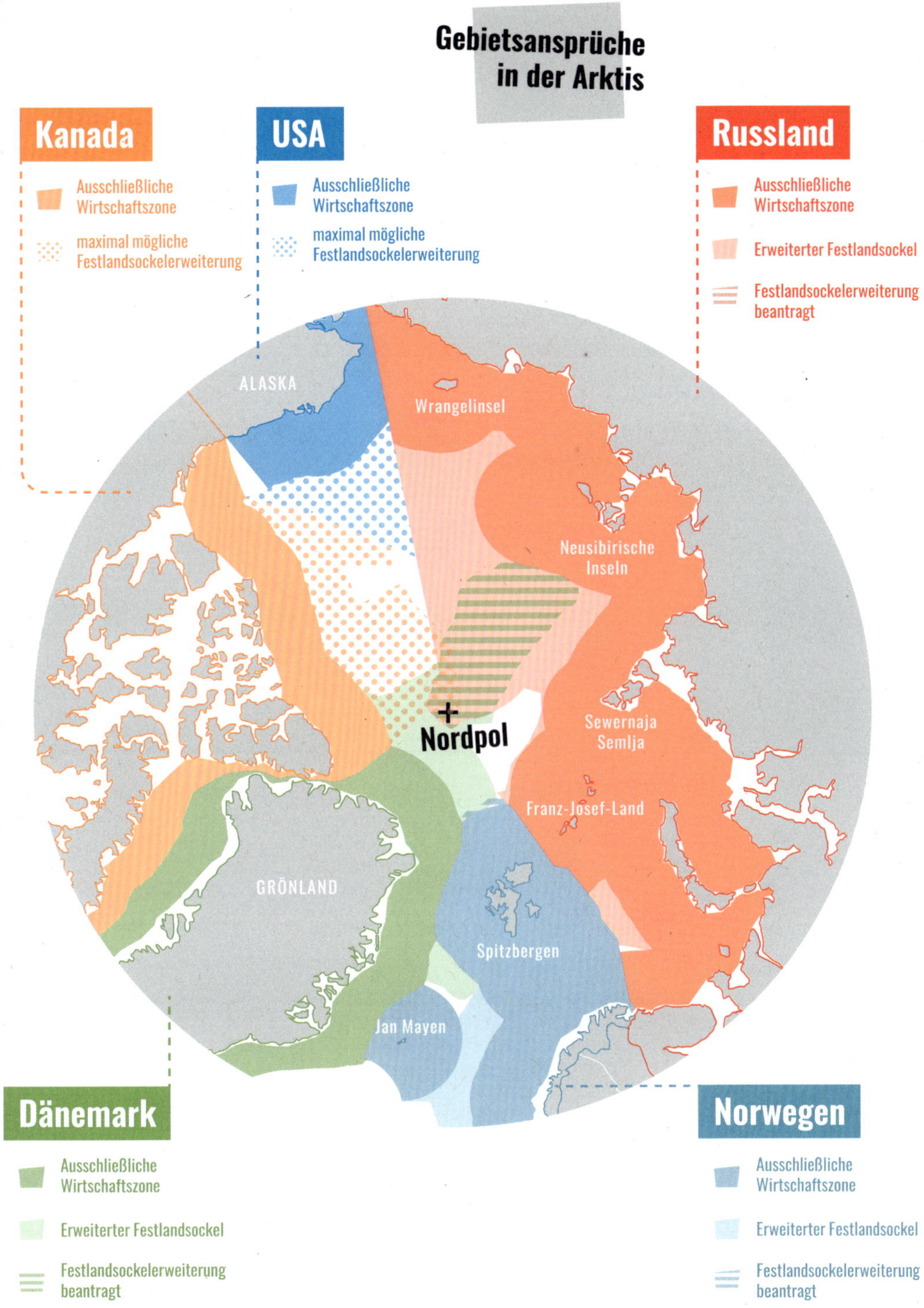
Gebietsansprüche in der Arktis
Kanada
Ausschließliche Wirtschaftszone
maximal mögliche Festlandsockelerweiterung
USA
Ausschließliche Wirtschaftszone
maximal mögliche Festlandsockelerweiterung
Russland
Ausschließliche Wirtschaftszone
Erweiterter Festlandsockel
Festlandsockelerweiterung beantragt
ALASKA
Wrangelinsel
Neusibirische Inseln
Nordpol
Sewernaja Semlja
Franz-Josef-Land
GRÖNLAND
Spitzbergen
Jan Mayen
Dänemark
Ausschließliche Wirtschaftszone
Erweiterter Festlandsockel
Festlandsockelerweiterung beantragt
Norwegen
Ausschließliche Wirtschaftszone
Erweiterter Festlandsockel
Festlandsockelerweiterung beantragt

200 Seemeilen (370 Kilometer) vor ihrer Küste Besitzrechte geltend machen – und die sind bis auf wenige Ausnahmen tatsächlich relativ unumstritten.

Unübersichtlicher wird es bei der Frage der Kontinentalsockel. Kann ein Staat nämlich beweisen, dass eine Verlängerung seines Festlandes über diese 200 Seemeilen hinausgeht, bevor es auf tiefen Meeresboden abfällt, darf er die darin enthaltenen Bodenschätze abbauen. Vor allem rund um den circa 1.800 Kilometer langen Lomonossowrücken tobt deshalb ein erbitterter Kampf – ein wissenschaftlicher, wohlgemerkt. Und es gibt noch einen zweiten Grund für den Wettstreit: Wer beweisen kann, dass das Gestein tatsächlich zu seinem Festland gehört, gewinnt nicht nur Rohstoffe, sondern auch den symbolträchtigen Nordpol. Derzeit fordern ihn Russ-

Seerechtliche Zonen

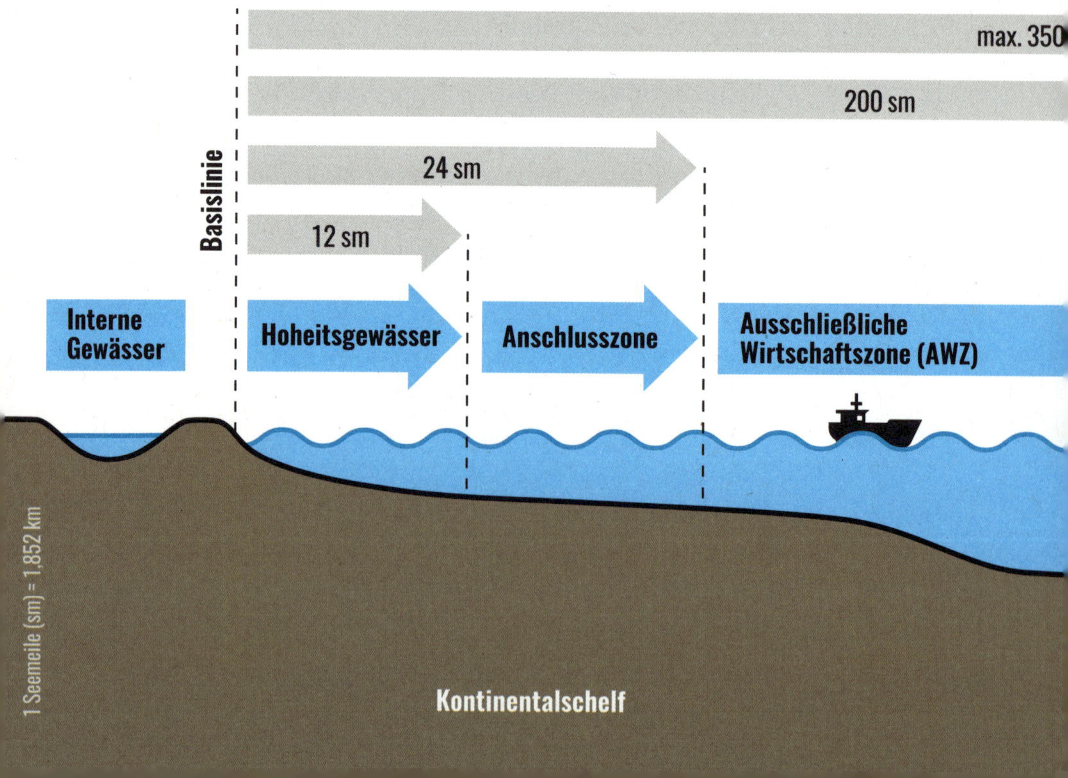

land, Kanada und Dänemark ein. Dabei ist es aus geologischer Sicht gut möglich, dass alle irgendwie Anspruch darauf haben – nur politisch wird das halt knifflig. Die UN-Festlandsockelkommission, die mit der Bewertung der Anträge zur Erweiterung betraut ist, trifft aber ohnehin keine rechtlich bindenden Entscheidungen. Sie liefert viel eher Futter für die dann folgenden Verhandlungen.

Russland pflanzte 2007 per U-Boot seine Flagge auf dem Meeresboden unterhalb des geografischen Nordpols. Ein rein symbolischer Erfolg, der nicht in die Verhandlungen einfließen wird. Die Zeiten, in denen man allein durch das Hissen einer Flagge ein Territorium beanspruchen konnte, seien längst vorüber, richtete der kanadische Außenminister Russlands Präsidenten Wladimir Putin damals aus. Was jedoch noch nicht vorbei ist, ist die Entdeckung von Inseln. Unter dem schmelzenden Polareis tauchen immer wieder bisher unbekannte Inselchen auf, die zumindest die maritimen Grenzen in der Arktis noch über Jahre verschieben könnten.

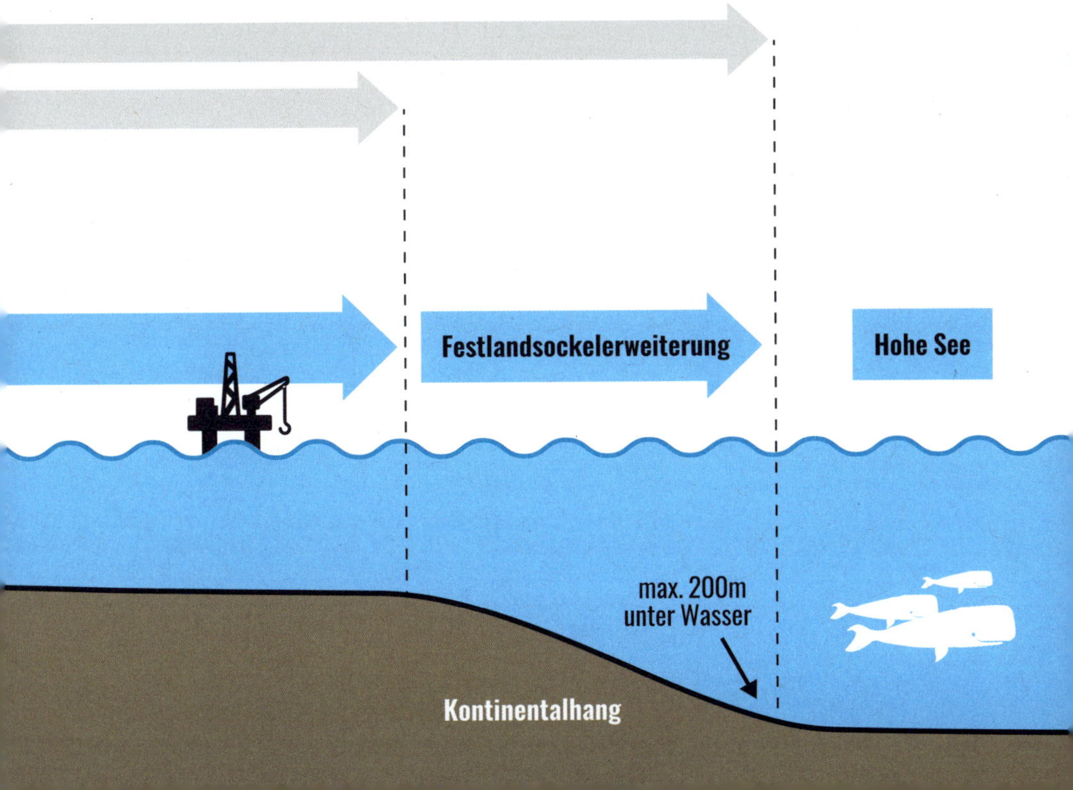

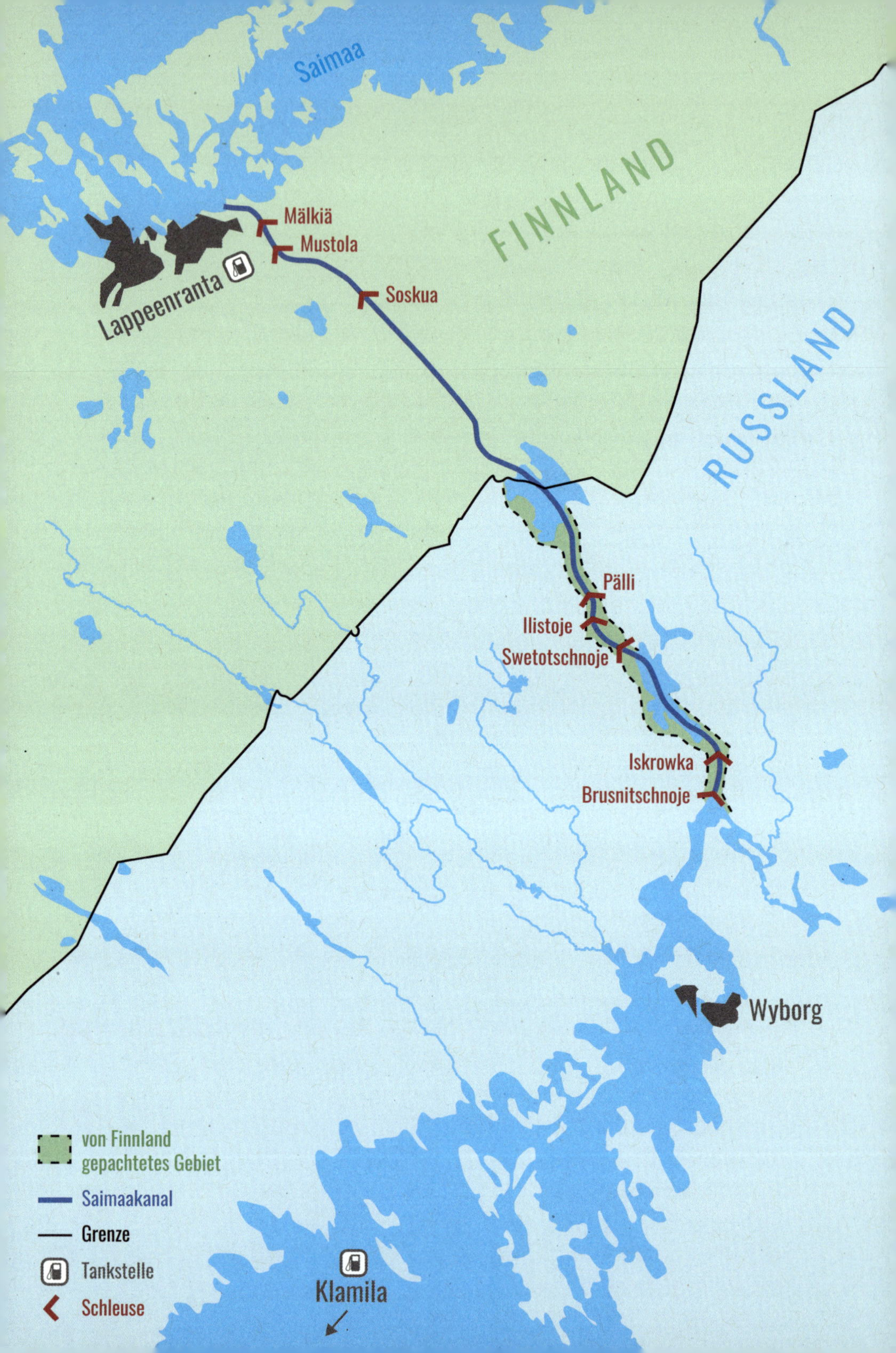
Saimaa
FINNLAND
RUSSLAND
Lappeenranta
Mälkiä
Mustola
Soskua
Pälli
Ilistoje
Swetotschnoje
Iskrowka
Brusnitschnoje
Wyborg
Klamila
von Finnland gepachtetes Gebiet
Saimaakanal
Grenze
Tankstelle
Schleuse

Finnisches Wasser durch russisches Land

Nur weil man nach Russland einreisen darf, darf man dort noch lange nicht dessen Boden betreten! Jedenfalls nicht, wenn man den Weg über den Saimaakanal nimmt. Gut, die Sache ist ein wenig komplizierter: Mit einem gültigen Visum dürfen die Kapitäninnen und Seefahrer dieser Welt natürlich kurz anlegen. Reinen Bootstouristen ohne Visum ist das aber nicht erlaubt. Der rund 43 Kilometer lange Kanal wurde 1856 eingeweiht, als Finnland noch ein Großfürstentum innerhalb des Russischen Reiches war. Seither verbindet er zahlreiche Seen des finnischen Festlandes mit der Ostsee – allerdings über russisches Gebiet. Dabei überwindet er eine Höhendifferenz von fast 80 Metern.

Durch den Saimaakanal verläuft heute aufgrund verschiedener Grenzverschiebungen etwa auf halbem Weg die internationale Grenze zwischen Russland und Finnland. Den russischen Teil des Kanals hat Finnland jedoch seit 1963 samt einiger Küstenabschnitte von seinem Nachbarn gepachtet. 2013 wurde der Vertrag vorzeitig um weitere 50 Jahre verlängert. Was ein paar Kilometer russischer Kanal wohl so kosten? Mit der Vertragsverlängerung stieg die Pacht von überschaubaren 290.000 Euro jährlich auf stattliche 1,22 Millionen Euro. Alle zehn Jahre wird der Betrag angepasst. Die Finnen brauchen diesen wichtigen Wasserweg etwa für den Transport von Holz und anderen Rohstoffen. Die Durchfahrt ist gratis. Auf dem Wasser gilt finnisches See- und Arbeitsrecht. Für alle anderen Regeln aber ist Moskau zuständig. Und wer schon einmal nach Russland gereist ist, weiß, dass da ohne gültiges Visum so gut wie gar nichts geht.

Der Saimaakanal stellt dahingehend schon eine große Ausnahme dar. Er ist eine der wenigen Möglichkeiten, visumfrei durch Russland zu reisen. Da Bootsreisende das Land backbord- und steuerbordseitig ohne gültiges Visum aber nicht betreten dürfen, kommt es in etwa einem Flug über russisches Territorium gleich. Und weil Tanken

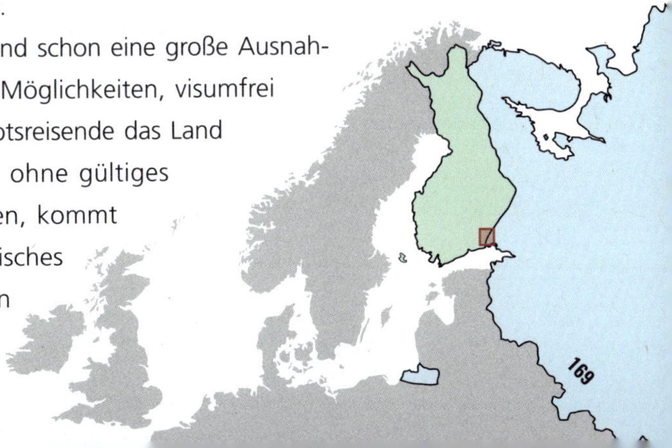

auf russischem Gebiet damit auch nicht möglich ist, sollte vor dem Befahren unbedingt noch mal nachgetankt werden – die letzten Möglichkeiten dazu befinden sich in Klamila beziehungsweise Lappeenranta. Und auch darüber hinaus sind die russischen Regeln streng: Zwingend mitzuführen sind Reisepässe, eine Liste aller Mitreisenden, eine Kopie der Bootszulassung sowie eine des Ausweisdokuments des Besitzers oder der Inhaberin des Bootes. Wer die Durchquerung der acht Schleusen des Kanals wegen Übermüdung nicht schafft, darf nur an einer Handvoll Stellen am Wasser übernachten. Zu groß scheint den russischen Grenzbehörden offenbar die Gefahr möglicher Eindringlinge. Wer das alles auf sich nimmt, wird mit einer sechs- bis achtstündigen Fahrt durch schönste Landschaft belohnt.

Höhenprofil des Saimaakanals mit Schleusen

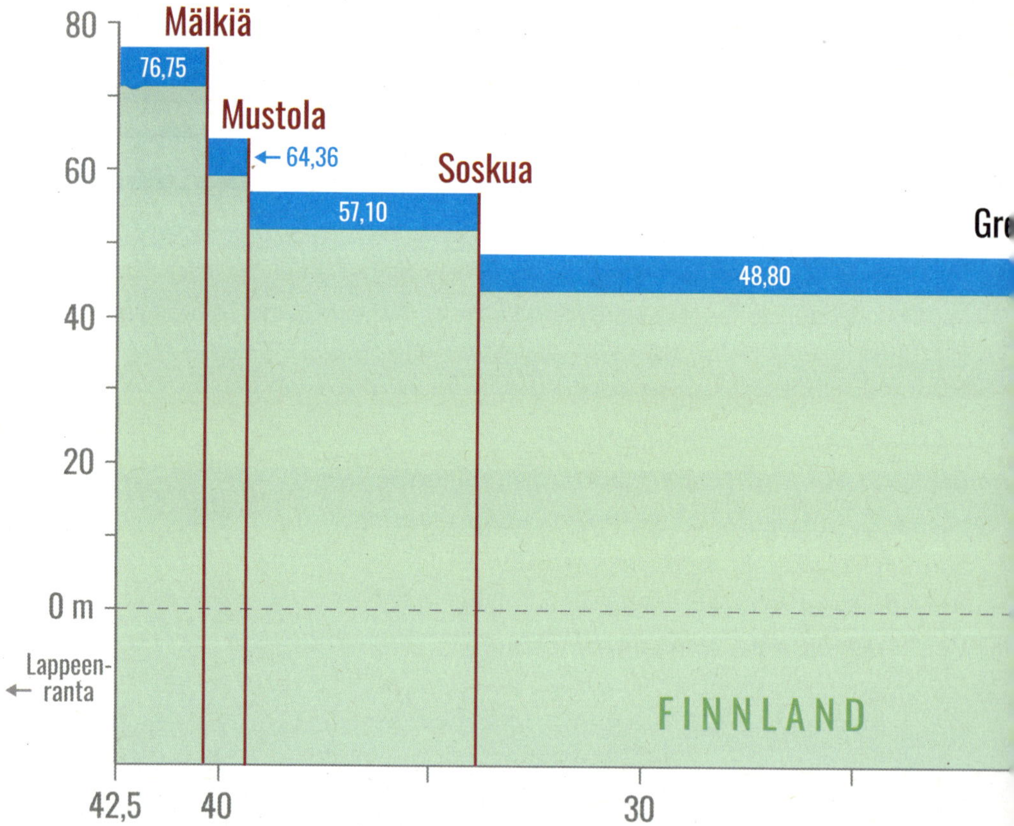

Seit 1991 dürfen den Saimaakanal nicht mehr nur Frachtschiffe, sondern auch Urlauberinnen und Touristen mit ihren eigenen kleinen Booten befahren. Das ist den verbesserten Beziehungen zwischen Moskau und Helsinki geschuldet. Deren Geschichte belasten ja zahlreiche, teils verheerende Kriege und Invasionen. Finnland kam nach dem Zweiten Weltkrieg mit einem Gebietsverlust davon, statt in der Sowjetunion aufzugehen wie zahlreiche Staaten in deren unmittelbarer Nachbarschaft. Also galt es in der zweiten Hälfte des 20. Jahrhunderts, eine gemeinsame Grenze zu verwalten. Durch den Eisernen Vorhang wurde es eine ideologisch besonders umstrittene und heikle Grenze.

Der Weg in den Westen war vor allem für Flüchtende keineswegs einfach. Die gesamte Grenzregion war tief in sowjetisches Gebiet hinein eine bis zu 120 Kilometer breite Sperrzone mit allerlei Fallen, Hindernissen und neuester Überwachungstechnik. Außerdem führten die finnischen Behörden aufgegriffene Personen meist an die sowjetischen Grenzbeamten zurück, im Unterschied zu westlicher Praxis. Flüchtende sind heute eher die Ausnahme. Reisende aus Russland müssen sich vor allem Sorgen wegen der horrenden Spritpreise auf der anderen Seite des Kanals machen.

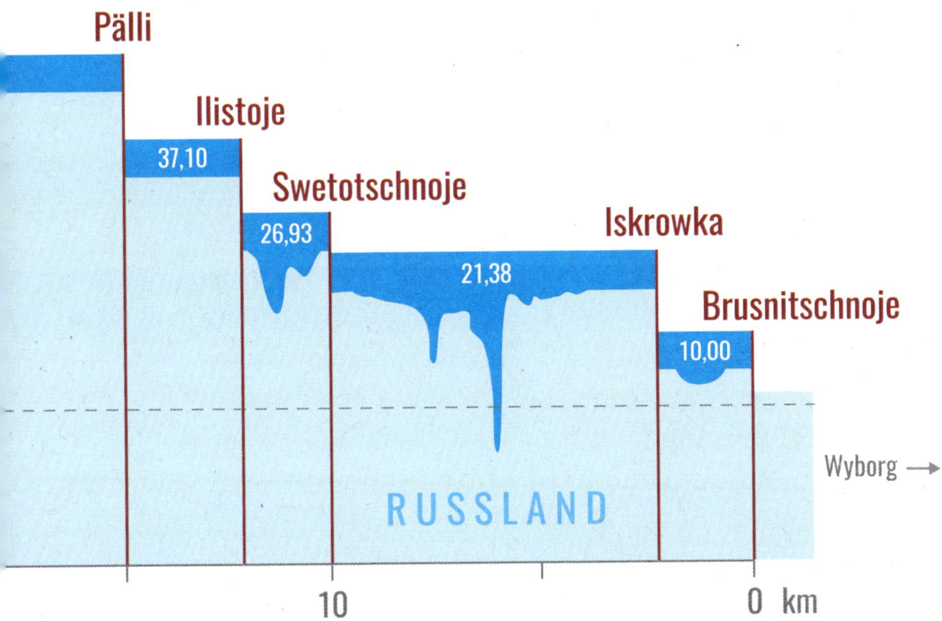

Serbisch-kroatische Landzunge: Der Einzige, der sie haben will, bekommt sie nicht

Nationen brauchen einen Gründungsmythos – eine gemeinsame Geschichte, eine Idee des Zusammenlebens, zelebrierte Idole, gemeinsam erlebte Erfolge und Niederlagen. Um diesen Mythos zu finden und in den Köpfen der Menschen zu verankern, wird auch schon mal das ein oder andere historische Detail ausgespart oder umgedeutet. Hauptsache die Story stimmt. Im Falle Liberlands ist es ein wenig anders. Die Liberländerinnen und Liberländer suchen nicht ihre Geschichte. Ihr Mythos einer libertären Steueroase, frei von gängelnder Obrigkeit, sucht sein reales Pendant, ein Stück Land, dem er übergestülpt werden könnte.

2015 glaubten sie, ein solches gefunden zu haben. Seitdem ist Liberland ein sieben Quadratkilometer kleiner Möchtegernstaat auf dem Balkan. Liberland wäre gerne ein echtes Land, doch kein etablierter Staat will das akzeptieren. Genau darin liegt das Hauptproblem von Vít Jedlička, dem ersten und bisher einzigen Präsidenten Liberlands. Als Staat anerkannt wird im Kreis der Großen nämlich nur, wer ein festes, permanent bewohntes Territorium hat und über eine Regierung verfügt, die über jenes Stück Land herrscht und mit anderen Staaten in diplomatische Beziehungen treten kann. Liberland erfüllt so manch Kriterium mit mehr als 5.000 handverlesenen Staatsbürgern (und

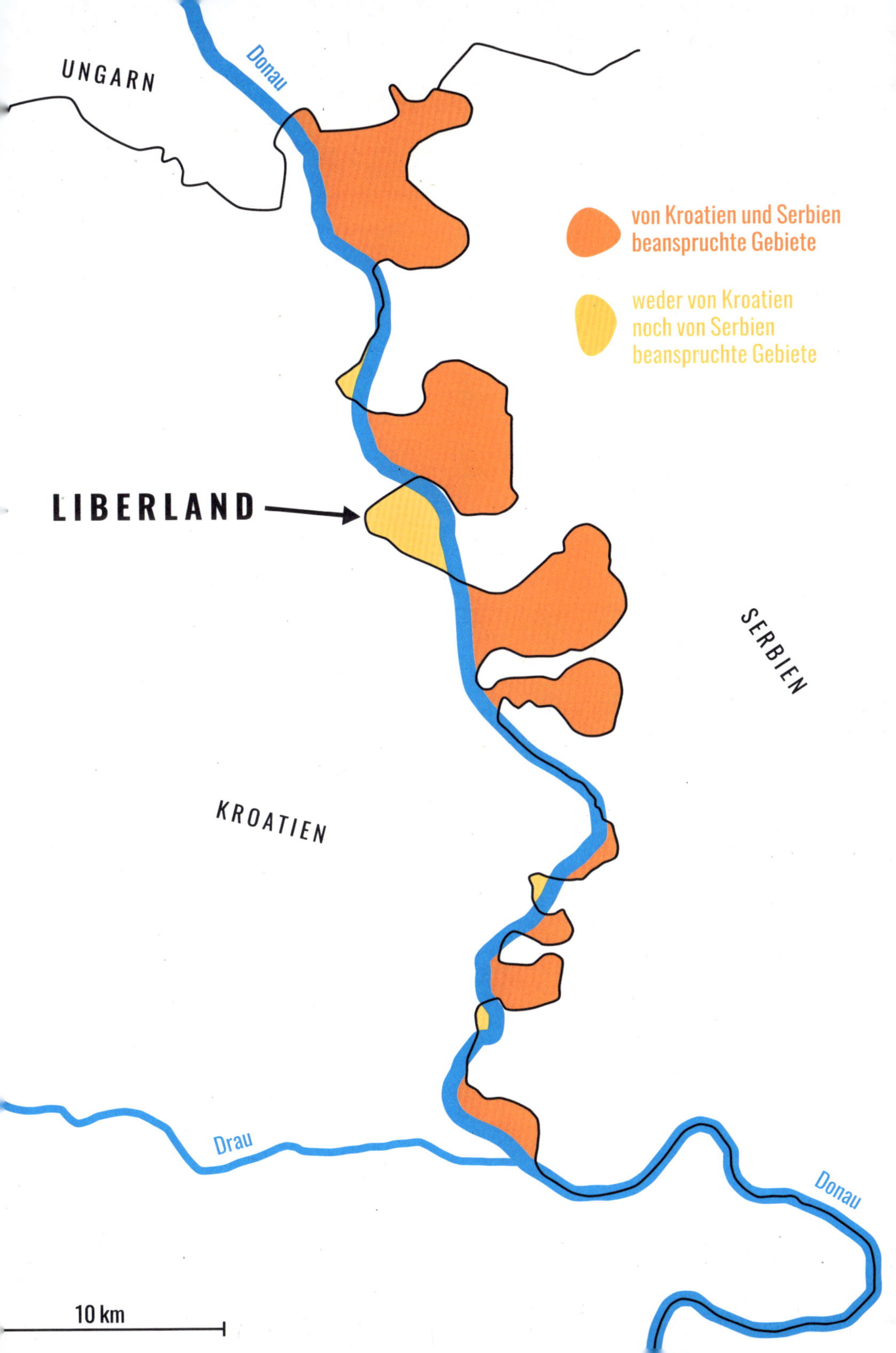
UNGARN
Donau
von Kroatien und Serbien beanspruchte Gebiete
weder von Kroatien noch von Serbien beanspruchte Gebiete
LIBERLAND
SERBIEN
KROATIEN
Drau
Donau
10 km

mehr als einer halben Million Bewerbungen) sowie einer gewählten Regierung samt Vertretungsbüros auf der halben Welt. Es scheitert aber noch am Grund und Boden. Dabei wissen die Liberländer schon ganz genau, wo ihre Nation liegen soll.

Am westlichen Ufer der Donau, keine 20 Kilometer südlich von Ungarn, liegt Gornja Siga. Um diese Landzunge schlängelt sich auf den meisten Karten die serbisch-kroatische Grenze. Gornja Siga ist die größte von vier Landzungen, die gegenwärtig weder von Zagreb noch von Belgrad beansprucht werden. Grund dafür sind unterschiedliche Auffassungen über den tatsächlichen Verlauf der internationalen Grenze. Die historische Trennlinie – die Donau – wurde Ende des 19. Jahrhunderts nämlich begradigt, damit Frachtschiffe leichter auf ihr navigieren können. Nach internationalem Recht ändert sich eine Flussgrenze aber nur, wenn das Wasser auf natürlichem Weg einen neuen Verlauf nimmt. Rücken stattdessen Bagger an, um den Fluss zu verschieben, bleibt die Grenze entlang der alten Flusssohle, des Talwegs, bestehen. Auch die jugoslawische Grenzkommission sah 1945 keinen Grund für eine Änderung, es handelte sich damals ja sowieso nur um eine innerstaatliche Grenze.

Mit dem Zusammenbruch Jugoslawiens änderte sich dies freilich. Beide neuen Staaten gaben gegenüber der Europäischen Gemeinschaft zunächst an, die neue Grenzziehung akzeptieren zu wollen. Schon bald befürworteten sie aber jene Auslegung, die ihnen jeweils die weit größeren Landzungen östlich der heutigen Donau zusicherte. Ein Anspruch auf die kleinen, westlich gelegenen Landzungen käme einem Verzicht auf die östlichen gleich. Deshalb will niemand außer Vít Jedlička offiziell das, was einmal Liberland werden sollte. Andererseits sind die westlichen vier Landstücke immer noch die zweitbeste Option für beide Staaten bei einer möglichen Einigung. Das ist auch der Grund, weshalb Kroatien die Region polizeilich kontrolliert, sprich: niemanden das Land betreten lässt. Liberland ist also eine Sperrzone,

Flagge Liberlands

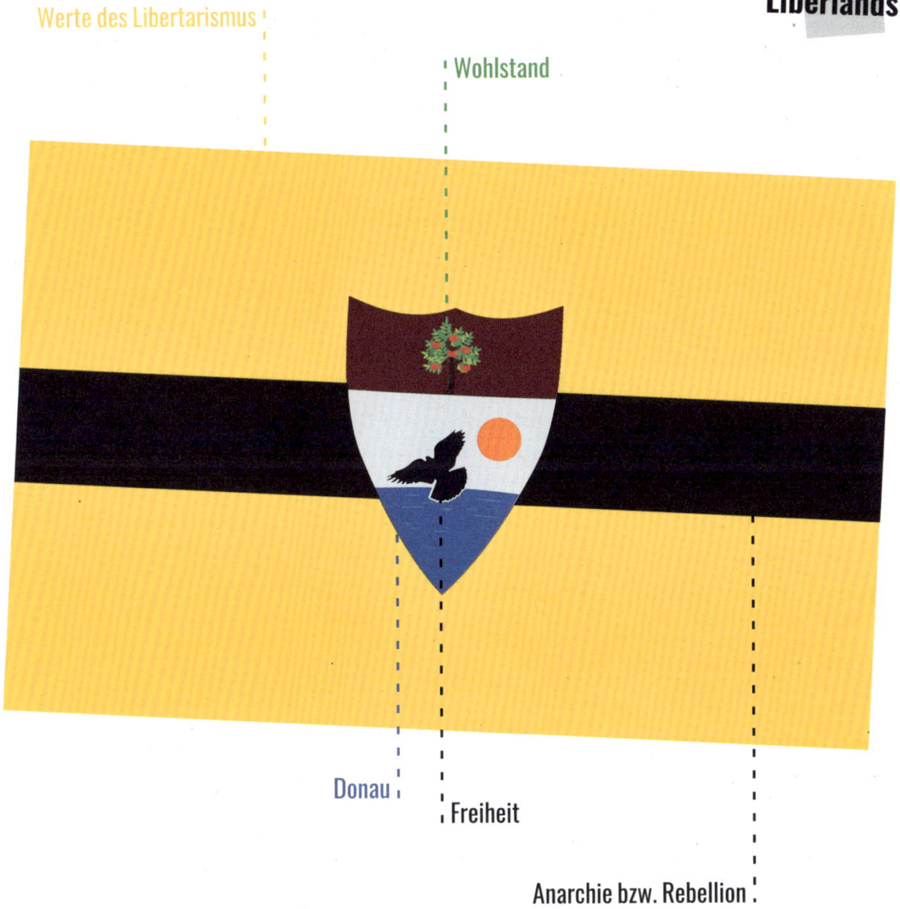

damit sich die Liberländerinnen und Liberländer dort nicht einnisten und beginnen, ihre futuristischen Stadtstaatspläne zu verwirklichen. Zu allem Übel verbrannte im August 2020 mit der »Freedom« auch noch jenes Schiff, das eines Tages zur Besiedlung Liberlands aufbrechen sollte. Laut dem Präsidenten belief sich der Schaden auf zehn Bitcoin.

- A-/B-Zonen: großteils zivile Verwaltung der Palästinensischen Autonomiebehörde; polizeiliche Kontrolle teils eingeschränkt
- C-Zone: von Israel verwaltet
- von Israel annektiert
- UNO-Mission

Stunde Null des Israel-Palästina-Konflikts?

In Hebron im Westjordanland tobt ein Krieg, ein unerbittlicher Kampf um das Narrativ, die bessere Erzählung, die emotionalere Geschichte: Wer kann den Rest der Welt von seiner Sicht der Dinge überzeugen und so internationale Unterstützung im israelisch-palästinensischen Konflikt gewinnen? Die zweitheiligste Stadt des Judentums ist Sinnbild für den Nahostkonflikt. Für den Islam und das Christentum ist sie nicht minder bedeutsam – und gerade deshalb immer wieder umkämpft. Immerhin soll hier Abraham, der Vater aller drei Religionen, mitsamt seiner Frau Sara bestattet sein. Aber auch Isaak und Rebekka sowie Jakob und Lea sollen in der sogenannten Machpela, in der »Höhle der Doppelgräber«, liegen. Nach seinem Sieg im Sechstagekrieg von 1967 sagte der damalige israelische Ministerpräsident David Ben-Gurion, dass man um des Friedens Willen keines der besetzten Gebiete behalten wolle – außer Hebron, denn dies sei »noch jüdischer als Jerusalem«.
Wechselseitige Eroberungen haben sich seit Tausenden Jahren in religiösen Ausbauten des zentralen Grabkomplexes niedergeschlagen, sodass das Gebäude heute alles andere als aus einem Guss ist. Ganz im Gegenteil: Noch heute tragen die Mauern Spuren blutiger Kämpfe. 1929 fielen 67 Jüdinnen und Juden einem Mob arabischer Palästinenser zum Opfer, nachdem sich Gerüchte über einen angeblichen jüdischen Angriff auf die Machpela verbreitet hatten. Einige Historikerinnen und Historiker bezeichnen das Pogrom als Stunde Null des Israel-Palästina-Konflikts.
Während der britischen Besatzung verbannte man die jüdische Bevölkerung auch deshalb zu ihrem Schutz aus der Stadt. Dies sollte sich nach der israelischen Rückeroberung Hebrons 1967 schnell ändern. Mehr als 700 Jahre hatte unter muslimischer Herrschaft kein Jude und keine Jüdin mehr die Machpela betreten dürfen. Plötzlich beteten sie dort wieder. Bereits ein Jahr später begannen jüdische Siedle-

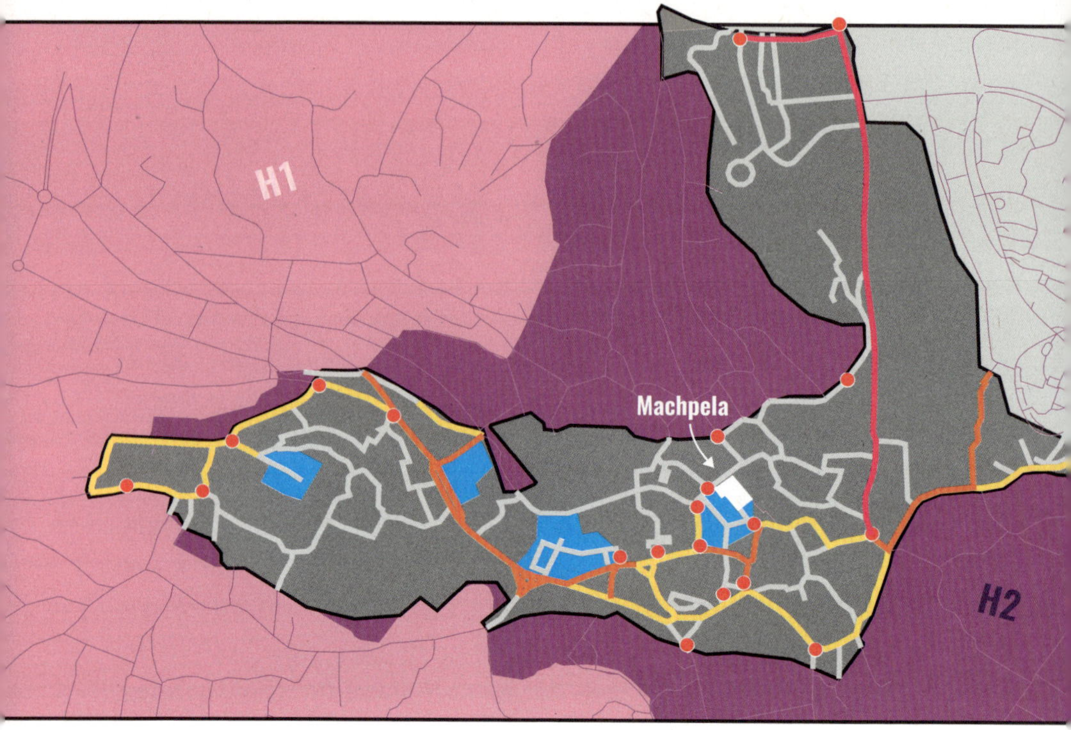

Hebron

Gebiete, in denen die Bewegungsfreiheit von Palästinensern eingeschränkt ist

für Palästinenser gesperrt

israelischer Checkpoint

Straßen, zu denen Palästinenser keinen Zugang haben

Straßen, die von palästinensischen Autos nicht befahren werden dürfen

Straßennutzung für Palästinenser eingeschränkt

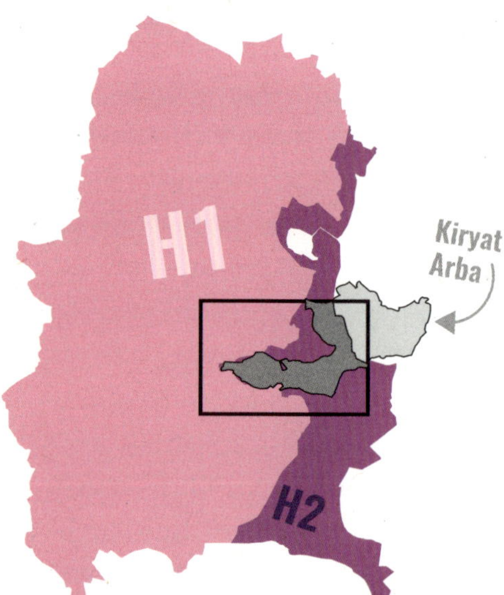

rinnen und Siedler, Teile der Altstadt für sich zu reklamieren und ein Hotel zu besetzen. Sie wurden später in eine stillgelegte Militärbasis verlegt – die heutige Siedlung Kiryat Arba. Palästinensische Familien mussten weichen, oft unter Androhung oder Ausübung von Gewalt. Ein weiteres blutiges Attentat mit Dutzenden Toten erschütterte 1994 die Stadt, diesmal verübt durch einen jüdischen Siedler. Der Ruf nach internationaler Vermittlung wurde laut, in deren Folge Israelis und Palästinenser 1997 auch das Hebron-Protokoll unterzeichneten.

Es veranlasste die Teilung der Stadt in eine rein palästinensische Zone (H1) mit rund 170.000 Personen und eine zweite Zone (H2), die von 30.000 Palästinenserinnen und Palästinensern sowie einigen Hundert israelischen Siedlerfamilien bewohnt und vom israelischen Militär kontrolliert wird. Die Wiedereinsetzung der israelischen Streitkräfte zum Schutz der Siedlerinnen und Siedler war Teil des Abkommens. Trotzdem gab es seither kein einziges Jahr ohne Zwischenfälle. Dabei leiten sich sowohl der hebräische als auch der arabische Name Hebrons vom Wort »Freund« ab. Dieser Bedeutung wird die Stadt aber schon lange nicht mehr gerecht.

Die Zone H2, wo sich auch die Machpela befindet, wurde in den vergangenen Jahren um bislang mehr als ein Dutzend israelische Checkpoints und Unmengen an Stacheldrahtzaun ergänzt. Menschenrechtsverletzungen und Schikanen der Streitkräfte vertreiben immer mehr palästinensische Familien aus der Zone. Geschäftsschließungen entlang einst rege besuchter Einkaufsstraßen tragen das Ihrige dazu bei. Einige Palästinenserinnen und Palästinenser revanchieren sich dafür immer wieder mit Steinwürfen. Sie dokumentieren aber zusehends auch auf friedlichem Weg die Handlungen der Soldatinnen und Soldaten in Videos und versuchen, in den Sozialen Medien die öffentliche Meinung zu beeinflussen. Den rhetorischen Kampf um die Deutungshoheit können mittlerweile auch Touristen miterleben. Aus dem nur 30 Kilometer entfernten Jerusalem bieten Reisebüros mehrmals wöchentlich die sogenannte Dual-Narrative-Tour an. Ein jüdischer Siedler weist der Reisegruppe dabei mittags den Weg durch den Checkpoint, damit sie in H1 auch die Sicht des palästinensischen Aktivisten zu hören bekommt. Besucherinnen und Besucher bleiben zurück mit zwei Versionen einer gemeinsamen Geschichte.

TADSCHIKISTAN
AFGHANISTAN
Kaschmir
CHINA
Islamabad
PAKISTAN
Lahore
Radcliffe-Linie
Arunachal
Pradesh
NEPAL
Neu-Delhi
BHUTAN
Sir
Creek
BANGLA-
DESCH
INDIEN
Kolkata
Mumbai
ARABISCHES
MEER
GOLF VON
BENGALEN

Diese Karte ist in China und Indien illegal

Auf Schatzkarten in Comics wird der Weg zum Gold meist gestrichelt dargestellt. Die Linien schlängeln sich wild herum, kreuzen sich immer wieder. Die meisten internationalen Karten rund um die umstrittene Region Kaschmir sehen ähnlich aus. Weil sich Indien, Pakistan und China auch nach Jahrzehnten blutiger Kämpfe und Kriege nicht auf eine gemeinsame Grenzziehung in der Gebirgsregion einigen können, geben viele Kartendienste einfach alle Ansprüche in Schatzkartenmanier an – vor allem internetbasierte, die keine potenzielle Kundschaft verärgern wollen. In Indien und China zwingen sogar Gesetze die Kartenhersteller, die jeweilige offizielle Auslegung der Grenzen zu publizieren.

Wer in China andere als von der Zentralregierung abgesegnete Karten produziert und veröffentlicht, muss nach einer Verwarnung bis zu 63.000 Euro Strafe zahlen und mit etwas Pech ins Gefängnis. In Indien drohen sechs Monate Haft. Ein bis heute nicht unterzeichneter Vorschlag des indischen Innenministers sollte 2016 die Strafen sogar auf maximal sieben Jahre Freiheitsentzug und knapp zwölf Millionen Euro Geldstrafe erhöhen. Beide Staaten achten also penibel darauf, dass nur ihre Sicht der Dinge auf Karten landet. Das hat mit den gemeinsamen Grenzstreitigkeiten zu tun: Indien beansprucht weit mehr Territorium, als es tatsächlich kontrolliert. Wer sich entlang der Staatsgrenzen des Subkontinents bewegt, trifft außerhalb der Küstenregionen daher fast laufend auf historische und aktuelle Konfliktlinien. Für Hobbykartografinnen und Kartenzeichner gilt es also einiges zu beachten.

Legt man die Karten und Grenzvorstellungen Indiens, Pakistans und Chinas übereinander, decken sie sich nämlich hinten und vorne nicht. Alle wollen mehr und niemand will zurückstecken – das ist auch eine Frage des Stolzes. Und so zieht jede neue offizielle Karte diplomatische Verstimmungen nach sich. »Politische Absurdität« ist dabei noch eine der netteren Botschaften, die sich Außenminister an den Kopf werfen. Beginnend im äußersten Westen streitet sich Indien mit Pakistan über die Flussgrenze des Sir Creek auf rund 96 Kilometern Länge. Islamabad sieht den Grenzverlauf am östlichen

Flussufer, Neu-Delhi in der Flussmitte. Weiter geht es Richtung Norden entlang der Radcliffe-Linie mit ihren 150.000 Flutlichtern. Sie teilte 1947 Britisch-Indien entlang konfessioneller Linien in das hinduistische Indien und das muslimische Pakistan. Nahe Lahore landet man dann bei einem der spektakulärsten Grenzübergänge der Welt – zumindest was die Inszenierung angeht. Pünktlich vor Sonnenuntergang werden am Wagah-Attari-Grenzübergang nämlich unter dem tosenden Applaus Hunderter bis Tausender aufgepeitschter Zuschauerinnen und Zuschauer die jeweiligen Flaggen eingeholt. Krönender Abschluss der skurrilen Marschiereinlagen ist der kurze Händedruck samt finsterem Blick von Soldaten mit beeindruckend dichten Schnauzern.
Weiter nördlich, wo Kaschmir beginnt, geht die indisch-pakistanische Grenze in die sogenannte »working boundary« über – einen umstrittenen, aber durchaus lösbaren Teil des Grenzkonflikts. Es folgt die Demarkations- bzw. Waffenstillstandslinie in Kaschmir – der ewige Zankapfel zwischen den beiden Nuklearwaffenstaaten auf dem Subkontinent. Bevor diese »line of control« jedoch auf chinesisch kontrolliertes Gebiet trifft, hört sie in den meisten internationalen Karten gänzlich auf, weil es bisher keine Einigung über den Grenzverlauf rund um den indisch besetzten Siachengletscher gibt. Nach Osten folgt die »line of actual control« mit China. Entlang dieser Linie starben auch 2020 bei zwei Zusammenstößen wieder Soldaten beider Seiten. Sie ist nur eine von zahlreichen Grenzstreitigkeiten Indiens mit der Volksrepublik. Immer wieder sind das Problem unterschiedliche Deutungen der gemeinsamen Grenzlinie. Satellitenaufnahmen zeigen, dass erst Ende 2020 wieder im eigentlich indischen Bundesstaat Arunachal Pradesh ein chinesisches Minidorf aus dem Boden gestampft wurde. Es liegt einige Kilometer hinter oder vor der Trennlinie beider Staaten, je nachdem wen man fragt.
Seit 2003 konnten sich China und Indien in mehr als 20 Verhandlungsrunden nicht auf ein umfassendes bilaterales Grenzabkommen einigen. Ein Abkommen fehlt Indien auch mit Nepal, Bhutan, Myanmar und Pakistan. Lediglich die Seegrenze zu Sri Lanka und die unfassbar komplexen Grenzen zu Bangladesch konnte Indien mit seinen Nachbarn in den vergangenen Jahren regeln. Das war auch dringend notwendig: 111 indische Enklaven in Bangladesch und 51 bangladeschische Enklaven in Indien wechselten die Seite und sorgten sogar für die Bereinigung von insgesamt 197 Enklaven, weil dadurch auch gleich Enklaven in Enklaven – sogenannte Gegenenkla-

ven – verschwanden. Nur die Enklave Dahagram-Angarpota blieb übrig. Nach den umfassenden Gebietstauschen mussten die Bewohner der Enklaven entscheiden, ob sie die Staatsbürgerschaft wechseln und dafür an ihrem Wohnort bleiben oder die Heimat verlassen und dafür ihre Staatsangehörigkeit anpassen wollten.

Indien ist wahnsinnig groß und mindestens genauso komplex. Das gilt umso mehr für die Tausenden Kilometer Grenze, die es zu seinen Nachbarn hat. Wer die Region politisch abbilden möchte, ist deshalb gut beraten, den Stift immer wieder anzuheben und auf gestrichelte Trennlinien zu setzen.

Diplomatische Beziehungen zur Demokratischen Arabischen Republik Sahara (DARS)

Minenverseuchte Wüstengrenze

Es gibt wohl nur wenige beschissenere Arbeiten, als bei 59,5 Grad Celsius, umgeben von tödlichen Minen, in der Wüste auf einen Sandhügel aufzupassen. Für die rund 120.000 marokkanischen Soldaten, die tagtäglich den »Berm« bewachen müssen, ist es aber zumindest in den Sommermonaten brutaler Alltag. Da schafft auch der Kaffee keine Besserung der Gemütslage, den die Soldatinnen und Soldaten an besonders heißen Tagen in einem Topf auf dem Wüstenboden kochen können. Der Berm ist ein rund drei Meter hoher Sandwall, der auf einer Länge von 2.700 Kilometern die von Marokko besetzte, ressourcenreiche Westsahara von der sogenannten Freien Zone im Osten trennt. Das ist die von der »Frente Polisario« kontrollierte, von der Volksgruppe der Sahrauis bewohnte und von der Demokratischen Arabischen Republik Sahara (DARS) regierte Region. Verwaltet wird der Osten hauptsächlich vom algerischen Tindouf aus, wo auch mehr als 100.000 Sahrauis in Flüchtlingslagern untergekommen sind. Die DARS erkennen lediglich ein paar Dutzend afrikanische und südamerikanische Staaten an. Ihre Aufnahme in die Afrikanische Union war der Grund, dass Marokko den Staatenbund von 1984 bis 2017 boykottierte, damals als einziger afrikanischer Staat.
Laut Schätzungen sind in der Zone um den De-facto-Grenzwall mehr als sieben Millionen Minen verbuddelt, die bisher Tausende Menschen getötet und noch mehr

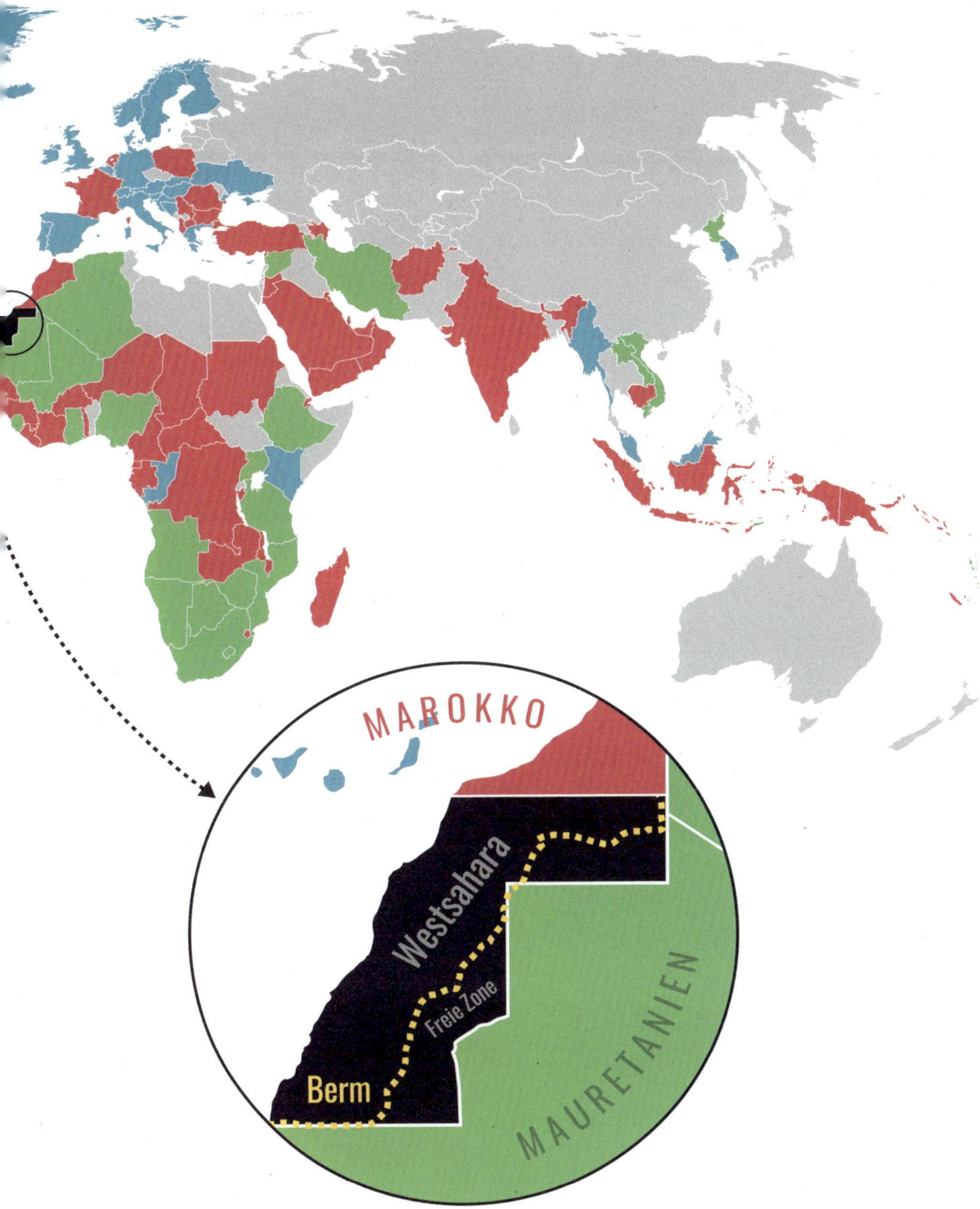

Unterstützung des Rechts auf Selbstbestimmung; Beziehungen und Anerkennung aber ruhend

sich widersprechende oder keine offizielle Position

diplomatische Beziehungen und/oder Anerkennung

Unterstützung für Marokkos territorialen Anspruch oder für DARS-Autonomie unter marokkanischer Souveränität; Beziehungen abgebrochen; Anerkennung zurückgezogen verletzt haben. Der Berm ist damit das längste Minenfeld der Welt – noch vor der innerkoreanischen Grenze. An manchen Stellen wird er von felsigem Gebirge ersetzt, andernorts wiederum verdecken Wanderdünen die Grenzbarriere. Immer wieder ergänzt Marokko den Berm um Stacheldraht und andere Zäune. Alle ein bis drei Kilometer sind Grenzposten stationiert, alle zehn bis 15 Kilometer gibt es größere Lager der marokkanischen Armee.

Hauptaufgabe der Grenzbarriere ist es, Rebellen der Frente Polisario von der von Marokko besetzten Westsahara fernzuhalten. Die militärische und sozialistisch-politische Allianz wurde 1973 gegründet, noch zwei Jahre vor dem Abzug Spaniens aus der Region. Sie führte auch nach der Besetzung Westsaharas durch Marokko und Mauretanien den Unabhängigkeitskampf fort. Der Besetzung ging ein Schiedsspruch des Internationalen Gerichtshofes voraus, der die marokkanischen und mauretanischen Ansprüche auf das Gebiet zurückwies. An den Plänen der Invasoren änderte dies allerdings nichts. Mit Mauretanien unterzeichneten die Polisarios 1979 ein Friedensabkommen, mit Marokko einigten sie sich 1991 nach jahrelangem Kampf immerhin auf einen Waffenstillstand. Da war der Berm aber schon fertig. Ganze sieben Jahre lang wurde er erweitert und 1987 schließlich die letzten Lücken geschlossen. Vor allem der marokkanische König Hassan II. hatte damit sein Ziel erreicht: das Land in einer Krisensituation hinter sich zu vereinen.

Seinen angeblich historischen Anspruch auf Westsahara sowie das Gebiet östlich des Berms gibt Marokko bis heute nicht auf – auch wenn es in krassem Widerspruch zum völkerrechtlich verankerten Selbstbestimmungsrecht der Völker steht. Früher sprach Rabat gar von den »saharischen Provinzen eines amputierten Marokkos«. Das Referendum über die Unabhängigkeit Westsaharas, das bereits seit den 1970ern hätte stattfinden sollen, gab es bis heute nicht. Ständige Streitpunkte waren dabei einerseits die Frage, ob lediglich über eine Autonomie innerhalb Marokkos oder die vollständige Unabhängigkeit abgestimmt werden sollte. Andererseits ging es um die Zusammensetzung der Wahlberechtigten und ob jene Sahrauis stimmberechtigt sein sollten, die aus wirtschaftlichen Gründen nach Algerien oder Marokko geflohen waren. Jegliche Wiederaufnahme der Gespräche scheiterte bislang. Und die marokkanischen Grenzsoldaten bewachen weiter Sandhügel.

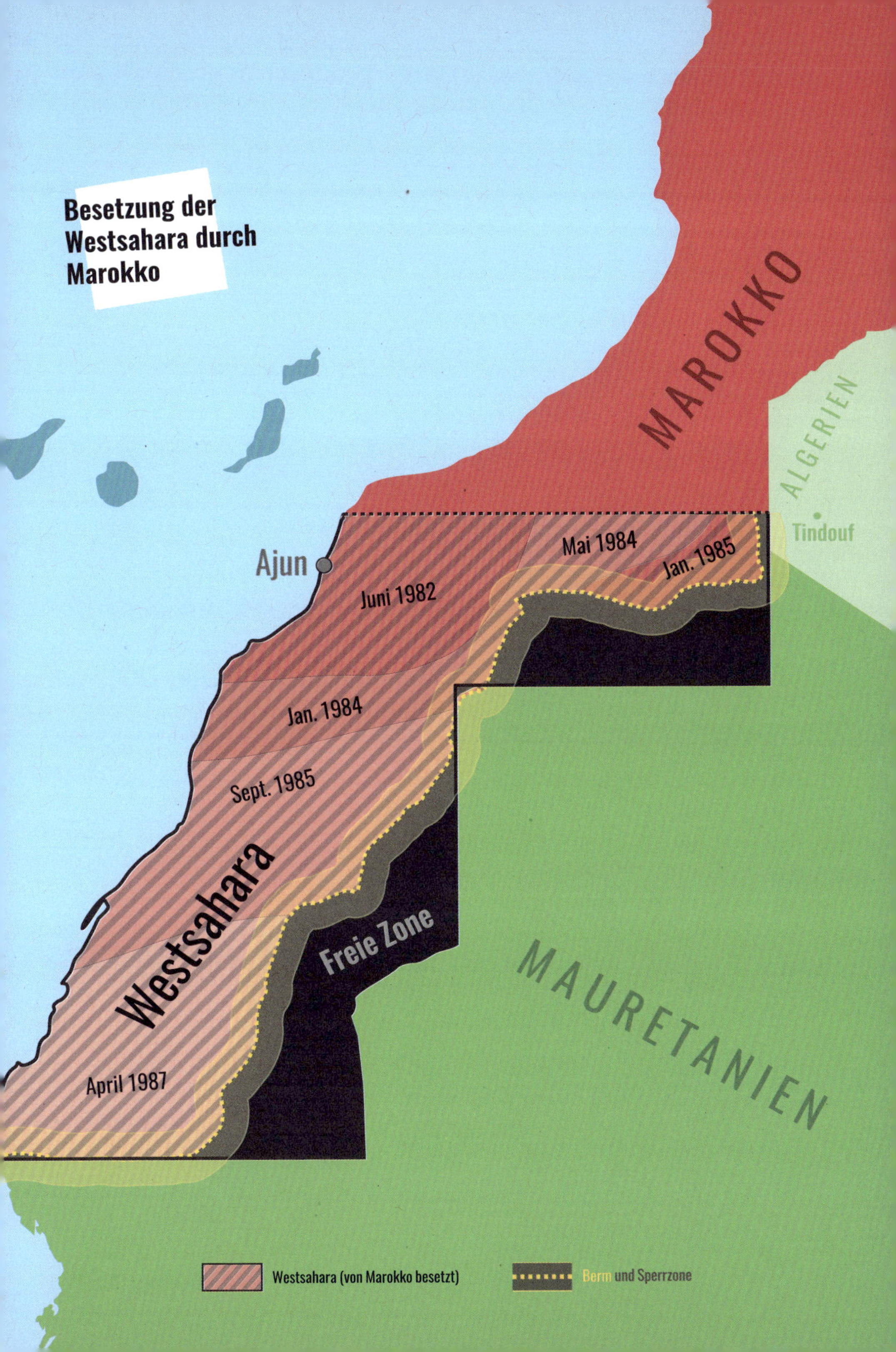

Besetzung der Westsahara durch Marokko
MAROKKO
ALGERIEN
Tindouf
Ajun
Juni 1982
Mai 1984
Jan. 1985
Jan. 1984
Sept. 1985
Westsahara
Freie Zone
April 1987
MAURETANIEN
Westsahara (von Marokko besetzt)
Berm und Sperrzone

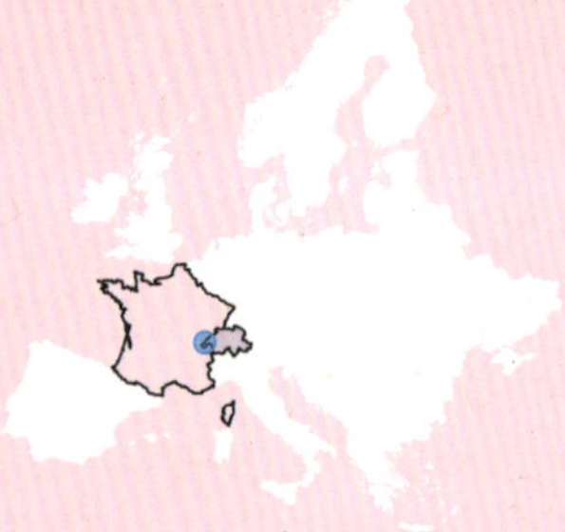

Zum Zähneputzen nach Frankreich

Dass sich mit internationalen Grenzen gutes Geld verdienen lässt, ist kein Geheimnis. Seit Jahrhunderten profitieren Menschen von Zolleinnahmen, dem Ausnutzen unterschiedlicher Steuersätze oder dem Verkauf des neuesten Sicherheitszubehörs, das beispielsweise Schmuggler ausfindig machen soll. Diese aber sind oftmals die wahren Profiteure von Grenzen. Ein Teilzeitschmuggler war es auch, der den Wert der schweizerisch-französischen Grenze westlich des Genfer Sees erkannte. Nach zwei Annexionsversuchen durch zwei verschiedene Napoleons erfolgte in der Region 1863 ein großer Gebietstausch. Der 25-jährige Franzose Ponthus nutzte die drei Monate zwischen der Einigung der beiden Länder Ende 1862 und dem Inkrafttreten des Vertrags für seinen Coup: Er errichtete auf seinem bislang unbebauten Grundstück in dem Städtchen La Cure ein dreistöckiges Gebäude – exakt auf der zukünftigen Trennlinie der Staaten. Er hätte gern noch höher gebaut, doch er ließ schon sämtliche verfügbaren Bauarbeiter auf seinem Stück Land zwischen der Rue de la Frontière und der Route de France arbeiten. Diese konnten gerade noch rechtzeitig das Dach schließen, bevor der Grenzvertrag gültig wurde. Das war nötig, damit das Haus als unantastbarer Altbestand galt, der durch die neue Grenze nicht verändert werden durfte. So entstand ein Haus, das in zwei Ländern zugleich steht.

SCHWEIZ
Rue de la Frontière
Route de France
Hôtel Arbez
FRANKREICH

Ponthus eröffnete zunächst einen Lebensmittelladen im Schweizer Drittel seines Gebäudes und ein Restaurant auf der anderen Seite. Der Geschäftsmann wusste die jeweiligen Steuervorteile geschickt auszunutzen und soll dem Vernehmen nach nicht alles richtig verzollt haben. Kurz: Er schmuggelte, was das Zeug hielt! Erst 1921 verkauften Ponthus' Nachkommen die mittlerweile in ein Hotel umgewandelte Liegenschaft an Jules-Jean Arbez. Seitdem heißt das geteilte Gasthaus »Hôtel Arbez Franco-Suisse«. Die Grenze trennt nicht nur dessen Speisesaal, den Flur sowie die Küche, sondern auch drei Zimmer und die Treppen, die zu den oberen Stockwerken führen. Weil die Treppen in Frankreich beginnen und in der Schweiz enden, konnten die Nazis während der Besetzung Frankreichs im Zweiten Weltkrieg nicht die oberen Etagen betreten. Denn das hätte einen Einmarsch in die neutrale Schweiz bedeutet. Die Familie Arbez nutzte diesen Umstand, um Hunderte Juden, Jüdinnen und Leute aus dem Widerstand auf die eine oder die andere Seite der Grenze zu schleusen oder in ihrem Hotel zu verstecken.

Wer die volle Grenzerfahrung machen möchte, sollte seinen Besuch in La Cure über den rund 30 Minuten entfernten Genfer Flughafen einleiten. Da auch dieser unmittelbar an der französisch-schweizerischen Grenze liegt und über zwei Ausgänge in zwei Länder verfügt, kann das fröhliche Grenzhopping bereits dort beginnen, ehe man in die Zimmer 6, 9 oder 12 des Arbez eincheckt. Während in Letzterem der genaue Verlauf der Grenzlinie unumstritten ist und ein Toilettenbesuch zwangsläufig einen Grenzübertritt nach Frankreich bedeutet, ist die Sache bei den Zimmern 6 und 9 unklar. So wird in zahlreichen Reiseblogs zwar gerne behauptet, dass sich der Kopf beim Schlafen in Frankreich befinde, während die Beine in der Schweiz lägen. Tatsächlich dürfte die Grenze aber knapp an der Wand entlang verlaufen, womit sich maximal der Haarscheitel in der Grande Nation befinden dürfte. Einen Pass braucht man im Hotel jedenfalls nicht. Als während der Coronakrise die Schlagbäume zwischen den Staaten runtergingen, soll sich deshalb der ein oder andere Ortsansässige durch das Hotel zu seinen Liebsten geschlichen haben. Der alte Ponthus wäre sicher stolz, dies zu hören. Vielleicht hätte er auch eine kleine Gebühr erhoben.

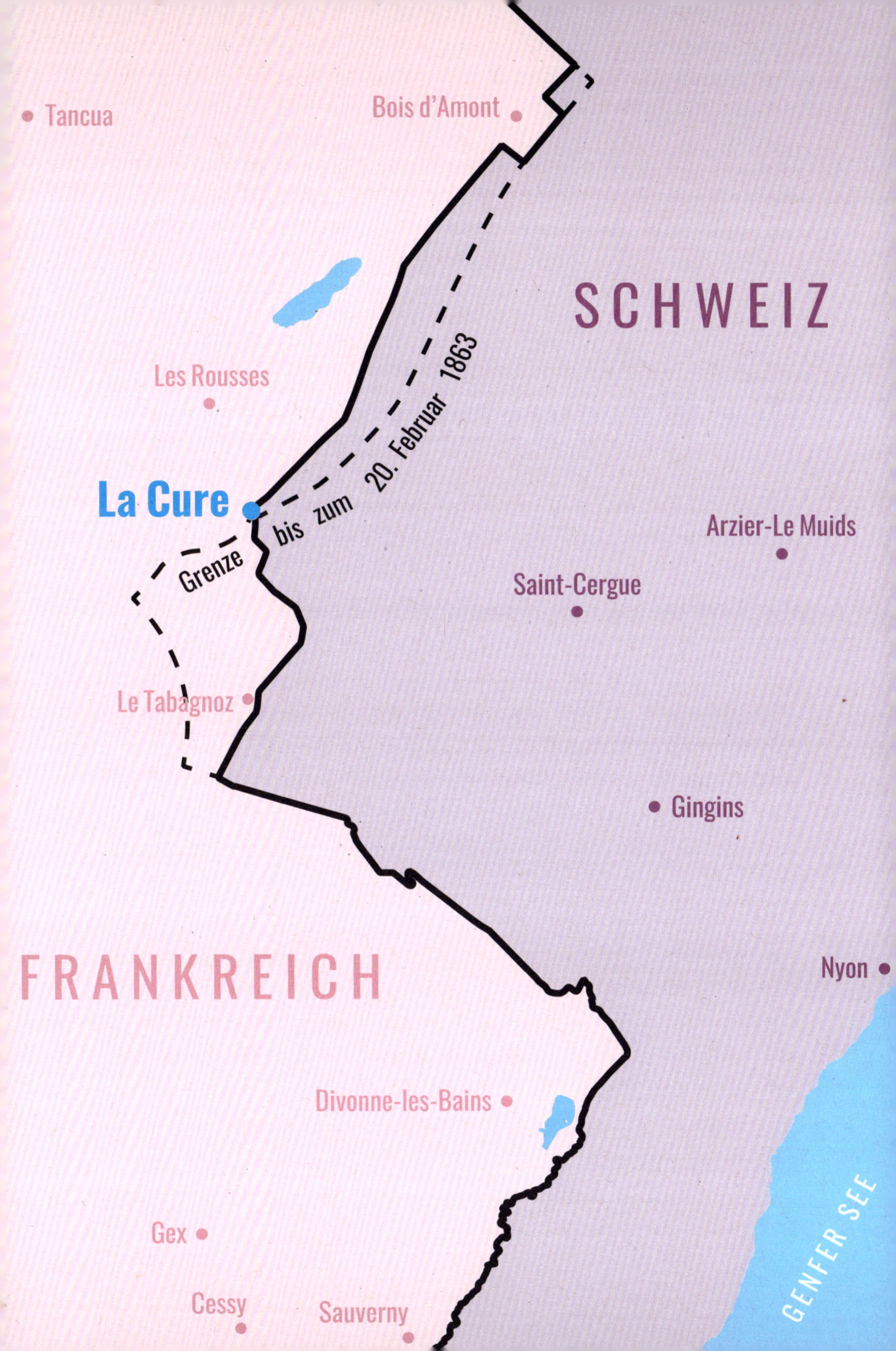

Tancua
Bois d'Amont
SCHWEIZ
Les Rousses
Grenze bis zum 20. Februar 1863
La Cure
Arzier-Le Muids
Saint-Cergue
Le Tabagnoz
Gingins
FRANKREICH
Nyon
Divonne-les-Bains
Gex
Cessy
Sauverny
GENFER SEE

Der Wasserstreit von Piran

Kaum zu glauben, dass in diesem Buch ein jahrzehntelanger Grenzstreit zwischen Slowenien und Kroatien beschrieben wird und es sich dabei nicht um dieses Durcheinander handelt.

30 Jahre nach ihren Unabhängigkeitserklärungen sind sich die beiden exjugoslawischen Staaten immer noch vielerorts uneins. Vor allem was die Seegrenzen in der nordöstlichen Adria betrifft. Die Bucht von Piran bleibt der große Zankapfel und Schauplatz eines recht außergewöhnlichen Konflikts. Er dreht sich eigentlich um Fischereirechte. Wie so oft in der Region geht es aber auch um sehr viel Nationalstolz.

Um den Streit zu verstehen, braucht es vorab einen Crashkurs in internationalem Seerecht: Jedem Küstenstaat stehen ausgehend von seiner Basislinie – einer Art begradigten Küstenlinie – zwölf Seemeilen (rund 22,2 Kilometer) an Hoheitsgewässern zu. Da ist der Staat alleiniger Chef. Darauf folgen weitere zwölf Seemeilen Anschlusszone. Da ist der Staat schon weniger Chef. 200 Seemeilen nach der Basislinie endet die Ausschließliche Wirtschaftszone (AWZ). Da ist der Staat nur noch in wirtschaftlichen Fragen Chef. Es sei denn, ein Staat kann beweisen, dass sich sein Festlandsockel unter dem Meer fortsetzt und einer Verlängerung des Kontinents entspricht. Dann ist der Staat aber nur mehr am Seeboden Chef. So weit die Theorie.

In der Praxis führt dies oft zu kniffligen Situationen. Bestes Beispiel ist das sogenannte **Erdnussloch** im Ochotskischen Meer im Nordwestpazifik. Ringsum von Russlands AWZ umschlossen, blieb einige Jahre lang ein riesiger, erdnussförmiger Flecken internationaler Gewässer übrig, in dem sich zahlreiche Fischkutter aus allen möglichen Ländern herumtrieben und die Seelachsbestände zum Ärger Moskaus drastisch reduzierten. Erst

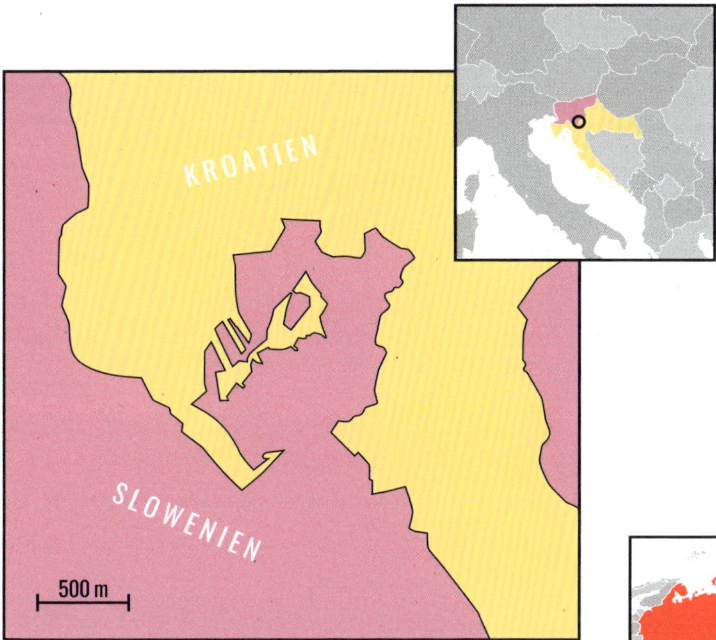
KROATIEN
SLOWENIEN
500 m

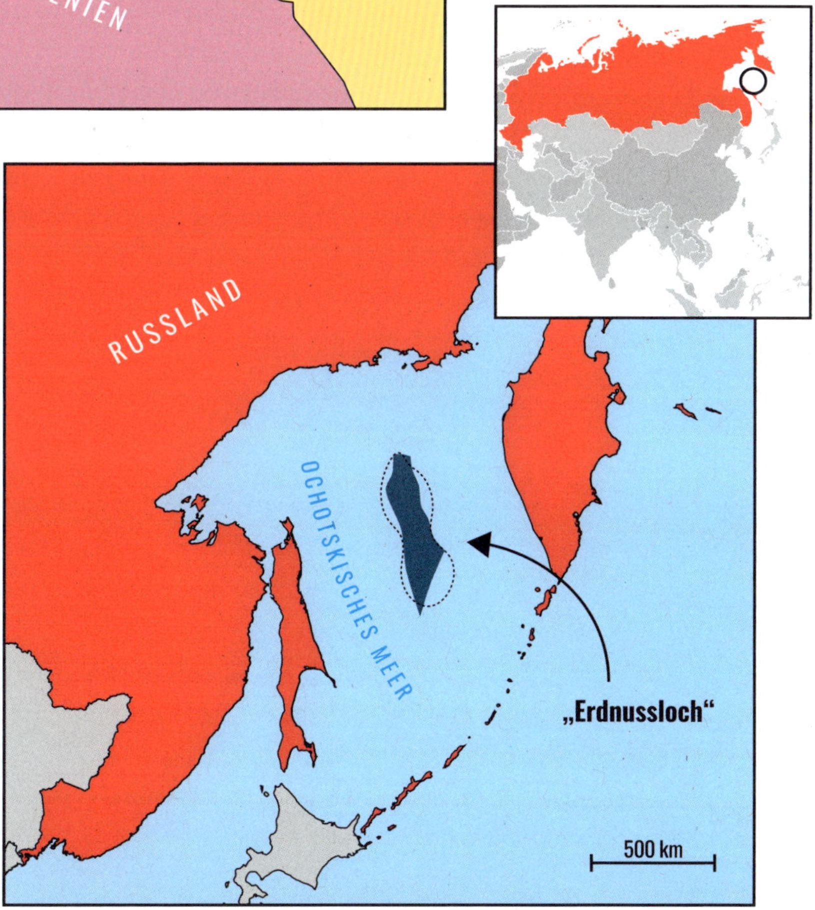
RUSSLAND
OCHOTSKISCHES MEER
„Erdnussloch“
500 km

als Russland der UNO beweisen konnte, dass sich der russische Festlandsockel auch unter dem Erdnussloch erstreckt, verschwanden die ausländischen Boote. Zwar wäre der Fischfang weiter legal gewesen, weil Moskau dort nur über den Seeboden herrscht, es wollte sich aber offenbar niemand direkt mit Russlands Marine anlegen.

Gerade in Buchten prallen die Ansprüche von Staaten regelmäßig aufeinander, deshalb gibt es das sogenannte Äquidistanzprinzip. Es besagt auf gut Deutsch: Wir treffen uns in der Mitte. Ausgenommen sind nur Fälle mit anderslautenden Verträgen oder historischen Ansprüchen. Slowenien erhebt Letztere bei der Bucht von Piran. Es fordert, dass sich die Meeresgrenze nach der Bucht westwärts fortsetzt, ehe sie auf die italienische Zone trifft – schließlich kontrolliere man diese Gegend schon ewig. Kroatien sieht das naturgemäß anders und fordert einen anderen Winkel ab der Mündung des Flusses Dragonja. Auf dem Spiel stehen mehrere Quadratkilometer Meer mit üppigen Fischbeständen.

Für den Fall, dass sich Staaten nicht einigen können, gibt es verschiedene Möglichkeiten: Sich an einen Tisch setzen und verhandeln, ein Gericht die Sache entscheiden lassen, sich die Schädel einschlagen oder jahrzehntelang darüber streiten und dabei nationalistische Ressentiments schüren. Slowenien und Kroatien probierten bisher fast alles aus – nur die kriegerische Auseinandersetzung blieb zum Glück aus. Eine vielversprechende Einigung der beiden Premierminister im Jahr 2001 wurde kurz darauf vom kroatischen Parlament niedergestimmt. 2007 beschloss man, die Sache in Den Haag ausjudizieren zu lassen.

Inmitten der jahrelangen Streitschlichtung gab es 2015 einen Skandal: Tonmitschnitte von geheimen Absprachen zwischen einem slowenischen Tribunalsrichter und der slowenischen Verhandlungsseite tauchten auf. Köpfe rollten und es wurde ohne slowenische und kroatische Richter weiterverhandelt. Eine Niederlage ahnend kündigte Zagreb an, das Ergebnis der Schlichtungsinstanz nicht anzuerkennen. Tatsächlich entschieden die Richterinnen und Richter in der Frage der Seegrenzen zugunsten Sloweniens. Es erhielt demnach weite Teile der Bucht sowie das Navigationsrecht für einen 2,5 Seemeilen breiten Korridor durch das kroatische Seegebiet, um internationale Gewässer erreichen zu können. Wenngleich Kroatien bei den Entscheidungen über die mitverhandelten Landgrenzen leicht profitierte, lehnt es das Urteil bis heute ab und hat seither wenig bis gar nichts zu dessen Umsetzung beigetragen.

Und so fahren heute noch Fischerboote beider Staaten in Begleitung der jeweiligen Seestreitkräfte in die Gewässer ein, die der unmittelbare Nachbar für sich reklamiert. Der Europäische Gerichtshof erklärte sich einstweilen für nicht zuständig. Kroatien will zurück an den Verhandlungstisch, Slowenien aber nicht. Die Hoffnung auf eine friedliche Lösung bleibt. Bis dahin werden noch Millionen von Fischen die unsichtbaren Meeresgrenzen zwischen Slowenien und Kroatien überschwimmen.

Zeit für ein bisschen Unlogik

Manchmal möchte man die Zeit ein paar Stunden zurückdrehen, etwas Gesagtes nie aussprechen oder eine verpasste Chance nutzen. Die schlechte Nachricht: Zeitreisen sind immer noch nicht erfunden. Die gute: Zumindest seine Uhr kann man zurückdrehen. Wer sie möglichst weit zurückstellen möchte, ohne ein Flugzeug oder Boot zu betreten, macht dies am besten am Wachdschir-Pass zwischen Afghanistan und China. Der offizielle Zeitsprung beträgt hier ganze dreieinhalb Stunden mit einem einzigen Schritt. Es ist die größte Zeitdifferenz an einer Landgrenze weltweit. Sie entstand, weil Mao Zedong bei seiner Machtübernahme die Pekinger Zeit als Einheitszeit im drittgrößten Land der Erde etablierte. Im Westen Chinas ist es dadurch bei Sonnenaufgang mehr als vier Stunden später als im Osten des Landes. Manche Regionen verwenden inoffiziell deshalb eine andere Zeit. Andere haben einfach ihr Leben komplett umgestellt. Statt »nine to five« arbeitet man dort »eleven to seven«.

Die Überquerung der Zeitsprung-Grenze ist in der Praxis aber durchaus kompliziert. Der Pass liegt einerseits in einer brutal entlegenen Region, die nur über eine mühsame Wanderung auf knapp 5.000 Meter Meereshöhe oder auf dem Rücken von Maultieren erreichbar ist. Andererseits ist der Grenzübergang für Reisende seit einigen Jahren geschlossen, weil China die Infiltrierung seiner westlichen Landesteile durch islamistische Extremisten fürchtet. Doch beides könnte sich in Zukunft ändern, weil China das geopolitische Nadelöhr namens Wachankorridor im Rahmen der »Neuen Seidenstraße« wirtschaftlich wiederbeleben möchte. Dafür baut es eine Straße sowie Rohstoffleitungen. Auch der militärische Aspekt der schnel-

+3
+4
+5
+6
+7
+8
+9
+10
+9
+4
+4
+7
+10
+6
+4
+8
+5
AFGHANISTAN
CHINA
+8
+4½
+3½
+5
+5¾
+5½
+5½
+6½
+7
+3
+4
+5
+6
+7
+8
+9

leren Mobilisierungsmöglichkeit chinesischer Truppen in Zentralasien spielt eine wichtige Rolle. Der absurd anmutende Pfannenstiel ist das Ergebnis eines geopolitischen Großmächtekonflikts. Der 300 Kilometer lange und zwischen 17 und 60 Kilometer breite Streifen fungierte seit 1893 als Puffer zwischen dem russisch kontrollierten Zentralasien und Britisch-Indien. Heute trennt er Tadschikistan von Pakistan.

Britisch-Indien war früher übrigens Weltmeister der Zeitsprungkuriositäten. Während der Kolonialzeit machte man weder vor abweichenden Minuten noch Sekunden halt und unterschied zwischen Bombay Time (UTC +04:51), Madras Time (UTC +05:21:14), Calcutta Time (UTC +05:53:20) und Port Blair Time (UTC +06:10:37). Das machte das Uhrenstellen für Reisende quasi zu einer unmöglichen Aufgabe. Weil jeder Staat und teils dessen Unterregionen ihre eigene Zeit aussuchen dürfen, gibt es aber auch heute noch zahlreiche Abweichler von einer logischen Aufteilung der Welt in 24 Zeitzonen für die 24 Stunden eines Tages. Tatsächlich gleicht die Zeitzonenkarte der Welt mehr einem Flickenteppich als einem stimmigen Diagramm. Nepal etwa addiert fünf Stunden und 45 Minuten zur Koordinierten Weltzeit (UTC) hinzu. Berechnungen hatten ergeben, dass die Sonne in Nepal im Schnitt 5:41:16 Stunden, bevor sie das in Greenwich tut, im Zenit steht, und diese Zeit kommt dem am nächsten.

Im Westen Australiens werden zur UTC acht Stunden addiert und im Osten zehn. Nun würde man davon ausgehen, dass die mittlere Zeitzone UTC +09:00 Stunden verwendet. Weil Logik bei Zeitgrenzen aber nicht zwingend die Regel ist, nutzen Adelaide und Co. UTC +09:30. Da nicht alle Regionen auf die Sommerzeit umstellen und das 53-Seelen-Nest Eucla sowie einige kleinere Siedlungen entlang des südlichen Eyre Highways inoffiziell noch immer UTC +08:45 verwenden, gibt es in Australien einige Monate lang sechs verschiedene Zeitzonen. Eucla war einst ein wichtiger Telegrafenstandort. Weil sowohl Männer aus Süd- als auch Westaustralien dort arbeiteten und diese immer durcheinanderkamen, entschieden sie sich für die Zeit in der Mitte der beiden Zeitzonen. Deshalb haben das Dorf

und weitere Telegrafenstandorte noch heute einen dreiviertelstündigen Vorsprung vor Perth.

Russlands elf Zeitzonen dagegen sind etwas koordinierter. Eine zwischenzeitliche Reduzierung auf neun im Jahr 2011 wurde nach Protesten zurückgezogen. Um bei elf Zeitzonen nicht durcheinanderzukommen, ist der gesamte russische Bahnverkehr auf Moskauer Zeit abgestimmt. Die coolste Gelegenheit für einen Zeitsprung bietet sich übrigens zwischen Spanien und Portugal. Dort katapultiert eine Seilrutsche Passagiere eine Stunde zurück.

Coordinated Universal Time (UTC)
-11
-10
-9
-8
-7
-6
-5
-4
-3
-2
-1
0
0
-3½
0
+13
+14
-9½
-11
-10
-9
-8
-7
-6
-5
-4
-3
-2
-1
0
1:00
2:00
3:00
4:00
5:00
6:00
7:00
8:00
9:00
10:00
11:00
12:0

+2
+3
+4
+5
+6
+7
+8
+9
+10
+11
+12
-12
+10
-9
+4
+4
+6
+10
-10
+4
+4
-12
+8
+3 1/2
+4 1/2
+5 3/4
-11
-10
+9
+5 1/2
+6 1/2
+5 1/2
+5 1/2
-12
+6
+13
+6 1/2
+9 1/2
+10 1/2
+12 3/4
+2
+3
+4
+5
+6
+7
+8
+9
+10
+11
+12
-12
14:00
15:00
16:00
17:00
18:00
19:00
20:00
21:00
22:00
23:00
24:00
00:00

Guyana
Suriname
Französisch-
Guayana
Paramaribo
ATLANTIK
Maroni
Cayenn
SURINAME
FRANZÖSISCH-
GUAYANA
Lawa
Tapanahony
Oelemari
Palumeu
Litani
Marowini
BRASILIEN

Die goldenen Grenzen Guayanas

In fast jeder Beschreibung Südamerikas werden Guyana, Suriname und Französisch-Guayana nur beiläufig erwähnt, wenn sie überhaupt auftauchen. Bei den drei Ländern an der Nordküste handelt es sich eigentlich um die Geschichte dreier Guayanas und – wie könnte es anders sein – um eine Geschichte kolonialer Ausbeutung durch Europas Kolonialmächte. Was heute zwei unabhängige Staaten und ein französisches Überseedepartement sind, waren früher, von West nach Ost: Britisch-Guayana, Niederländisch-Guayana und Französisch-Guayana. Das Wort »Guayana« bedeutet »Land der vielen Gewässer«. Ironie des Schicksals, dass just die Gewässer der Region für die anhaltenden Grenzdispute Surinames mit seinen Nachbarn verantwortlich sind.

Das Problem im Osten: In den 1860ern wollte Frankreich von den niederländischen Nachbarbesatzern den genauen Grenzverlauf wissen. Beiden war klar, dass der Fluss Maroni die Grenze in Richtung der Küste darstellte. Dieser hat aber zwei Quellflüsse. Es galt herauszufinden, welcher Zufluss den Maroni mit mehr Wasser speist, welcher Fluss also der dominante Quellfluss ist. Eine gemeinsame Kommission machte sich daraufhin ans Messen und stellte unbestritten fest, dass der Lawa deutlich mehr Wasser führe als der Tapanahony, womit die Frage nach dem Grenzverlauf geklärt schien. Im Land der vielen Gewässer wird jedoch auch der Lawa von zwei großen Strömen gespeist – dem östlich gelegenen Marowini, der Suriname mehr Land zusprechen würde, und dem weiter westlich verlaufenden Litani, der Landgewinne für Französisch-Guayana einbrächte. Die Frage nach dem Quellflussquellfluss ist bis heute ungeklärt, wenngleich zahlreiche Fachleute im Falle eines gerichtlichen Schiedsspruchs eher Französisch-Guayana im Vorteil sehen.

Die Grenzfrage sorgt für umso mehr verbale wie auch militärische Auseinandersetzungen, seit sich gegen Ende des 20. Jahrhunderts der Ansturm auf das Gold in den Regenwaldgebieten intensivierte. In den vergangenen Jahren nahm der Abbau etwa

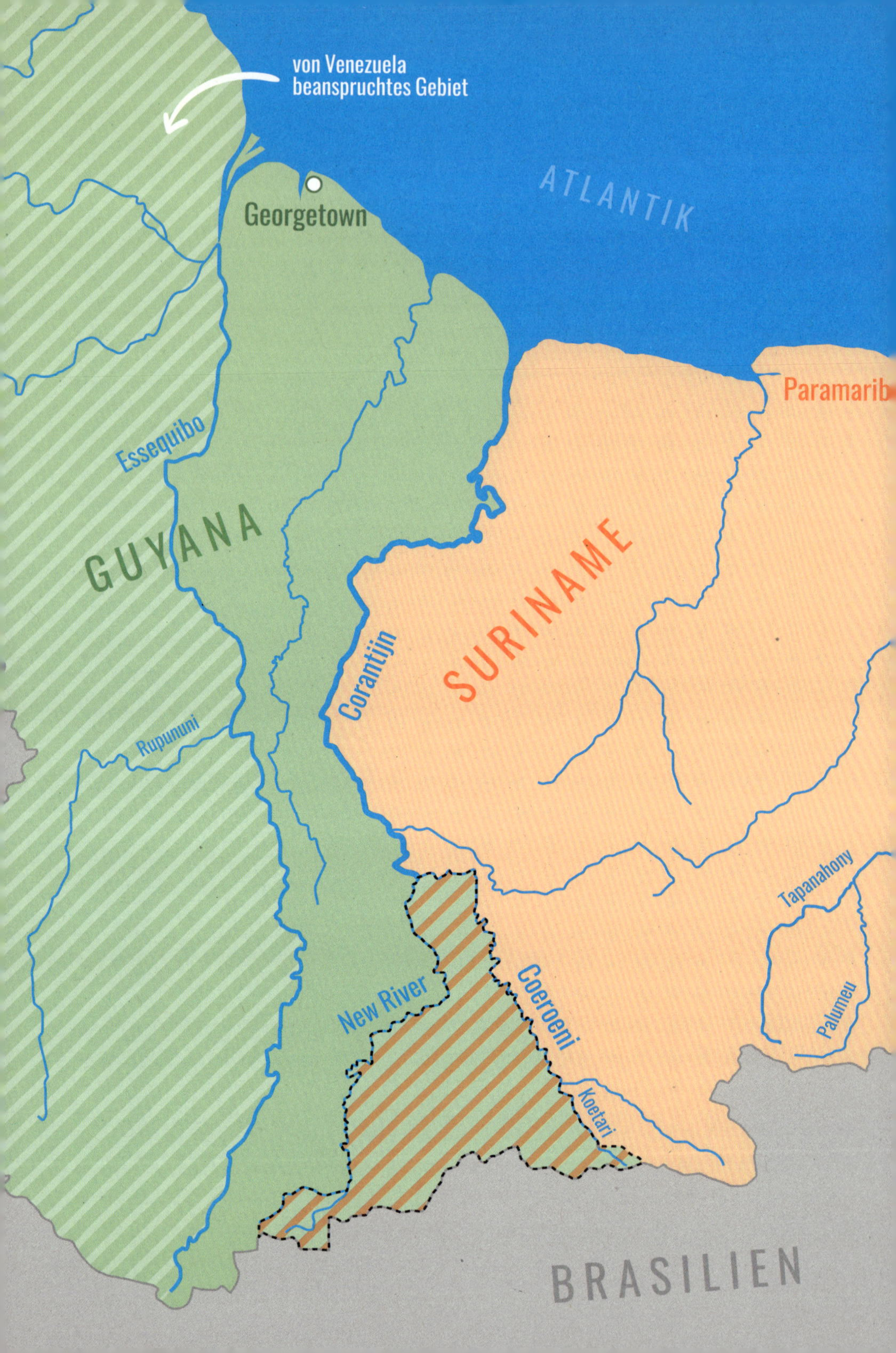

von Venezuela beanspruchtes Gebiet
Georgetown
ATLANTIK
Paramarib
Essequibo
GUYANA
SURINAME
Corantijn
Rupununi
Tapanahony
New River
Coeroeni
Palumeu
Koetari
BRASILIEN

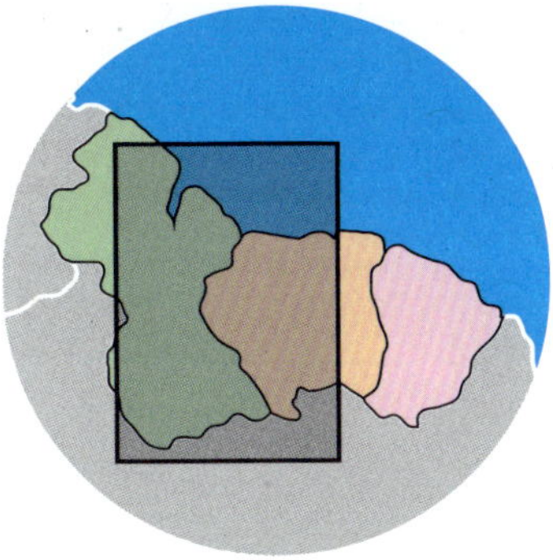

in gleichem Ausmaß zu, wie der Goldpreis stieg. In großindustriellen, aber zusehends auch kleinen Anlagen wird oft illegal nach dem Edelmetall geschürft. Dabei nutzen die Goldsuchenden vor allem auch die Flüsse. Zur Gewinnung des begehrten Rohstoffs wird regelmäßig Quecksilber eingesetzt, das Mensch und Natur gleichermaßen schädigt. Forschungen zeigen, dass jährlich bis zu 20 Tonnen davon im Ökosystem der Region landen. Wiederholt schon ist Französisch-Guayana gegen die Goldschürfer vorgegangen und hat deren Ausrüstung vernichtet.

Das Problem im Westen: ebenfalls ein Fluss. Der Corantijn markiert den Großteil der Grenze. Untypisch ist dabei, dass sie nicht entlang der tiefsten Stelle im Flussbett – des sogenannten Talwegs – verläuft, sondern entlang des westlichen Ufers. Diese Grenzziehung wurde vom Internationalen Gerichtshof bestätigt. Suriname kontrolliert somit rechtmäßig den kompletten Flussverkehr und dessen Rohstoffe. Der Ständige Schiedshof urteilte auch über die Grenzen im ressourcenreichen Meer vor der gemeinsamen Küste und sprach Guyana dabei fast doppelt so viel des umstrittenen Gebiets zu wie Suriname. Ähnlich wie im Osten gibt es auch hier unterschiedliche Auffassungen über den dominanten Quellfluss. Suriname sieht den Verlauf im Süden entlang des New River als Quellfluss, Guyana sieht ihn entlang des Coeroeni und des Kutari. Was bleibt, ist ein umstrittenes Dreieck, das mit seinen rund 14.000 Quadratkilometern ungefähr die Größe Osttimors oder Schleswig-Holsteins besitzt. Auf Landkarten beider Länder wird das Gebiet dem jeweils eigenen Territorium zugeschlagen – ist ja klar. Ginge es nach dem westlichen Nachbarn Venezuela, würde Guyana übrigens selbst mehr als die Hälfte seines Territoriums verlieren. Streitpunkt auch hier: eine Flussgrenze.

Niemandswasser Bodensee

Der Bodensee hat alle Zutaten für einen veritablen Grenzstreit. Er ist relativ groß, liegt inmitten eines wunderschönen Naherholungsgebiets, birgt prächtige Fischbestände, womöglich sogar Öl- und Gasvorkommen – und die Grenzen zu den drei Anrainerstaaten sind nicht festgelegt. Nur: Es passiert nichts! Kein Krieg, keine kleineren Konflikte, nicht mal eine handfeste Diskussion. »Es läuft auch ohne ganz gut«, heißt es von sämtlichen offiziellen Stellen unisono, wenn wieder einmal eine Lokalzeitung den genauen Grenzverlauf ausfindig machen möchte.

Was geregelt werden muss, wurde verschriftlicht, etwa die Zuständigkeiten im Schiffsverkehr. Wer hält einen fahrlässig agierenden Kapitän an, wer kontrolliert einen Bootsschein? Seit 1973 gibt es ein Abkommen über die Schifffahrt. Einige Jahre zuvor einigten sich Deutschland, Österreich und die Schweiz bereits darauf, dass ab 750 Liter aus dem See entnommenem Wasser pro Sekunde die Zustimmung der anderen beiden nötig ist. Berufsfischer müssen eine Zulassung erwerben und im Katastrophenfall hilft einfach jener Staat zuerst, der als erster den Notruf empfängt. Die Zuständigkeit bei Straftaten ergibt sich nach der Flagge, unter der das Schiff fährt. Natürlich gibt man sich aber auch hier pragmatisch: Wenn etwa eine deutsche Seglerin unter Schweizer Flagge in österreichischem Zuständigkeitsbereich eine Straftat begeht, werden zunächst die österreichischen Behörden einschreiten, ehe sie an die Eidgenossen übergeben. Es scheint also eigentlich eh das meiste geregelt, nur Anfang und Ende des Staatsgebiets eben nicht – zumindest im Obersee.

Im deutlich kleineren Untersee gilt es als unbestritten, dass Österreich dort nichts verloren hat. Deutschland und die Schweiz teilen ihn sich. Im Zweiten Weltkrieg hatte das konkrete Auswirkungen. Im Winter 1940 fror der Untersee zu und die Schweizer Armee schnitt eine fünf Meter breite Schneise ins Eis, um Flüchtlinge abzuhalten.

Einige Kilometer westlich des Untersees liegt übrigens eine weitere Grenzkuriosität:

die deutsche Exklave Büsingen am Hochrhein. Jene Gemeinde, die sich 1918 per Volksentscheid der Schweiz anschließen wollte, von den Eidgenossen aber abgelehnt wurde, weil sie keine geeignete Tauschfläche fanden.

Für eine etwaige Grenzziehung im Obersee existieren im Grunde drei verschiedene Ansätze: Österreich ist mit 28 von 273 Kilometern der Anrainerstaat mit dem kürzesten Ufer und würde am meisten vom unwahrscheinlichen Szenario profitieren,

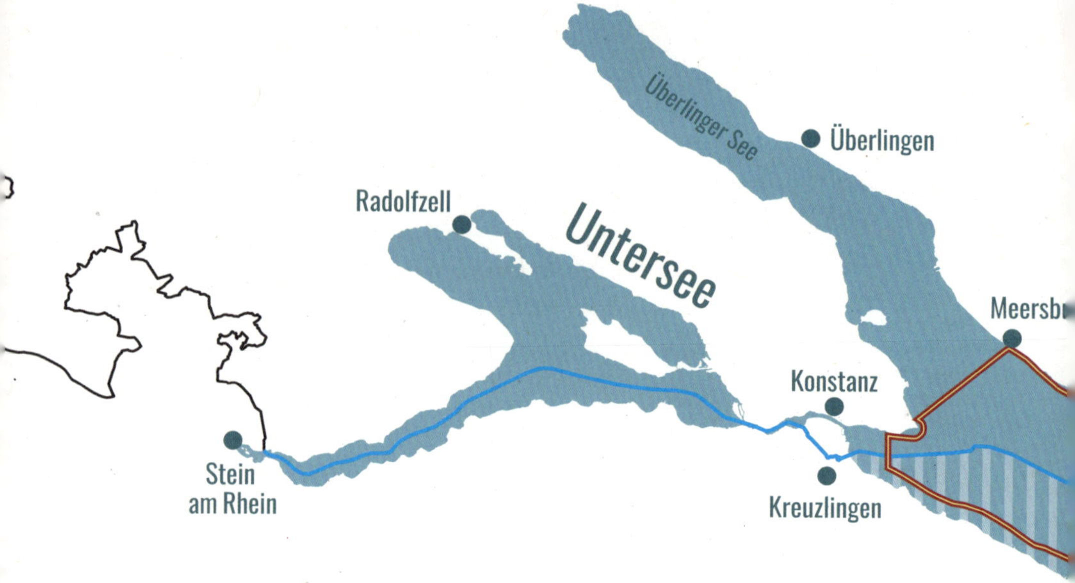

wonach der gesamte Bodensee gemeinschaftlich genutzt würde. Die Schweiz, die mit 72 Kilometern mehr als doppelt so viel Ufer besitzt, tendiert zur sogenannten Realteilungstheorie. Diese würde jenen Anrainerstaaten Teile des Sees zusprechen, deren Fläche sich proportional aus der Küstenlänge ergibt. Größter Profiteur davon wäre Deutschland, das aber keine offizielle Meinung zum Grenzverlauf im Bodensee hat. Einen Mittelweg bietet die Haldentheorie, wonach jeder sein Ufergebiet bis zu einer Tiefe von 25 Metern kontrolliert und der tiefe See als Kondominium geteilt wird. Diese Methode entspricht am ehesten der aktuell praktizierten Lösung und gewinnt immer mehr an Unterstützung.

Immer wieder gibt es aber auch Provokateure, die die friedlichen Anrainerstaaten gegeneinander aufwiegeln wollen. Doch die lassen sich nicht aus der Ruhe bringen, nicht als Privatpersonen versuchten, auf Kaffeefahrten zollfreie Ware anzubieten, oder ein Vorarlberger wiederholt bayerische Fischernetze konfiszierte. Am Bodensee bleibt man tiefenentspannt und macht weiter so wie bisher – auch ohne Grenzen.

Bodensee

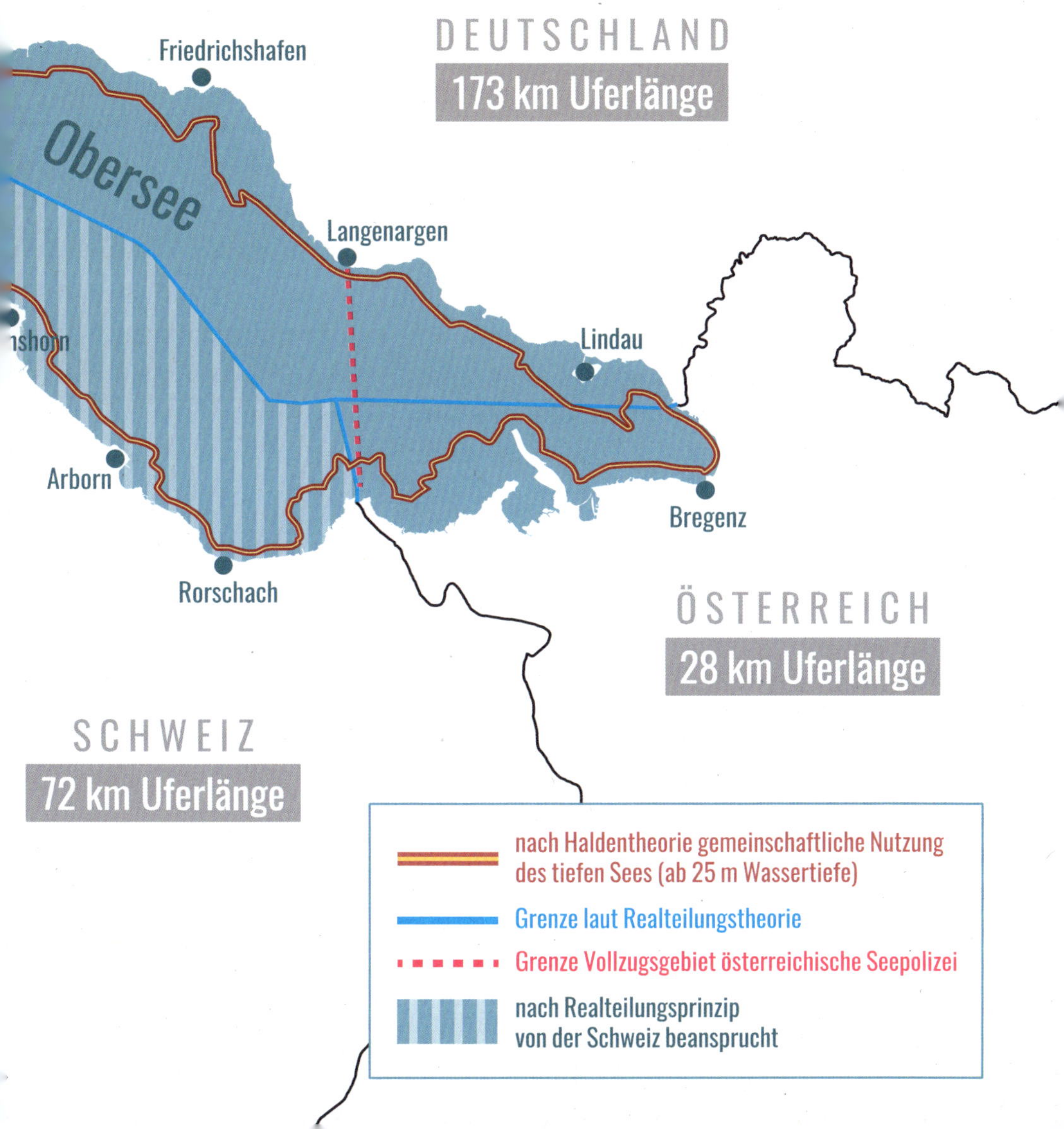
DEUTSCHLAND
173 km Uferlänge
Friedrichshafen
Obersee
Langenargen
Lindau
Arborn
Rorschach
Bregenz
ÖSTERREICH
28 km Uferlänge
SCHWEIZ
72 km Uferlänge
nach Haldentheorie gemeinschaftliche Nutzung des tiefen Sees (ab 25 m Wassertiefe)
Grenze laut Realteilungstheorie
Grenze Vollzugsgebiet österreichische Seepolizei
nach Realteilungsprinzip von der Schweiz beansprucht

Für immer grenzenlos?

Der 60. südliche Breitengrad ist ein ganz besonderer. Er ist einer der wenigen Breitengrade, auf denen eine Weltumsegelung möglich ist, ohne dass Reisende dabei auf Festland treffen. Noch dazu bildet der 60. seit rund 60 Jahren die nördliche Grenze der Antarktis. Im deutschen Sprachgebrauch herrscht um die Antarktis einigermaßen große Verwirrung, das liegt auch an den unterschiedlichen Definitionen von Ozeanografinnen, Geografen und der Politik. Gemeint ist meist sowohl der Kontinent, der eigentlich Antarktika heißt, als auch das komplette Eis, das auf oder um ihn herum wächst, ruht oder schmilzt – je nach Jahreszeit. Und das Südpolarmeer gehört auch noch zur Antarktis. Zumindest laut der 60-Grad-Süd-Grenze, die der Antarktisvertrag festlegt – ein Abkommen darüber, dass der unbewohnte Kontinent nur friedlich genutzt werden soll.

Im Antarktisvertrag von 1961 steht übrigens kein einziges Mal das Wort »Grenze«. Ist der Südkontinent also tatsächlich frei von jeglichen Besitzansprüchen? Handelt es sich bei Antarktika wirklich um das einzige Gebiet der Erde, wo die Menschheit gemeinschaftlich zusammenarbeitet? Um das ökologische Gleichgewicht zu wahren, die internationale Kooperation zu fördern und die wissenschaftliche Erforschung zu unterstützen, wie es im Vertrag heißt? Ganz so einfach ist die Sache freilich nicht. Sieben Staaten stellten bis zur Vertragsunterzeichnung offiziell Gebietsansprüche: Argentinien, Australien, Chile, Frankreich, Neuseeland, Norwegen und das Vereinigte

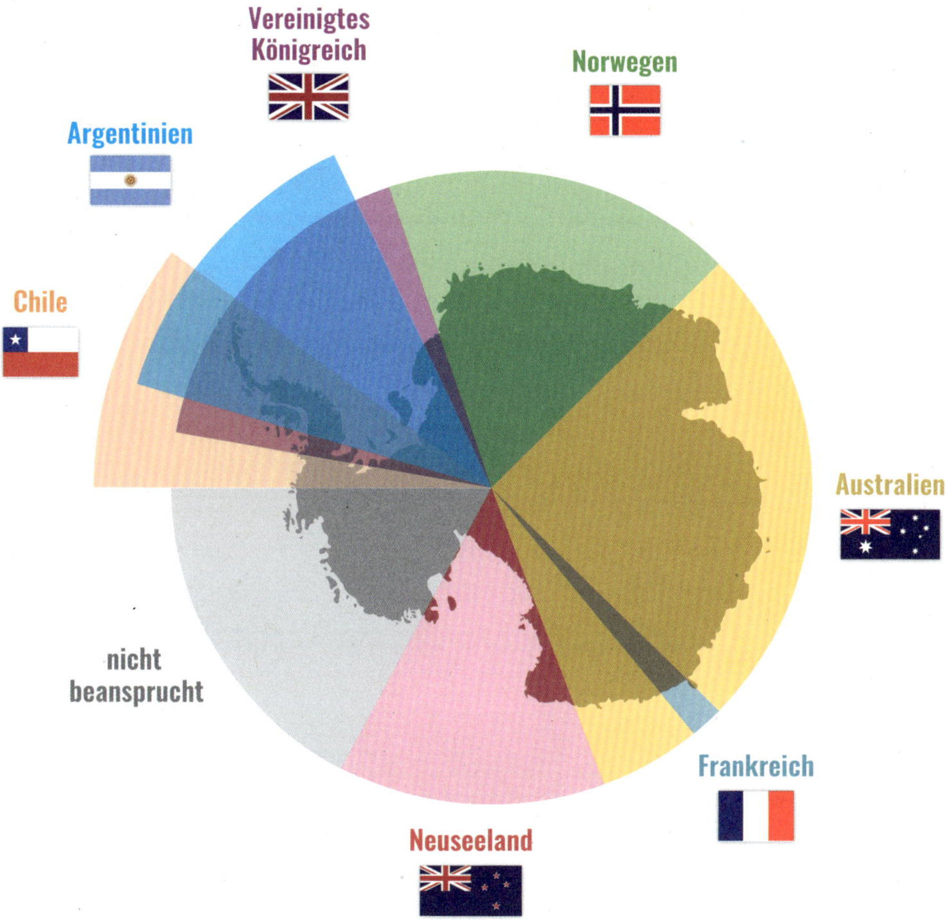
Vereinigtes Königreich
Norwegen
Argentinien
Chile
Australien
nicht beansprucht
Frankreich
Neuseeland

Königreich. Trotz des Abkommens haben sie ihre tortenstückförmigen Ansprüche in Richtung des Südpols nicht gänzlich aufgegeben. Sie legten sie lediglich auf Eis. Dafür aber müssen sich alle anderen damaligen, bisherigen und künftigen Unterzeichnerstaaten – derzeit knapp 50 – verpflichten, von weiteren Gebietsansprüchen abzusehen. Auch dürfen bestehende Ansprüche nicht vergrößert werden. Die USA und Russland protestierten dagegen. Sie wollen sich bis heute die Option auf ein Stück Antarktis nicht nehmen lassen. Und auch Brasilien hat eine »Interessenzone« definiert. Für die Supermächte geht es um viel. Wäre Antarktika ein Land, wäre nämlich nur Russland größer.

Reine Ansprüche machen aber noch keine international anerkannten Grenzen. Generell erkennen nur jene Staaten die gegenseitigen Ansprüche an, deren Sektoren sich nicht überlappen. Außer den antarktischen Sieben und den Sonderfällen USA, Russland und Brasilien akzeptiert überhaupt kein Staat die Inbesitznahme des Kontinents, der flächenmäßig fast doppelt so groß ist wie Australien. In der Antarktis mitreden darf allerdings nur, wer den Vertrag unterzeichnet und zudem eine permanente Forschungsbasis in der Region betreibt. Das tut etwa China immer intensiver. Peking investiert dort so viel Geld in die Forschung wie kein anderer Staat. Einige sehen das positiv, andere als Vorbereitung zukünftiger Ansprüche der aufstrebenden Supermacht.

Was manchen Antarktisliebhabern ebenfalls Sorgenfalten auf die Stirn treibt, ist die wachsende Zahl der Mitglieder des Antarktisvertrags. Weil Beschlüsse einstimmig gefasst und immer mehr Interessen unter einen Hut gebracht werden müssen, leide oft die Umsetzung großer Vorhaben zum Schutz der Region. In der Antarktis lagern rund 70 Prozent der weltweiten Süßwasserreserven und riesige Vorkommen an Öl, Gas und Mineralien. Der Ressourcenkampf droht so richtig auszubrechen, wenn 2048 das Madrid-Protokoll ausläuft, das umfassendste Abkommen zum Schutz der Antarktis. Auf seine Verlängerung müssten sich alle Unterzeichnerstaaten einigen. Bis dahin schmilzt unter den Folgen des Klimawandels in den warmen Monaten weiterhin sehr viel Eis. Würde theoretisch in ein paar Tausend Jahren alles Eis auf Antarktika abschmelzen, stiege der Meeresspiegel übrigens um mehr als 60 Meter. Aber schon ein Bruchteil davon macht Küstenstädten weltweit riesige Probleme. Nicht zuletzt deswegen ist wichtig, was jenseits des 60. südlichen Breitengrades geschieht.

Antarktika wäre der zweitgrößte Staat der Welt

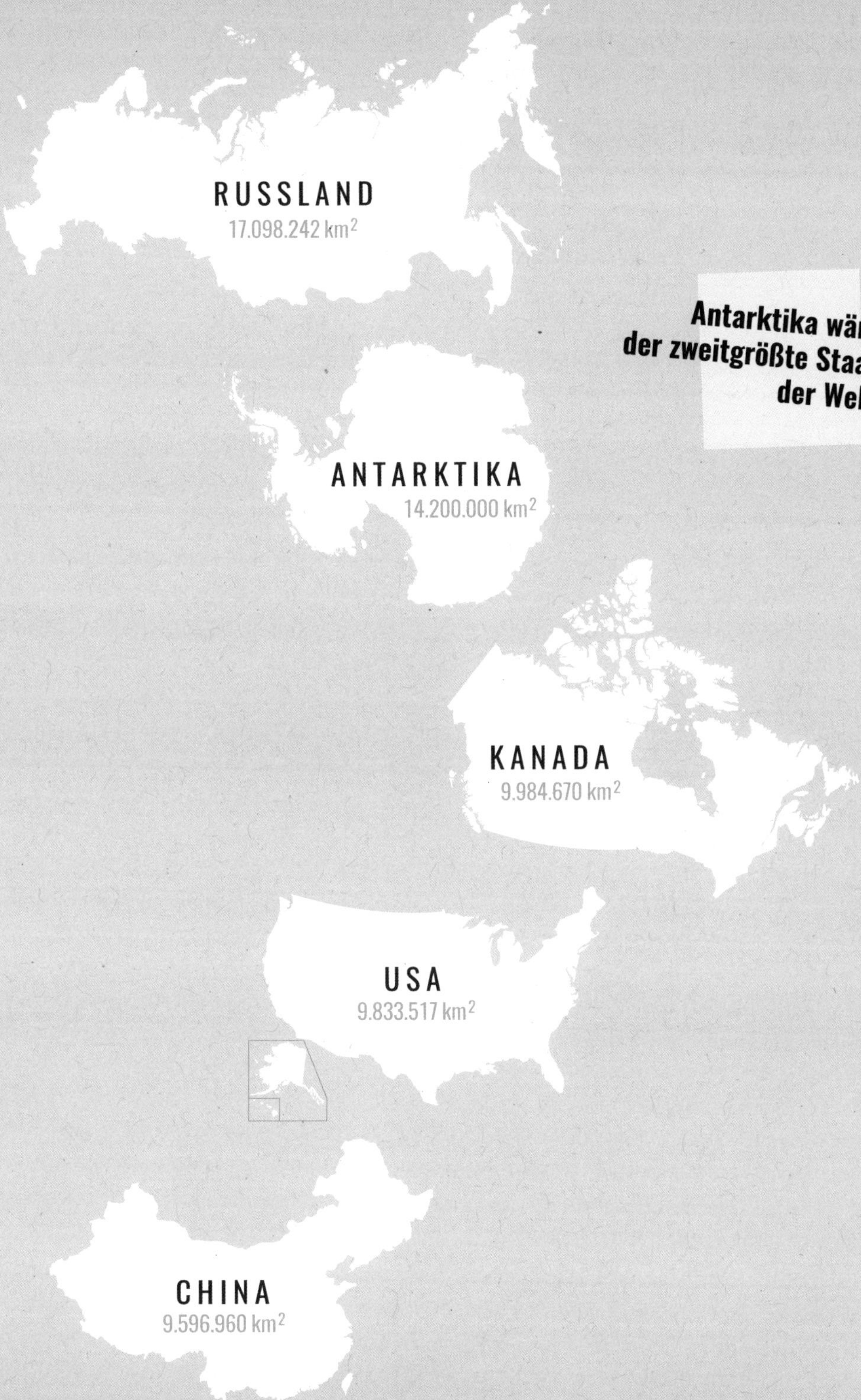

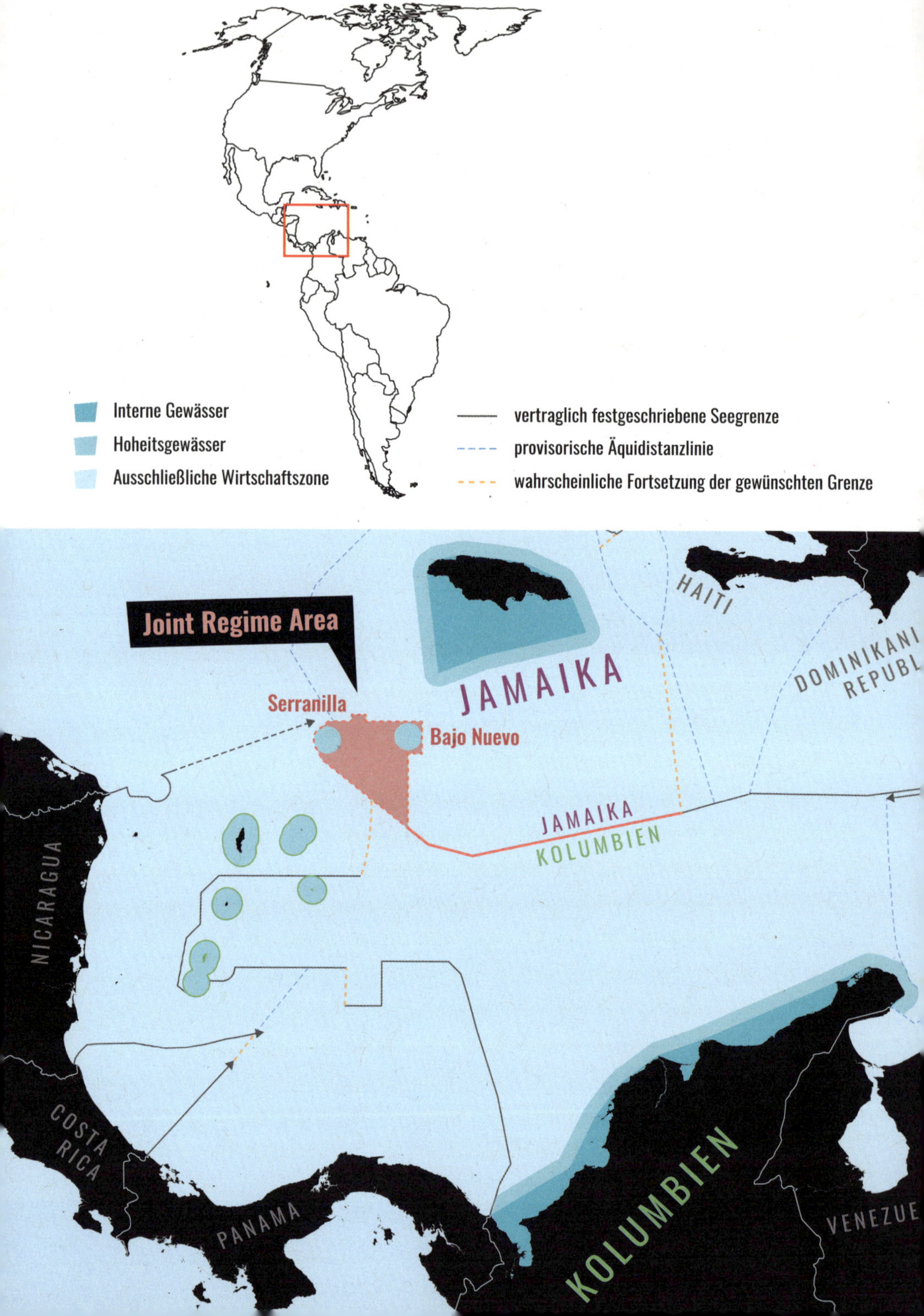
Interne Gewässer
Hoheitsgewässer
Ausschließliche Wirtschaftszone
vertraglich festgeschriebene Seegrenze
provisorische Äquidistanzlinie
wahrscheinliche Fortsetzung der gewünschten Grenze
Joint Regime Area
Serranilla
Bajo Nuevo
JAMAIKA
HAITI
DOMINIKANI
REPUBL
JAMAIKA
KOLUMBIEN
NICARAGUA
COSTA
RICA
PANAMA
KOLUMBIEN
VENEZUE

Seltene Eintracht im Meer

Nicht jede Grenzstreitigkeit muss auf dem Schlachtfeld ausgetragen werden. Es muss auch nicht immer einer mehr Recht haben als der andere und alles für sich beanspruchen. Warum nicht mal ein Gebiet teilen? Zugegebenermaßen war dies in der Geschichte selten der Fall. Sehr selten sogar. Staaten versuchen zumindest, rational zu handeln, und das macht sie ziemlich egoistisch. Sie teilen nicht gerne, sobald es für sie etwas zu holen gibt – weder Land noch Wasser. Selbst für die Hochsee, die allen und damit niemandem exklusiv gehört, braucht der Mensch eine regulierende Behörde, die eingreift, Ökosysteme schützt und eine komplette Ausbeutung verhindert. Die Internationale Meeresbodenbehörde im jamaikanischen Kingston ist die Hüterin jener Bodenschätze der Tiefsee in internationalen Gewässern. Also der Zonen, die außerhalb der Ausschließlichen Wirtschaftszonen (AWZ) und Erweiterten Festlandsockel der Staaten liegen. Sie kümmert sich um das »gemeinsame Erbe der Menschheit« und prüft alle Pläne für Rohstoffabbau. Oftmals vergibt sie dann nur Forschungslizenzen.

Wenn die Betreuung einer Fläche teuer und ein gemeinschaftliches Verwalten wirtschaftlich ist, lassen sich Staaten mitunter aber doch überreden, zu teilen – falls denn das gegenseitige Vertrauen hoch genug ist. Gemeinsame Luftraum- oder Küstenüberwachungen mancher NATO-Staaten sind Beispiele dafür. Ein Stück des eigenen Hoheitsgebietes herzugeben oder gemeinsam zu verwalten, ist aber freilich noch mal eine ganz andere Sache. Solche gemeinschaftlich genutzten Gebiete werden Kondominien genannt. Davon gibt es nur wenige auf dieser Welt und sie haben selten rein freundschaftliche oder wirtschaftliche Gründe.

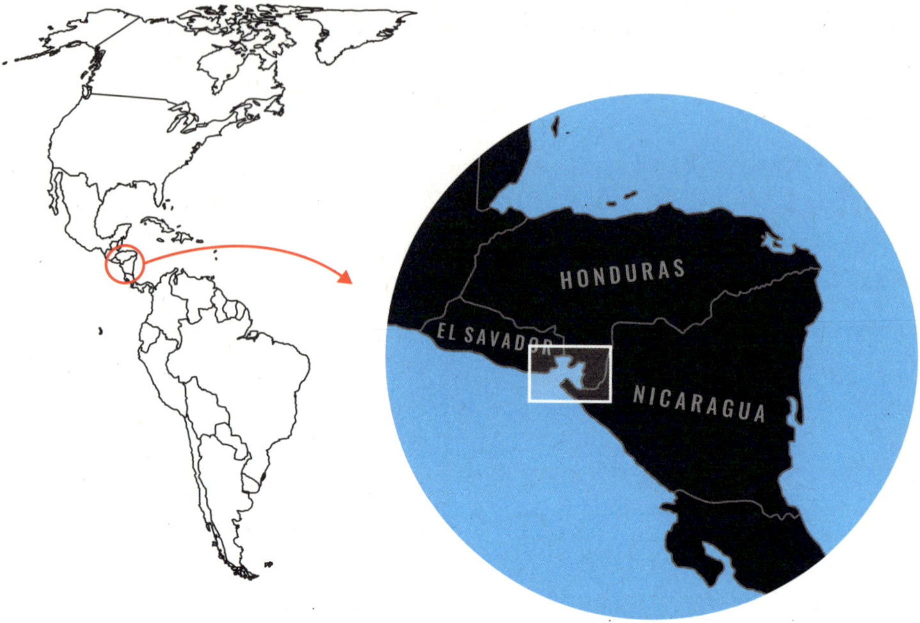
HONDURAS
EL SAVADOR
NICARAGUA

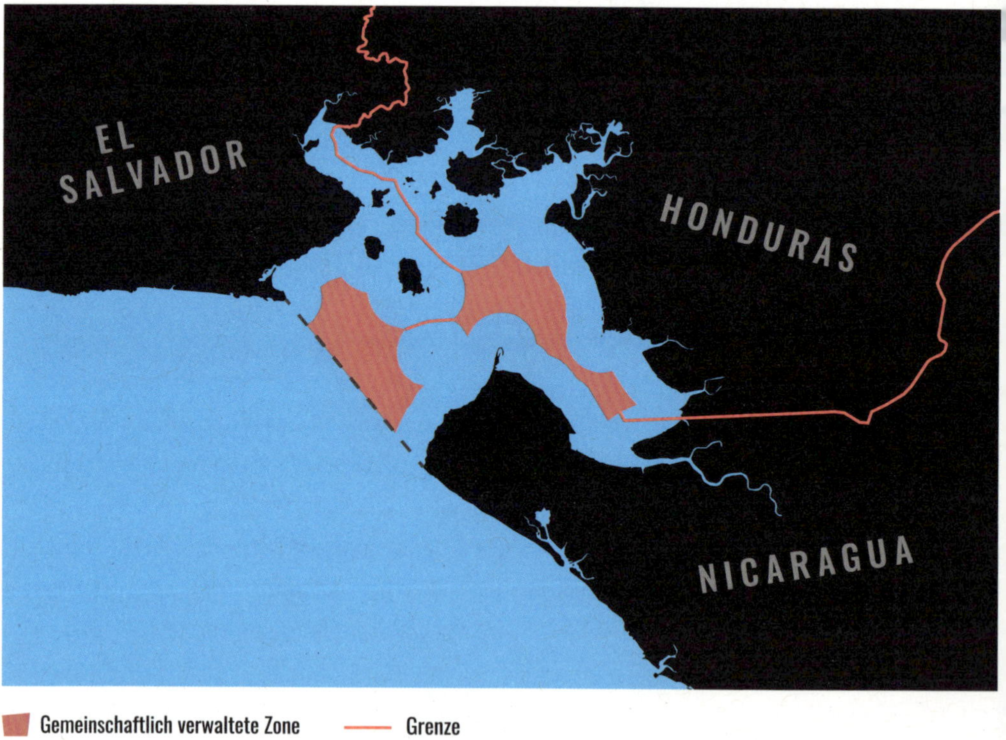
EL SALVADOR
HONDURAS
NICARAGUA
Gemeinschaftlich verwaltete Zone
Grenze

Auch wenn sie es nicht offen zugeben, verfolgen Staaten oft in erster Linie eigene Interessen, wenn sie ein Gebiet mit jemand anderem teilen. Zog man etwa die Sicherheit einer gemeinsamen Nutzung dem Risiko vor, bei einem Gerichtsverfahren alles zu verlieren? Im Falle Jamaikas scheint dies durchaus naheliegend. Streitpunkt waren seit Jahrzehnten zwei für die menschliche Besiedlung unbedeutende Riffgrüppchen namens Bajo Nuevo und Serranilla. Nicht weniger als sechs Staaten erhoben Ansprüche auf sie, vor allem um deren AWZ zu nutzen. Jamaika liegt am nächsten, Kolumbien schien aufgrund historischer und geografischer Merkmale in einem Rechtsstreit aber dennoch die besseren Karten zu haben. Jamaika nahm also das Angebot einer »Joint Regime Area«, eines gemeinschaftlich genutzten Gebiets, rund um die Riffe Anfang der 1990er dankend an. Andere Staaten scheiterten seither mit Klagen. Ausgenommen vom Abkommen waren die beiden Riffe selbst und zufälligerweise verebbten seither auch Kingstons Ansprüche auf die Erhebungen. Das war der friedlichen und gemeinschaftlichen Nutzung der Zone ringsum sicher zuträglich. Ebenso, dass im gesamten Gebiet des Kondominiums keine großen Rohstoffvorkommen vermutet werden.

Keine tausend Kilometer westlich, auf der anderen Seite Mittelamerikas, gibt es ebenfalls zwei gemeinschaftlich genutzte Flächen im Golf von Fonseca. Handelt es sich bei der jamaikanisch-kolumbianischen Zone noch um eine freiwillige Partnerschaft, muss man im Fall von El Salvador, Honduras und Nicaragua aber eher von einer Zwangsehe sprechen. Schon 1917 urteilte der Zentralamerikanische Gerichtshof, dass Nicaraguas Zustimmung zur Errichtung eines US-Marinestützpunkts unzulässig ist, weil die anderen Anrainer nicht befragt worden waren. Die USA ignorierten die Entscheidung einfach, was – zusammen mit dem Ausstieg Nicaraguas – wesentlich zur Auflösung des Gerichts nur ein Jahr später beitrug. Erst 1970 traten die USA sämtliche Rechte freiwillig ab. Der Internationale Gerichtshof in Den Haag verdonnerte die Streithansl der Region 1992 schließlich zur gemeinsamen Nutzung der inneren Bucht. Beim äußeren Teil gingen die Honduraner leer aus. Vielleicht hätten auch sie freiwillig teilen sollen, wie die Jamaikaner.

Wem gehört das Dach Europas?

Geowissen 5. Klasse: Der höchste Berg Europas ist der Mont Blanc. Oder sollte er vielleicht doch eher Monte Bianco heißen? Denn was man in der Schule meist nicht lernt: Auch Italien beansprucht die Spitze des 4.810 Meter hohen »Weißen Bergs«. Doch der Italiener Wunsch ist der Franzosen Alptraum. Sie wollen das Dach der Alpen – auf dem schon Flieger landeten und Jacuzzi-Partys stattfanden – weiterhin für sich allein haben und lehnen eine gemeinsame Grenzziehung entlang des Berggrats auch aus patriotischen Gründen ab. Manch ein Geograf oder eine Geologin würde das Problem wohl überhaupt ganz anders lösen und schlicht die Grenze zwischen Europa und Asien anders ziehen, sodass der Elbrus im Kaukasus mit beeindruckenden 5.642 Metern die höchste Erhebung Europas wäre. Das sehen auch viele Bergsteigerinnen und Bergsteiger so. Sie zählen meist den Elbrus zu den »Seven Summits«, den höchsten Bergen der sieben Kontinente. In der Geografie sehen einige aber nun mal nicht die Wasserscheide des Kaukasushauptkamms als die Grenze zu Asien an, sondern die nördlich vorgelagerte Manytschniederung. Und das macht den Mont Blanc zu Europas höchstem Berg. Aber das ist wahrlich nur eine Diskussion für echte Geografie-Nerds.

Davon einmal abgesehen variieren die Höhenangaben des Mont Blanc auch so von Jahr zu Jahr um einige Meter. Die Höhendifferenz kommt daher, dass die Gesteinsspitze zwar auf 4.792 Metern liegt, sie aber permanent von einer meterdicken Schicht aus Eis und Altschnee, sogenanntem Firn, bedeckt ist. Diese wandert gelegentlich und der Firngipfel ist eben entscheidend für die Höhe. Ginge es beim Mont Blanc/Monte Bianco nicht um den Titel des Höchsten in Europa, wäre der Grenzdisput zwischen Paris und Rom wohl längst beigelegt. So aber flammt er immer wieder auf, sobald schlechte Stimmung

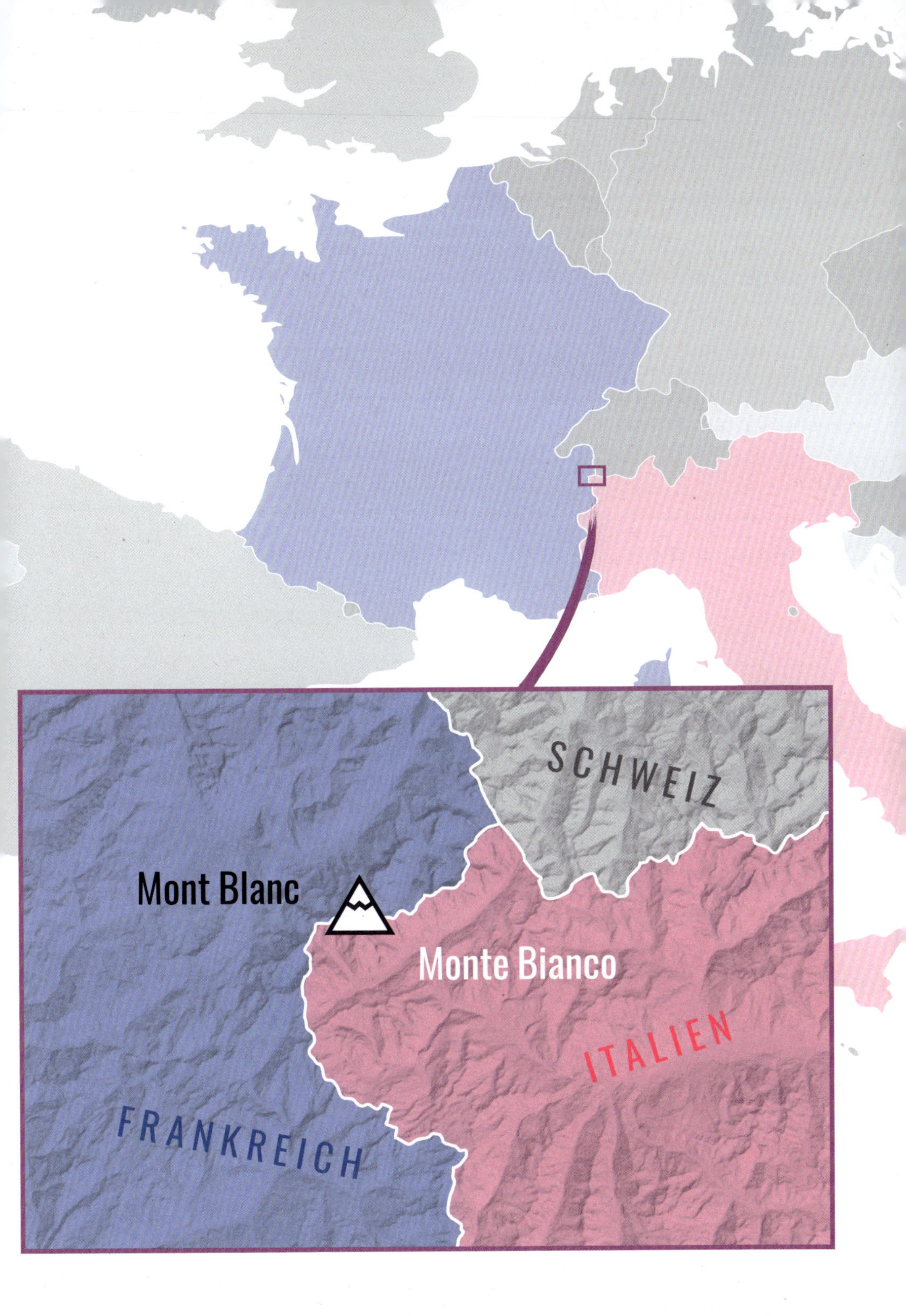
SCHWEIZ
Mont Blanc
Monte Bianco
ITALIEN
FRANKREICH

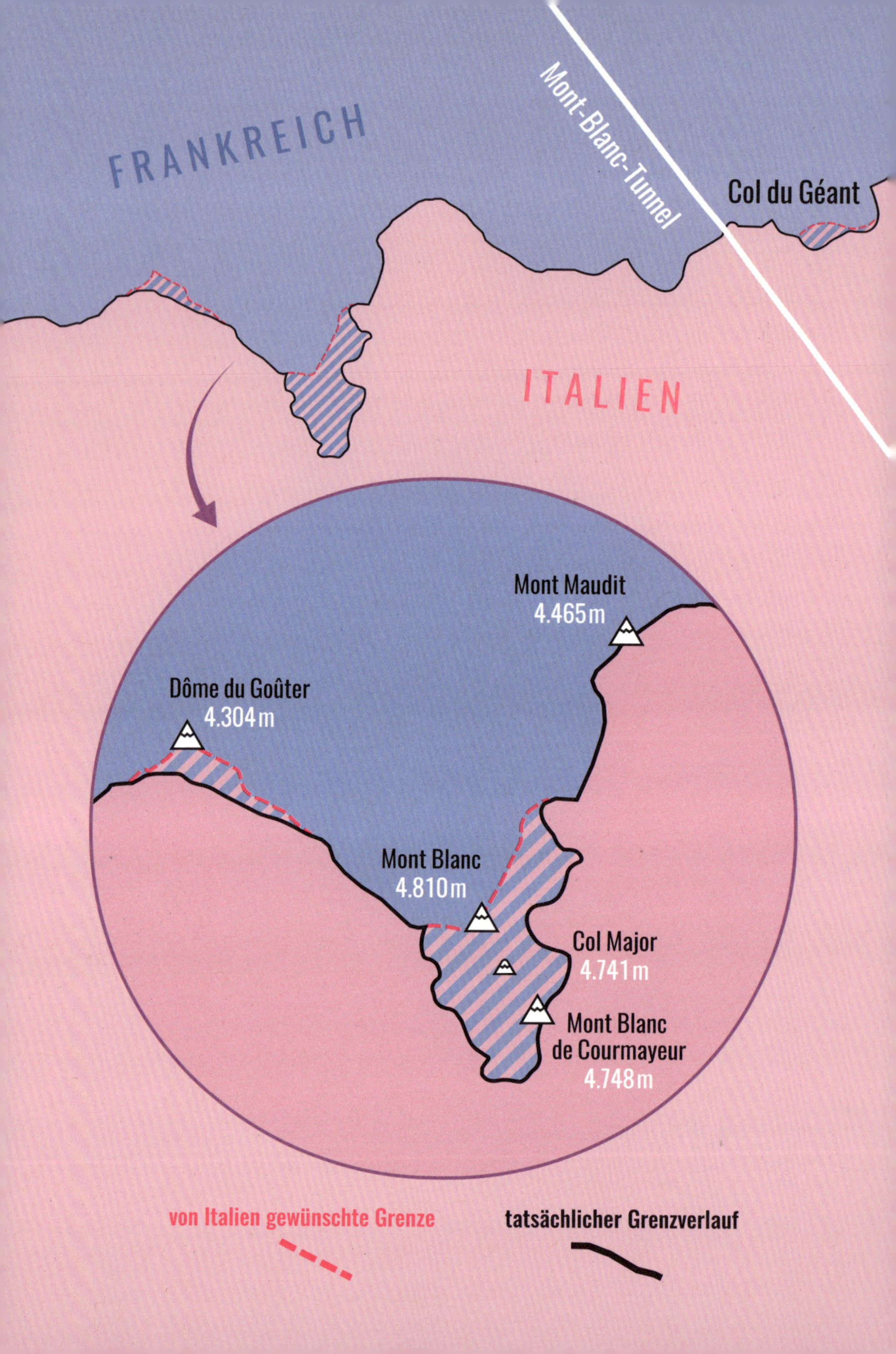
FRANKREICH
Mont-Blanc-Tunnel
Col du Géant
ITALIEN
Mont Maudit
4.465 m
Dôme du Goûter
4.304 m
Mont Blanc
4.810 m
Col Major
4.741 m
Mont Blanc
de Courmayeur
4.748 m
von Italien gewünschte Grenze
tatsächlicher Grenzverlauf

zwischen den ewigen Rivalen herrscht – befeuert vor allem von italienischen Rechtspopulisten und Nationalisten. Das liegt auch daran, dass sich beide Staaten auf unterschiedliche Verträge berufen.

Ein bisschen Geschichte: 1860 trat das Königreich Sardinien das Herzogtum Savoyen offiziell an Frankreich ab. So erhoffte es sich den Pariser Segen für die Gründung des vereinigten Königreichs Italien und Unterstützung gegen Österreich. Der Weiße Berg lag in ebenjenem Herzogtum – und das neue Italien ging fortan davon aus, ihn mit Frankreich zu teilen. Immerhin verlief auch die Grenze auf einer angehängten Karte exakt an der Wasserscheide entlang des Gipfels. Niedergeschrieben wurde allerdings nur, dass man bei der Grenzziehung »auf die Konfiguration der Berge« achten solle. Frankreich pochte schon damals darauf, dass eigentlich ein noch älterer Friedensvertrag von 1796 den eigentlichen Grenzverlauf auf dem Alpendach regele. In diesem Abkommen hieß es auch recht salopp, die Grenzen sollten den »Gipfeln oder Plateaus« der Region in Richtung Col-Major-Sattel folgen. Diese für Frankreich vorteilhafte Grenzziehung schloss den Mont Blanc allein zu seinen Gunsten ein, spätestens ab 1865 wurden auch entsprechende Karten veröffentlicht. Als Siegermacht des Zweiten Weltkriegs ließ sich Paris den vorteilhaften Grenzverlauf erneut bestätigen.

Bleibt die Frage, ob der Vertrag von 1796, auf den Frankreich sich stützt, durch den Wiener Kongress von 1815, der die französische Monarchie wieder einsetzte, ungültig wurde. Das Originaldokument von 1796 sei leider von den Nazis verbrannt worden, sagt Paris heute. Und das italienische Pendant sei inakzeptabel. Bei den vielen Grenzbereinigungen musste der Mont Blanc deshalb stets ausgespart werden. 2016 entschieden sich die Streitparteien nach neuerlichen politischen Scharmützeln jedenfalls, beide Ansprüche einzuzeichnen. Der Bürgermeister von Chamonix hatte kurz zuvor den Zugang zum Berg im umstrittenen Gebiet gesperrt. 2019 rief Frankreich zudem Naturschutzgebiete aus, die laut Rom teilweise in Italien liegen. Der Streit um den Berg geht also weiter und beide berufen sich dabei nach wie vor auf unterschiedliche Verträge. Unstrittig ist lediglich, was im Innern des Berges passiert: Der Mont-Blanc-Tunnel, der die beiden Länder verbindet, wird geschwisterlich geteilt.

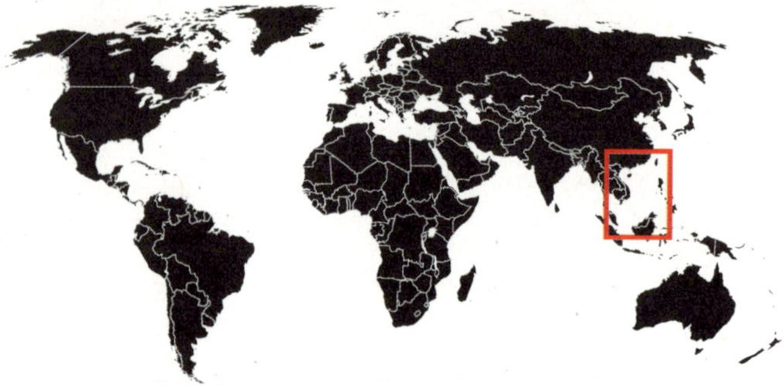

Die chinesische Kuhzunge

Die Volksrepublik China und die Republik China (Taiwan) sind fast nie einer Meinung. Aber angesprochen auf die Ausdehnung Chinas ins Südchinesische Meer zeigt man sich seit Jahren in trauter Einigkeit. Weil beide Anspruch auf ganz China stellen, wollen auch beide ein möglichst großes Meer. Klingt logisch. Das Problem? Ausgerechnet dann, wenn sich die seit Jahrzehnten verfeindeten Staaten einmal einig sind, widerspricht beinahe der komplette Rest der Welt. Auseinandersetzungen auf internationalem Parkett überlässt Taiwan dabei fast ausschließlich der Volksrepublik. Streit zwischen den Chinas und den anderen Staaten gibt es um die sogenannte Neun-Striche-Linie. Sie wird ob ihrer Form manchmal auch als Kuhzunge bezeichnet und steckt vage das enorme Ausmaß des angestrebten chinesischen Seereichs ab. Es umfasst zahlreiche umstrittene Inselchen, Riffe und Sandbänke. Insgesamt zwischen 80 und 90 Prozent des 3,5 Millionen Quadratkilometer großen Südchinesischen Meers – in etwa die Fläche Indiens. Vage ist der Anspruch, weil China die Gebiete nie offiziell reklamiert und die genauen Koordinaten für ihre Begrenzung nie bekanntgegeben hat. Genau das erfordern maritime Grenzen aber eigentlich. Außerdem widerspricht der Anspruch fast jeder akzeptierten Auslegung des internationalen Völker- und Seerechts. So vage China in der Theorie bleibt, umso konkreter demonstriert es seine Ansprüche in der Praxis.

Der chinesische Anspruch ist ein dreifacher: Es geht um Land, Fischvorkommen und die Bodenschätze unter dem Wasser. Mehr als die Hälfte aller Fischerboote welt-

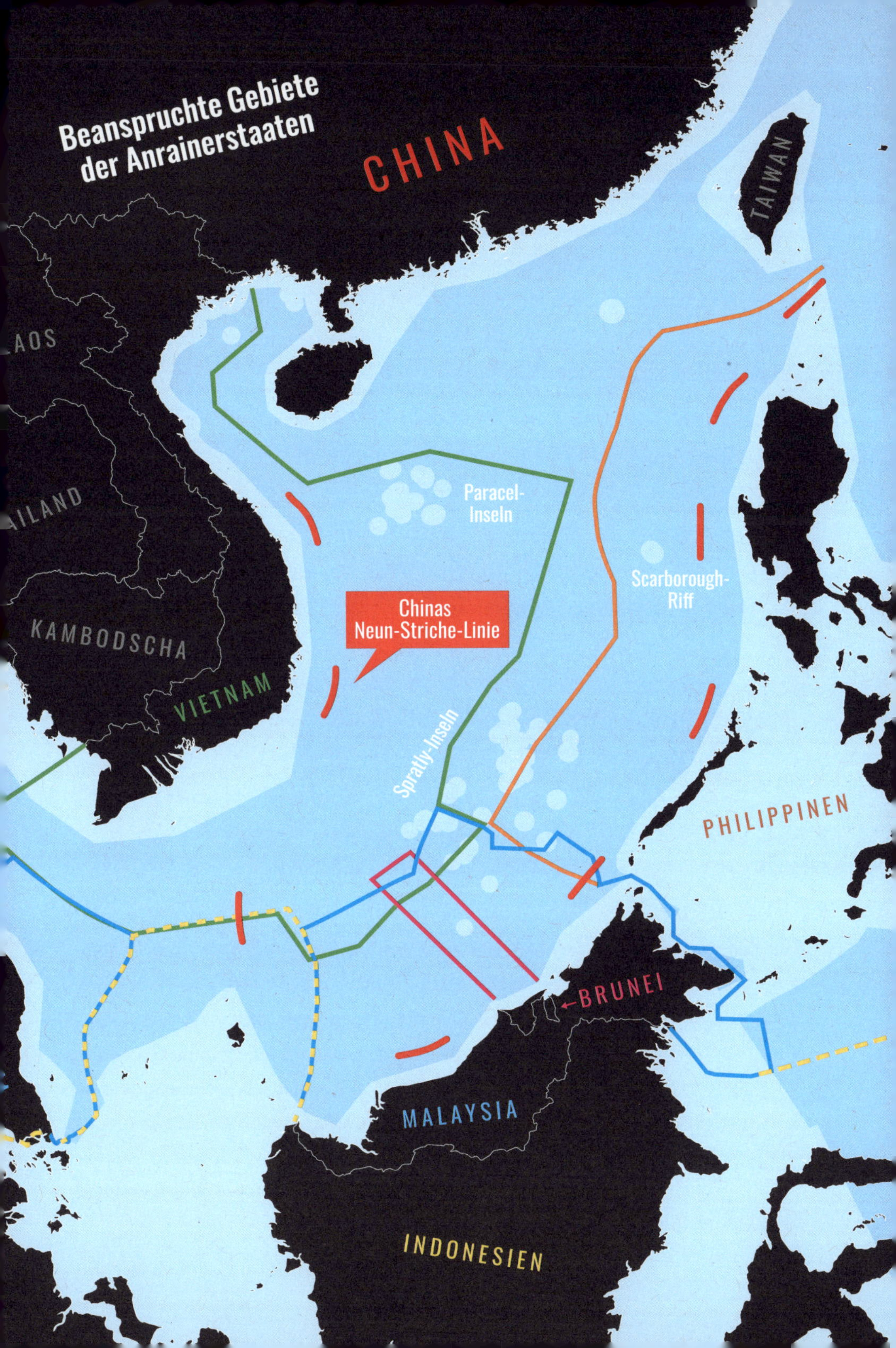
Beanspruchte Gebiete
der Anrainerstaaten
CHINA
TAIWAN
LAOS
AILAND
KAMBODSCHA
VIETNAM
Paracel-
Inseln
Chinas
Neun-Striche-Linie
Scarborough-
Riff
Spratly-Inseln
PHILIPPINEN
BRUNEI
MALAYSIA
INDONESIEN

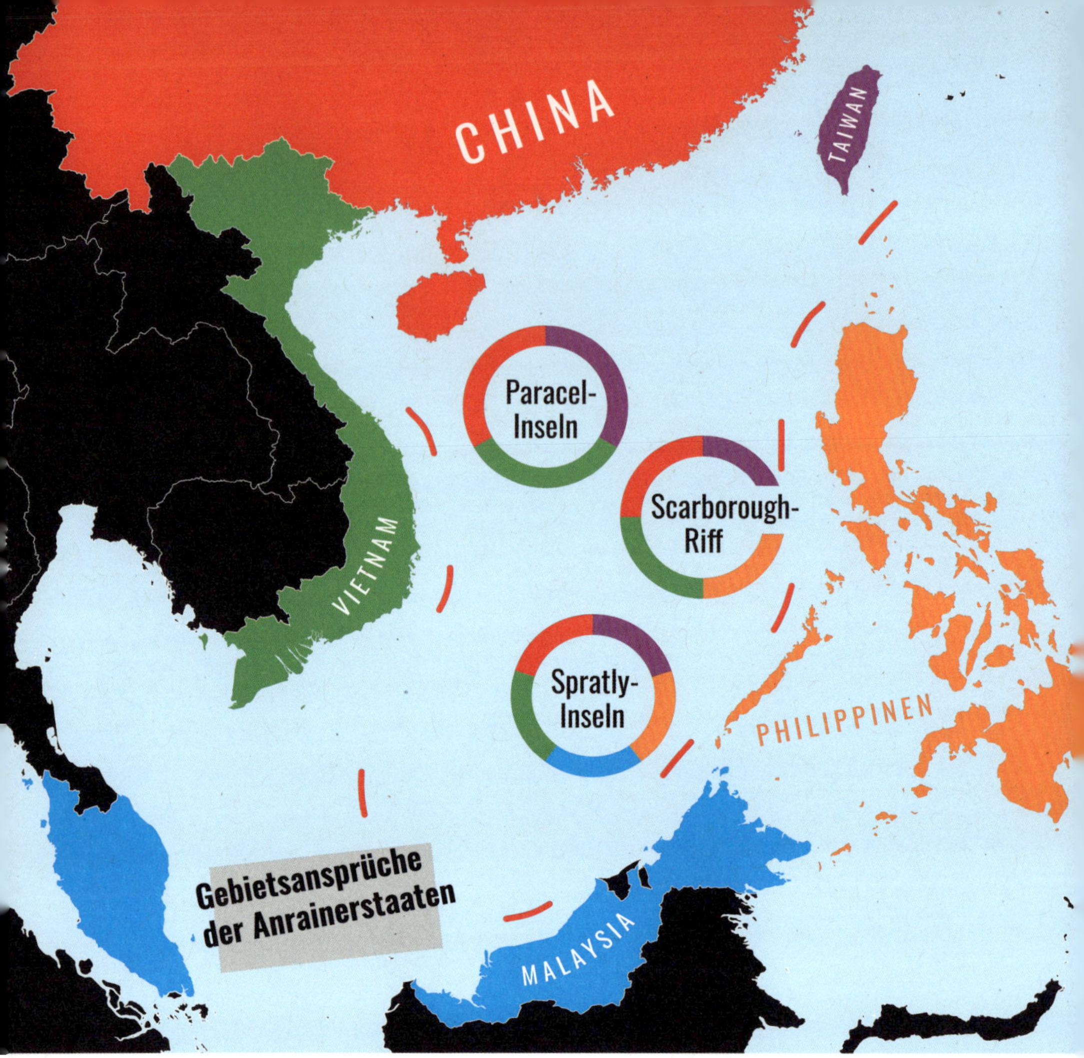

weit gehen im Südchinesischen Meer auf Fang. Peking versucht seit Jahrzehnten, Fels um Fels in den umstrittenen Gebieten für sich zu reklamieren. Es geht dabei sogar so weit, Unterwasserriffe mit viel Sand aufzuschütten, sodass dort Kampfjets starten und Kriegsschiffe eigens ausgehobene Tiefseehäfen anlaufen können. Rund um solche Steinhaufen oder Riffe dürfen völkerrechtlich selbst dann keine Ausschließlichen Wirtschaftszonen beansprucht werden, wenn eine Bevölkerung permanent darauf lebt. Das geht nur bei natürlichen Inseln, auf denen selbständiges Leben auch ohne menschliche Ingenieurskunst möglich wäre. Dieser Definition hält kaum eine Erhebung im Südchinesischen Meer stand.

Peking beansprucht dennoch all die Gewässer und Bodenschätze rund um die Inseln – also alles, was die neun Striche einfassen. 2009 hatte China vor der UNO erstmals eine solche Neun-Striche-Karte präsentiert, was wütende Proteste aller anderen Anrainer des Südchinesischen Meeres auslöste. Die Philippinen riefen sogar den Ständigen Schiedshof in Den Haag an, der ihnen 2016 schließlich einstimmig in den meisten Punkten recht gab. China habe kein exklusives historisches Recht auf viele Gebiete innerhalb der Linie. Wie reagierte China? Wohl wissend um den drohenden negativen Ausgang beteiligte es sich erst gar nicht an der Streitbeilegung. Peking diskreditierte sowohl die Anhörungen als auch das Urteil. Am Tag nach dem Schiedsspruch landeten demonstrativ zwei chinesische Passagierflugzeuge auf neu errichteten Flughäfen auf den Spratly-Inseln. Die werden in Teilen auch von Vietnam, Malaysia, Brunei und den Philippinen beansprucht – zu Letzteren liegen sie deutlich näher. China tut also genau das, was es seit jeher an den USA kritisierte: Politische Interessen mittels Machtdemonstration durchzusetzen, anstatt mit dem Recht im Rücken eine Lösung auszuhandeln. Unterstützung bekommen die Widersacher Chinas von den USA, die die Volksrepublik als neuen Lieblingsgegner ins Visier genommen haben. Die Vereinigten Staaten haben vor allem ein Interesse daran, die freie Navigation ihrer Kriegsmarine durch das Südchinesische Meer zu sichern.

Von der Enthüllungsplattform Wikileaks veröffentlichte Depeschen aus US-Botschaften zitierten vor einigen Jahren einen hochrangigen Seerechtsexperten der chinesischen Regierung. Er gab zu, keinerlei historische Grundlage für den chinesischen Anspruch zu kennen. Denn auch wenn der eine oder andere Seefahrer für die zahlreichen Dynastien Inseln im Südchinesischen Meer besucht und die Kunde vom Kaiser verbreitet hat, ist das bei Weitem keine Verwaltung der Gegend. Gelegentlich avancierte die Neun-Striche-Linie übrigens auch zu einer Zehn- oder Elf-Striche-Linie, je nachdem welche Region China gerade beanspruchen wollte. Wie sensibel das Thema Seegrenzen in der Region nach wie vor ist, zeigt ein Vorfall von 2019. Nachdem sich das Filmstudio Dreamworks weigerte, eine Karte samt Neun-Striche-Linie aus dem Animationsfilm »Everest – Ein Yeti will hoch hinaus« zu streichen, wurde der Film auf den Philippinen, in Malaysia und Vietnam kurzerhand verboten.

Wie groß ist eigentlich Russland?

Grenzen sind fließend und jede Weltkarte ist nur eine Momentaufnahme – auch die Karten in diesem Buch. Das ist freilich nicht anders in Bezug auf das, was wir heute als die Russische Föderation, als Russland, als das flächenmäßig größte Land der Erde kennen. In seiner Geschichte durchliefen die Rus, das Großherzogtum Moskau, das Zarenreich, die Sowjetunion und natürlich auch Russland selbst einige Expansionswellen und Verkleinerungen ihres Staatsgebiets. Die Gründe: Krieg, Staatszerfall, Eingliederungen – das Übliche. Doch wie groß ist Mütterchen Russland – wie es von seinen Landsleuten liebevoll genannt wird – heute wirklich?

Wer diese Frage beantworten möchte, wird unweigerlich Menschen und Regierungen verärgern. Russland und seine 14 Nachbarn haben nämlich teils sehr unterschiedliche Vorstellungen über die eine oder andere Grenzziehung. Für Russland gibt es das »nahe Ausland«, so etwas wie einen Gürtel ehemals sowjetischer Gebiete. Zu diesen Regionen pflegt und hegt Russland einerseits starke emotionale, historische Bindungen und duldet andererseits keine rivalisierenden Großmächte. Wenn etwa die NATO ankündigt, frühere Sowjetrepubliken in das Verteidigungsbündnis aufzunehmen, fühlt sich das für die Russen in etwa so an, als würde eine fremde Person im Freibad ihr Handtuch Kante an Kante an das eigene legen.

Von Russland und prorussischen Milizen (in)offiziell besetzte Gebiete

Die EU- und NATO-Aufnahme der baltischen Staaten Estland, Lettland und Litauen schluckte Russland 2004 noch mit großen Bauchschmerzen, auch weil es wirtschaftlich und militärisch noch von der Finanz- und Wirtschaftskrise der 1990er geschwächt war. Finnland blieb wohl auch aus strategischen Gründen offiziell stets neutral – sofern das als EU-Mitglied überhaupt möglich ist. Als wenige Jahre später aber der Ukraine und Georgien eine Aufnahme in die NATO in Aussicht gestellt wurde, war für Moskau eine rote Linie überschritten. Der Kaukasuskrieg von 2008 in Georgien und der Ukrainekrieg seit 2014 sind unmittelbare Folgen. Das zeigt gut, wie Russland mit Unabhängigkeitsbestrebungen umgeht. Innerhalb der eigenen Landesgrenzen – etwa in Tschetschenien, Inguschetien oder Dagestan – werden sie abgelehnt und unterdrückt, mitunter sogar militärisch. Im »nahen Ausland« Russlands – etwa in Abchasien, Südossetien, Transnistrien, Luhansk, Donezk oder auf der Krim – werden sie ausdrücklich unterstützt, mitunter sogar militärisch.

Auf diese Weise ändert sich immer wieder der Einflussbereich Russlands, aber nicht zwingend die offizielle Grenzziehung. Internationales Völkerrecht und die informellen Beziehungen zwischen Staaten tolerieren das gewaltsame Ergreifen von Gebieten nicht mehr. Generell haben es Unabhängigkeitsbestrebungen auf dem internationalen Parkett schwer, weil jeder Staat fürchtet, als Nächster von Zersplitterung betroffen zu sein. Ist aber die Krim nun russisch? Abchasien und Südossetien? Die Krim ist wohl eher russisch als Südossetien – völkerrechtlich und auch de facto. Ohne russischen Einfluss wäre Südossetien georgisch und die Krim ukrainisch. Alleine sind beide zumindest kurzfristig kaum überlebensfähig. Auf den offiziellen Karten des russischen Außenministeriums erscheinen trotzdem sowohl Abchasien als auch Südossetien als eigene Republiken. Die Krim ist dort gänzlich russisch. Und ganz im äußersten Osten der Landeskarte findet sich ein Stück Russland, das Japan nicht als russisch akzeptieren will: Die südlichen Inseln der Kurilen gehörten bis 1945 zu Japan. Weil die Sowjets 1951 aufgrund des Kalten Krieges nicht zu den Verhandlungen über einen Friedensvertrag mit Japan erschienen und auch alle anderen Anläufe bislang scheiterten, ist die Grenze auch mehr als 75 Jahre nach Ende des Zweiten Weltkriegs noch umstritten. Und so existieren auch heute noch zahlreiche verschiedene Größenangaben zu Mütterchen Russland. Alte Damen fragt man ja nicht nach dem Alter und wohl besser auch nicht nach ihrer Größe.

Unterschiedliche Grenzlinien bei Google Maps
(2016)

internationale Version

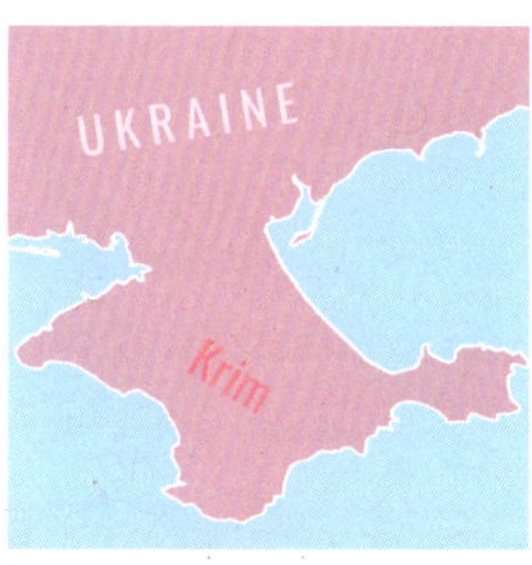

ukrainische Version

russische Version

Die Marine ohne Meer

Wie groß und furchtbar kann Trennungsschmerz sein? Im Falle Boliviens ist er so stark, dass das Land noch mehr als 140 Jahre nach Verlust seines Meerzugangs weiterhin eine Kriegsmarine betreibt – auf einem See, in einem Binnenstaat! Die aktuellen bolivianischen Kampfschiffe sind also noch nie mit Salzwasser in Berührung gekommen. Während sie dazu verdammt sind, auf dem Titicacasee hin- und herzuschippern, dürfen zumindest die Marinesoldatinnen und -soldaten ab und zu Meeresluft schnappen – zu Trainingszwecken, dank Abkommen mit Peru und Argentinien. Nur nicht am 23. März eines jeden Jahres, da kommen nämlich die komplette Marine und große Teile der bolivianischen Bevölkerung zusammen, um den »Día del Mar«, den »Tag des Meeres«, zu begehen. Es ist die schmerzliche Erinnerung an die Gebietsverluste aus dem Salpeterkrieg (1879-1883) gegen Chile. Die aufopferungsvolle und bedingungslose Liebe zum Meer, für die so viele Vorfahren zu sterben bereit waren, feiern Bolivianerinnen und Bolivianer jährlich mit riesigen Paraden.

Nach dem schrittweisen Rückzug der spanischen Kolonialmacht im 19. Jahrhundert hatte der junge bolivianische Staat im Sinne des »Uti possidetis«-Prinzips eigentlich einen respektablen 400 Kilometer langen Küstenabschnitt besessen. »Uti possidetis, ita possideatis« ist Lateinisch und bedeutet »wie ihr besitzt, so sollt ihr besitzen«. Ursprünglich war es dazu gedacht, neue Grenzlinien nach Kriegen zu ziehen. Sprich: Jeder behält, was er zu Kriegsende besitzt. Später wurde das Konzept vielerorts auf ehemalige Kolonien angewandt – so auch in Lateinamerika. Bloß waren diese Grenz-

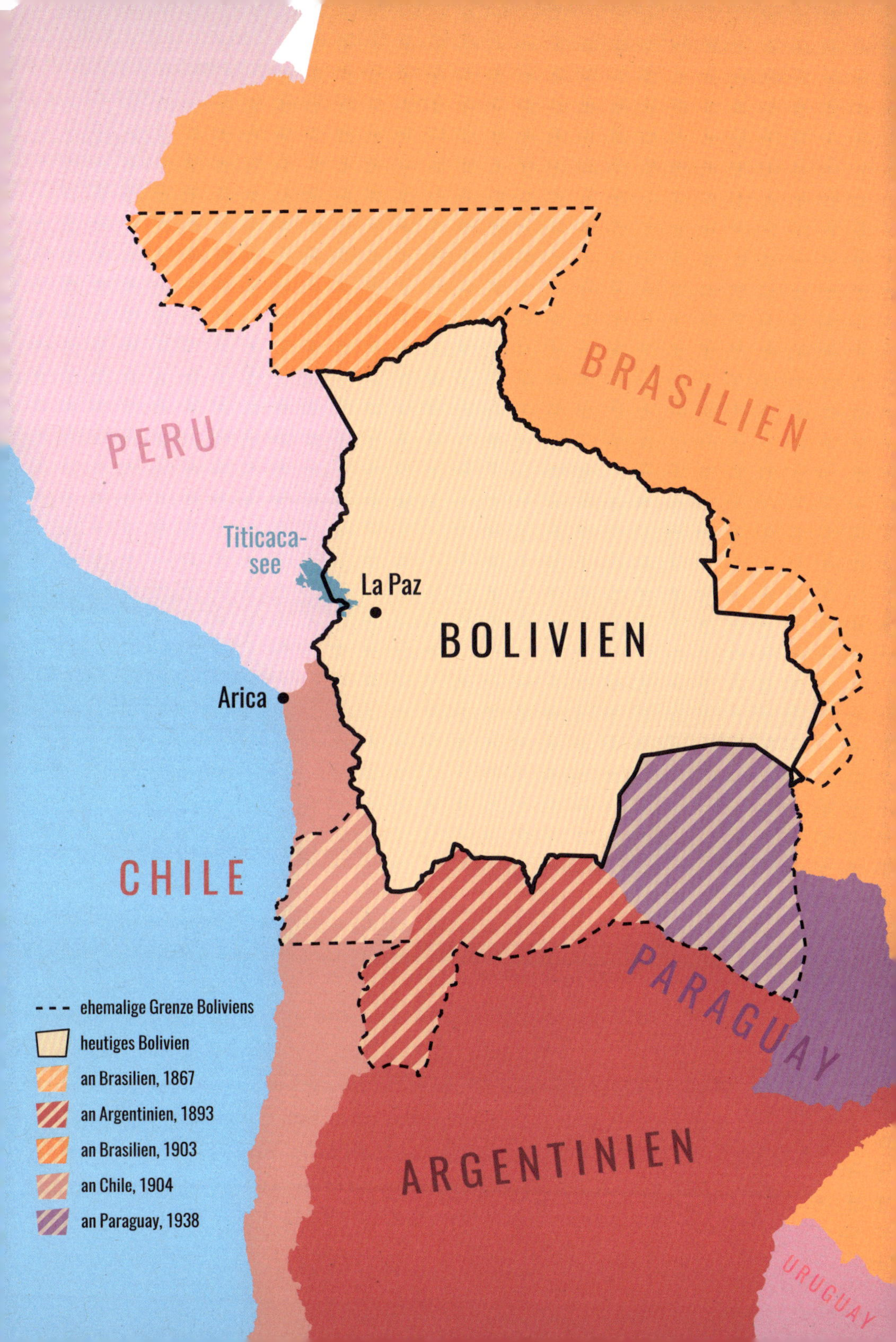
BRASILIEN
PERU
Titicaca-
see
La Paz
BOLIVIEN
Arica
CHILE
PARAGUAY
ARGENTINIEN
URUGUAY
ehemalige Grenze Boliviens
heutiges Bolivien
an Brasilien, 1867
an Argentinien, 1893
an Brasilien, 1903
an Chile, 1904
an Paraguay, 1938

ziehungen inkonsequent. Etliche unterschiedliche Verträge verkomplizierten die Lage, sodass bis heute die genauen Grenzverläufe in Südamerika, Afrika oder Asien häufig angezweifelt werden.

Bolivien verlor im Laufe seiner Geschichte fast alle Kriege und juristischen Auseinandersetzungen. Sein Staatsgebiet halbierte sich seit der Unabhängigkeit um mehr als eine Million Quadratkilometer. Kein Gebietsverlust wog aber so schwer wie das nationale Trauma ums Meer. Kinder lernen früh die »Meereshymne« und werden durch Bücher über das »geraubte« Meer patriotisch indoktriniert. So gut wie jedes Staatsoberhaupt machte es sich zum Ziel seiner Amtszeit, den Meereszugang zurückzuerobern. Bisher sind alle gescheitert. Und über allem steht stets die Frage: Wieviel besser könnte es dem ärmsten Land Südamerikas gehen, wenn es bloß ohne Hindernisse Handel mit dem Rest der Welt treiben könnte und seine Container nicht stunden- bis tagelang auf ihre Einreise warten müssten? Dabei beteuert Chile stets, dem eingesperrten Nachbarn sehr gute Tarife und Konditionen für die Nutzung seiner Häfen anzubieten. Weil die chilenischen Häfen aber zusehends privatisiert werden, schnellen die Preise in die Höhe.

Einen überraschenden Vorschlag des chilenischen Diktators Augusto Pinochet im Jahr 1975 konnte die Regierung in La Paz gar nicht erst annehmen. Chile hätte einen Teil seines nördlichsten Landes für ein ebenso großes Stück Boliviens abgegeben, um einen schmalen bolivianischen Korridor zum Meer zu schaffen. Der nördliche Nachbar Peru machte aber von seinem Vetorecht Gebrauch, das ihm nach alten Verträgen zusteht. Peru wollte nicht die Landgrenze zu Chile verlieren. Den peruanischen Gegenvorschlag, die chilenische Hafenstadt Arica zu einer Zone dreigeteilter Souveränität zu machen, lehnte wiederum Pinochet ab. Hoffnung schöpfte Bolivien zuletzt, als der Internationale Gerichtshof entscheiden sollte, ob Chile und Bolivien über einen Meereszugang verhandeln müssen. Nach einem früheren Urteil musste Chile bereits im Salpeterkrieg eroberte Küstengebiete an Peru zurückgeben. Auf selbigen Ausgang hofften auch die Bolivianerinnen und Bolivianer. Dazu kam es aber nicht: Das Gericht verpflichtete Chile zu keinerlei Verhandlungen. Bolivien muss also weiter hoffen, dass seine Nachbarn irgendwann freiwillig nachgeben und ihm Meereszugang gewähren. Damit die Schiffe tatsächlich auch einmal aufs Meer hinausdürfen.

BOLIVIEN
PERU
Charaña
Visviri
Nasahuento
Tacna
Puquíos
Putre
Parinacota
ghafen Arica
Río Lluta
Arica
CHILE
bolivianischer Korridor zum Meer
(durch peruanisches Veto abgelehnter Vorschlag Chiles)

Zu viel Öl, um frei zu sein

Hätte man das Erdöl dort einige Jahre später entdeckt, wäre Cabinda vielleicht schon längst eigenständiges Mitglied der UNO. So reichte es nur zur vorübergehenden Aufnahme in die Organisation der nichtrepräsentierten Nationen und Völker mit Sitz in Den Haag. Ab den späten 1960ern sprudelte jedenfalls das schwarze Gold in Cabinda und die Unabhängigkeit rückte in weite Ferne. Noch heute ist der winzige Landesteil Angolas für 80 Prozent des staatlichen Finanzhaushaltes verantwortlich. Viel zu wertvoll für Angola, um die Region einfach so gehen zu lassen. Dass Cabinda viel zu wenig von diesem Reichtum profitiert, ist wiederum der Grund für den anhaltenden Abspaltungswunsch. Denn Cabinda ist eine Exklave und die einzige Region Angolas, die nicht direkt mit dem Kernland verbunden ist. Die Provinz ist seit jeher durch einen rund 40 Kilometer breiten Streifen der Demokratischen Republik Kongo vom Hauptstaatsgebiet getrennt. Die Grenzen der Region basieren auf jenen der historischen Königreiche Loango, Ngoyo und Kakongo, die 1885 auf der Berliner Kongokonferenz zu einem Gebiet zusammengelegt wurden.

Interessanterweise argumentiert die heutige Sezessionsbewegung mit Aussagen aus ebendieser Konferenz. Darin heißt es, dass die (in Wirklichkeit nicht ganz freiwillige) »Einladung«, die die portugiesischen Kolonialherren erst ins Land brachte, auf souveränen Wunsch »der Prinzen sowie Regierenden Cabindas« erfolgt sei. Das bedeutet: Eine eigene Regierung hat vor der Kolonialzeit das Gebiet kontrolliert, unabhängig von

BUN
KONGO
DEMOKRATISCHE
REPUBLIK KONGO
Cabinda
Zaire
Uíge
Bengo
Luanda
Cuanza
Norte
Malanje
Lunda Norte
Lunda Sul
Cuanza
Sul
ANGOLA
Bié
Benguela
Huambo
Moxico
SAMBIA
Huíla
Namibe
Cuando Cubango
Cunene
NAMIBIA
BOTSUANA

Angola. Wer vor den Kolonisten die Kontrolle hatte, sollte sie auch nach ihnen wieder haben, argumentieren die Bewohnerinnen und Bewohner Cabindas. In Artikel 2 des Vertrags über die Kolonialherrschaft heißt es sogar, dass Portugal sich verpflichtet habe, das cabindische Staatsgebiet dauerhaft zusammenzuhalten. Vieles sprach also dafür, dass auch Cabinda eines Tages ein eigener Staat werden könnte, so wie zahlreiche andere Teile des afrikanischen Kontinents. Im Großmächtepoker läuft aber selten etwas nach dem Plan von kolonisierten Kleinstaaten. Während die Portugiesen einige Kilometer südlich auch Angola für die meiste Zeit des 20. Jahrhunderts unterwarfen, wurde Cabinda offiziell ab 1956 vom portugiesischen Generalgouverneur für Angola verwaltet. Auch wenn es laut portugiesischem Recht als eigenständiges Gebiet galt, wurde Cabinda zu jener Zeit de facto als Teil Angolas behandelt.

Nach der Nelkenrevolution Mitte der 1970er entließ Portugal Angola in die Unabhängigkeit. Schon Jahre zuvor hatten bewaffnete Gruppen zu revoltieren begonnen. Auch in Cabinda war bereits in den 1950ern antikolonialer Protest in politischer und militärischer Form erwacht. Hier wollte man nicht nur die Portugiesen loswerden, sondern auch den großen Bruder Angola. Die angolanische Regierung in Luanda lehnt bis heute jedoch jegliche Unabhängigkeitsbestrebungen des Nordens ab – besonders seit dort Erdöl gefunden wurde. Auch deshalb wurde Cabinda gar nicht erst in Verhandlungen über sein weiteres Schicksal eingebunden. Der darauf folgende Bürgerkrieg in Angola begann während des Kalten Krieges und entwickelte sich zwischenzeitlich zum Stellvertreterkrieg. Die Großmächte unterstützten verschiedene Kriegsparteien: die USA Cabindas Seite und die Sowjetunion und Kuba die angolanische. Havanna half letztlich auch dabei, Cabinda noch vor Ausrufung der angolanischen Unabhängigkeit zu besetzen und großteils unter die Herrschaft Luandas zu bringen. Die militärische Präsenz Angolas in seiner nördlichen Exklave ist seither ungebrochen. Das liegt auch an den Terroranschlägen, die trotz eines Friedensabkommens von 2006 noch sporadisch verübt werden. In internationale Schlagzeilen brachte es etwa ein Angriff auf den Bus der togolesischen Fußballnationalmannschaft während des Afrika-Cups 2010. Die Exilregierung Cabindas in Paris beteuerte später, die drei ermordeten Teammitglieder seien ein Versehen gewesen und der Angriff habe lediglich der angolanischen Polizeieskorte gegolten. Der Konflikt brodelt indes weiter – und das Öl sprudelt.

Cabinda 7.270 km² | 0,58%

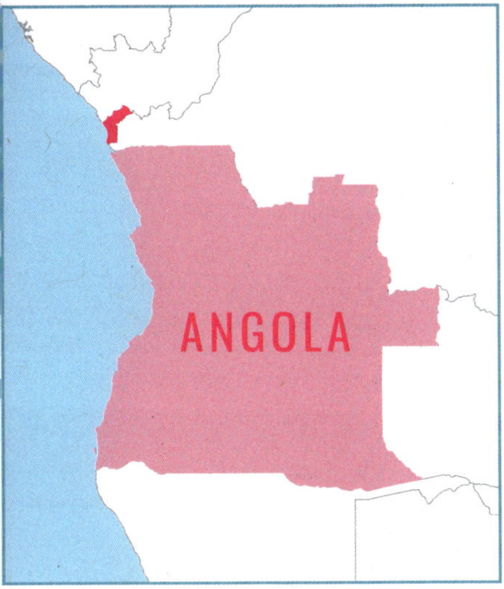

Alaska 1.723.337 km² | 17,53%

USA ohne Überseegebiete

Oblast Kaliningrad 15.125 km² | 0,09%

Russland ohne Krim

getrenntes Gebiet Fläche | Größenanteil am jeweiligen STAATSGEBIET

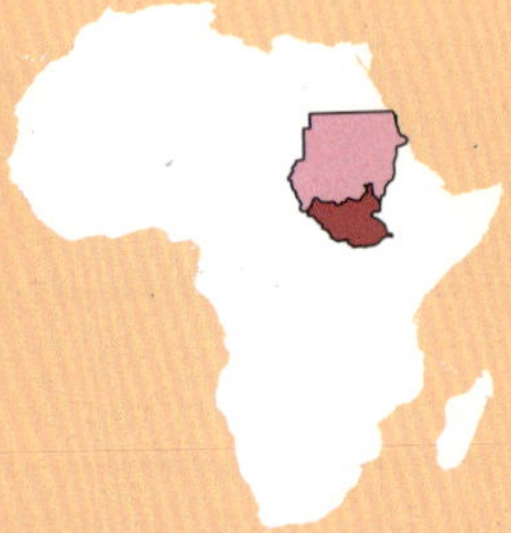

Wenn Nomaden über Grenzziehungen abstimmen

Was macht eigentlich eine gute Grenze aus? Über diese Frage streiten selbst Fachleute. Manche sagen, Grenzen sollten erst gar nicht als solche erkennbar sein. Andere plädieren für eine möglichst unüberwindbare Konstruktion aus Mauern, Zäunen, Stacheldraht, Nachtsichtkameras, Bewegungssensoren oder auch Minen. Dazwischen gibt es noch Hunderte weitere Abstufungen. Prinzipiell muss vorher aber überhaupt erst die Frage geklärt werden, wann denn eine Grenze als solche gilt. Das ist vor allem interessant, wenn es Streit um historische Verläufe gibt. Wenn also mal wieder jemand behauptet: Das hat immer schon uns gehört!
Vor internationalen Schiedsgerichten den Beweis zu erbringen, ist dann meist gar nicht so leicht. Nicht selten wurde hier schon versucht, mit gefälschten Karten zu tricksen. Im Grunde müssen drei Kriterien für die Anerkennung einer Grenze erfüllt sein: Allokation, Delimitation und Demarkation. Das bedeutet, ein Gebiet muss zunächst jemandem zugeteilt oder von jemandem beansprucht werden (Allokation). Dann müssen Details und der genaue Grenzverlauf vertraglich festgeschrieben werden (Delimitation). Und zu guter Letzt müssen physische Markierungen gesetzt werden – etwa Grenzsteine (Demarkation). In der Geopolitik wird dieser Dreischritt gelegentlich auch zu Vorbereitung, Entscheidung und Ausführung verknappt. Bisweilen kommt die

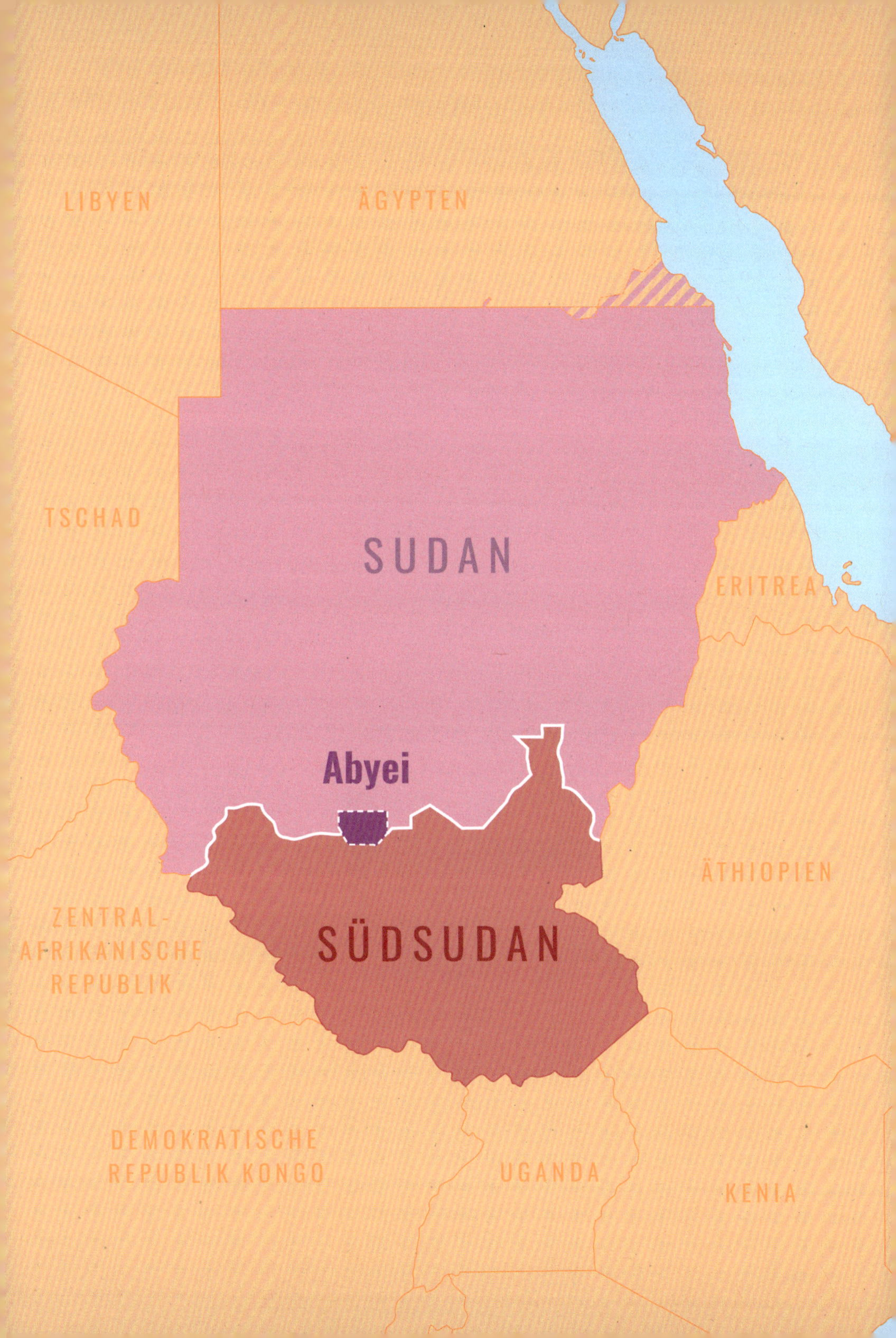

LIBYEN
ÄGYPTEN
TSCHAD
SUDAN
ERITREA
Abyei
ÄTHIOPIEN
ZENTRAL-AFRIKANISCHE REPUBLIK
SÜDSUDAN
DEMOKRATISCHE REPUBLIK KONGO
UGANDA
KENIA

Administration der Grenze als viertes Kriterium hinzu. All das habe der Sudan jedenfalls zu lange versäumt, argumentieren viele Grenzexpertinnen und Völkerrechtler in Bezug auf die Region Abyei. Um die streiten Sudan und Südsudan, seit es die beiden Staaten gibt.

Der Südsudan ist aktuell jüngster Staat der Erde. Er hatte sich im Jahr 2011 nach einem jahrzehntelangen, blutigen Bürgerkrieg von seinem nördlichen Nachbarn abgespalten. Ein deutlich ausgefallenes Unabhängigkeitsreferendum machte klar, dass die Nationen fortan getrennte Wege gehen würden. Doch was sollte mit der Grenzregion Abyei geschehen, die beide für sich reklamierten? Zunächst einmal war es wichtig, festzustellen, was genau Abyei ist. 2005 einigten sich die Kontrahenten, dass Abyei als »Brücke« zwischen Nord und Süd jenes Gebiet umfasst, das die Häuptlinge der Ngok-Dinka-Reiche vor 100 Jahren besiedelt hatten und das 1905 der nördlichen Provinz Kurdufan zugeschlagen worden war. So weit, so klar. Nur wo hielten sich die Ngok damals auf? Der Süden glaubt, nördlich des Flusses Bahr al-Arab, wo die Ngok auch heute noch leben. Der Norden beharrt darauf, dass sie südlich des Flusses lebten. Um es etwas zu vereinfachen: Der Norden behauptet, seine Provinz hätte auch früher schon deutlich weiter nach Süden gereicht. Nur geben das die wenigen Karten aus jener Zeit einfach nicht her. Darauf fehlt die südliche Grenze der Provinz oft gänzlich.

Das untermauert den Anspruch Südsudans auf die Region. Dies wäre vielleicht auch gar nicht so ein arges Politikum, aber in dem umstrittenen Gebiet gibt es umfangreiche Erdölvorkommen. Zwei Gremien haben bisher Lösungen vorgeschlagen: die Abyei-Grenzkommission nach dem Friedensabkommen von 2005 und das Ständige Schiedsgericht der Vereinten Nationen 2009. Erstere hatte dem Südsudan aufgrund traditioneller Landnutzungsrechte auch die lukrativen Ölfelder zugeschlagen, worauf die UNO großteils verzichtete. Trotz des Verlusts des Öls akzeptierte auch der Süden das bindende Urteil. Fortan war also klar, wie groß Abyei ist, nicht aber, wem es gehört. Das sollten schließlich die Bewohner entscheiden. Gemeinsam mit dem Unabhängigkeitsreferendum von 2011 hätten die Bewohnerinnen und Bewohner Abyeis auch über ihre zukünftige Heimat entscheiden sollen. Die Konfliktparteien waren sich jedoch uneinig, wer abstimmen darf – und sind es bis heute. Es geht ausgerechnet um ein Volk, dem Grenzen ziemlich egal sind: Rindernomaden, die stets sechs Monate in der Region Abyei verbringen, um ihre Tiere grasen zu lassen. Ohne ihre Stimmen wäre ein Sieg des Südens gewiss gewesen. Das zeigte ein von keiner Seite akzeptiertes informelles Referendum.

Dass die Ngok die nomadischen Stämme mitunter an der Einreise nach Abyei hinderten und so das Leben Tausender Tiere riskierten, verschärfte den Konflikt. Der Einmarsch des sudanesischen Militärs tat sein Übriges. Und so müssen heute UN-Blauhelme für die Sicherheit der wenigen nicht geflüchteten Menschen in Abyei sorgen. Bis eine Entscheidung über die Wahlberechtigten der Volksabstimmung fällt, behält Abyei seine sonderbare Form auf den Karten dieser Welt.

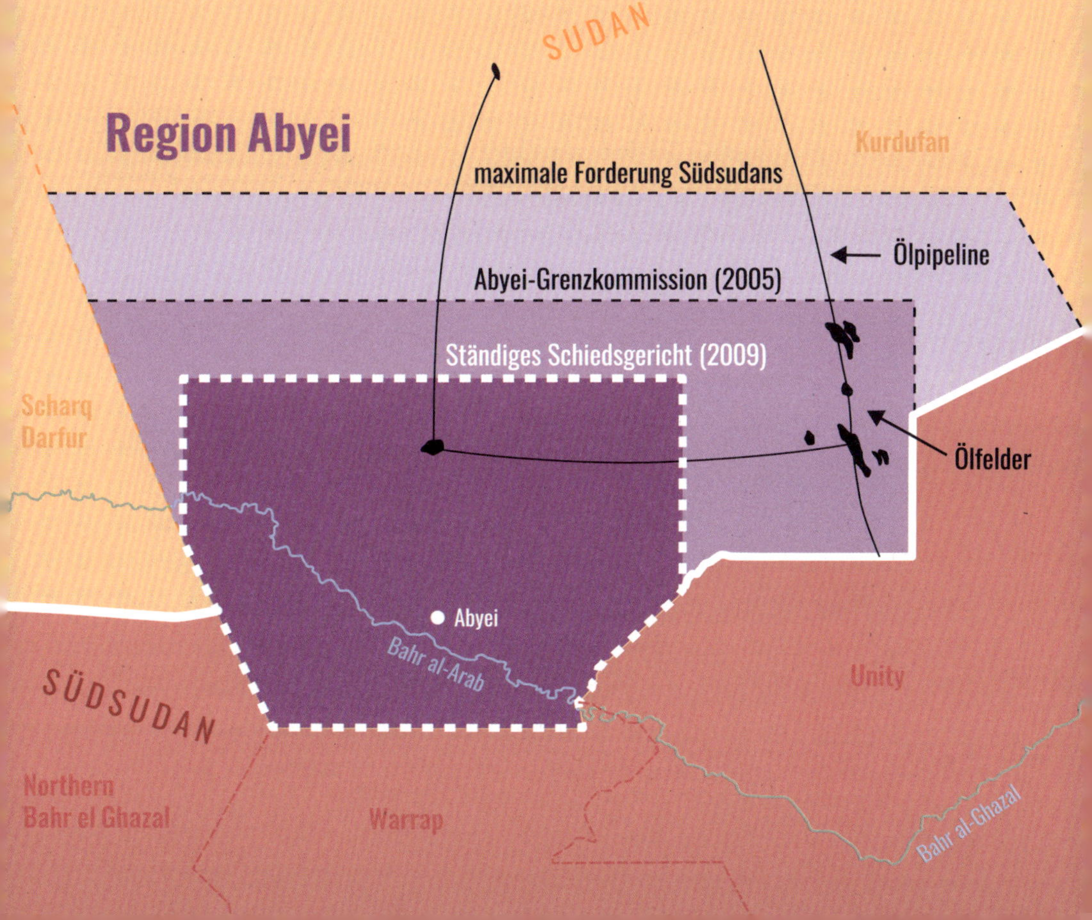

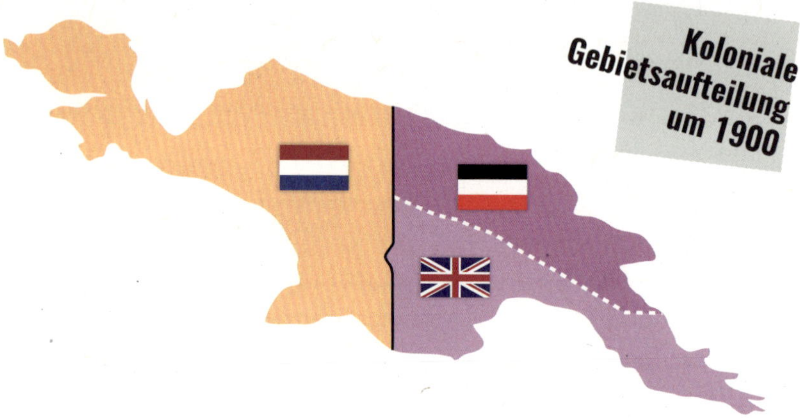

Kolonialer Finger auf dem Lineal?

Was ist denn da los? Ist dem Kolonialbeamten bei der Grenzziehung etwa der Daumen über das Lineal gerutscht? Oder hat jemand ein Stück der Grenze abgebissen? Bis auf eine seltsame Beule scheint die zweitgrößte Insel der Welt genau auf dem 141. östlichen Längengrad politisch geteilt. Zoomt man im Onlinekartendienst seines Vertrauens näher an Neuguinea und jene Grenze heran, wird der Grund allmählich klar. Der Fly ist schuld, der zweitlängste Fluss der Insel. Er bahnt sich hauptsächlich in der östlichen Hälfte seine Wege, schlägt hier aber ein Eck in die indonesische Inselhälfte westlich des Längenkreises. Wer exakte Karten und gute Augen hat, kann sehen: die schnurgerade Linie – wie sie für koloniale Grenzziehungen nur allzu bekannt ist – verläuft südlich der Ausbuchtung parallel zum, aber nicht genau auf dem Längengrad.

Dafür gibt es zwei Gründe: Einerseits wollten Ende des 19. Jahrhunderts die Niederlande, die damals die westliche Inselhälfte besaßen, für den Gebietsverlust durch die Fly-Ausbuchtung kompensiert werden. Insgesamt macht der »minimale« Ostruck nämlich eine Gesamtfläche von mehr als 500 Quadratkilometern aus. Andererseits wollte die britische Kolonialmacht im Osten nicht zu viel hergeben und aus militärischen Gründen unbedingt noch die Mündung des Bensbach-Flusses behalten. Den Briten diente der Fluss auf der von Urwald und Sümpfen übersäten Insel nämlich als vergleichsweise

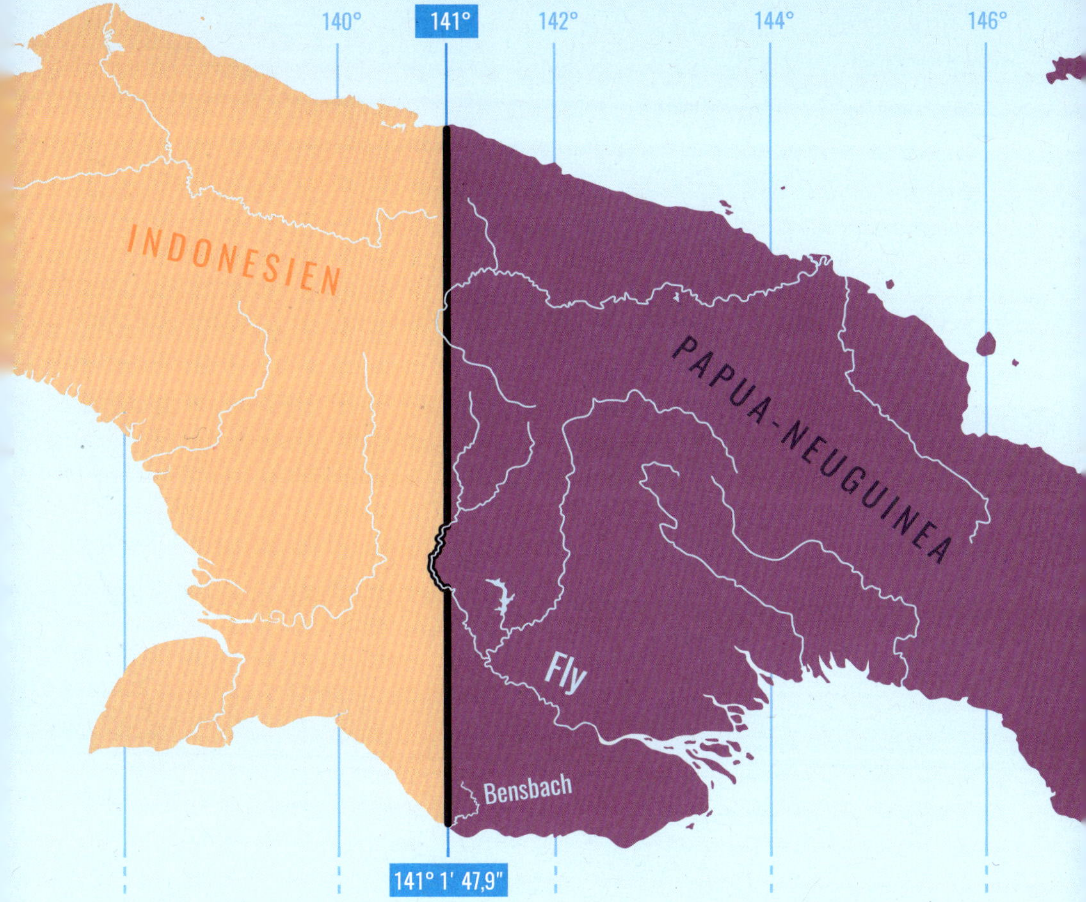

komfortabler Weg ins Landesinnere. Genutzt werden sollte die Wasserstraße für den Abtransport von Gold und vor allem zur Bekämpfung der gefürchteten Marind-anim-Krieger. Diese hatten sich als martialische Kopfjäger einen Namen gemacht – nein, nicht Kopfgeldjäger. Um Geld ging es ihnen nämlich weit weniger als um die Häupter der verhassten Kolonialherren. Die Marind-anim lebten aber im westlichen Teil der Insel. Um ihnen auf dem Fluss zumindest etwas entgegensetzen zu können, ohne dabei die Hoheitsrechte der Niederländer im Westen zu verletzen, verschoben die Kolonialisten die Landgrenze genau so, dass die Briten noch freien Zugang zur Bensbach-Mündung hatten. Südlich der Fly-Ausbuchtung folgte die Grenze fortan 141 Grad, einer Minute und

47,9 Sekunden östlicher Länge – und das bis heute. Den Nordosten der Insel besetzten damals übrigens die Deutschen und tauften ihn Kaiser-Wilhelm-Land.

Noch vor den Deutschen, Briten und Niederländern waren allerdings die Seegroßmächte Spanien und Portugal in die Region vorgestoßen. Einen Grad östlich der aktuellen Grenze, entlang des 142. Längengrades, wurde damals quasi die Welt aufgeteilt. Bereits 1494 hatten die beiden Seefahrernationen von der Iberischen Halbinsel einen Weltkrieg vermieden, indem sie im Vertrag von Tordesillas eine Grenze im Atlantik zogen. Ungefähr auf halbem Wege zwischen dem portugiesisch besetzten Kap Verde und dem spanischen Kuba sollte vom Nord- bis zum Südpol eine Trennlinie verlaufen. Alles westlich davon war Einflussgebiet Spaniens, östlich hatte Portugal das Sagen. Das ist der Grund, warum in Brasilien heute noch Portugiesisch gesprochen wird.

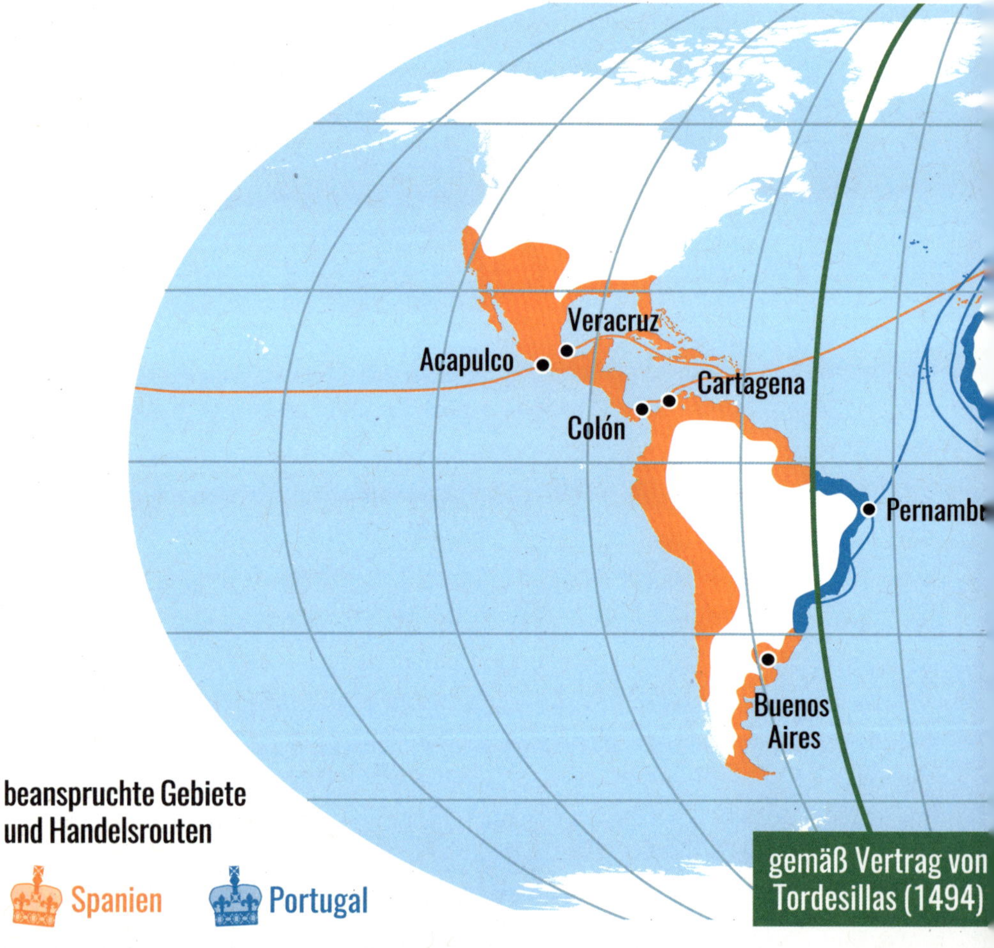

Nach der ersten Weltumsegelung Ferdinand Magellans 1522 entbrannte ein Konflikt um die Gewürzschätze der Molukken westlich von Neuguinea. Nach dem Atlantik mussten sich Spanien und Portugal also schon wieder eine Weltregion aufteilen. Echt anstrengend, so ein Kolonialistendasein! Die beiden Königreiche einigten sich schließlich 1529 im Vertrag von Saragossa darauf, den Antimeridian zum vorherigen Vertrag für die Grenzziehung zu verwenden – also jenen Längengrad, der genau auf der gegenüberliegenden Seite des Erdballs liegt. Und dieser verlief eben exakt am 142. Längengrad und teilte Neuguinea entzwei – fast so wie heute. Dort trennt die Linie nicht nur Indonesien und Papua-Neuguinea, sondern nach den meisten Definitionen auch Asien von Ozeanien. Logisch? Nein, aber welche koloniale Grenze ist das schon.

Aufteilung der Welt im 15./16. Jahrhundert

DEUTSCHLAND
Vennbahn
Münster-
bildchen
Roetgen
Roetgener Wald
Lammersdorf
BELGIEN
Rückschlag
Mützenich
Monschau
Ruitzhof
Vennbahn

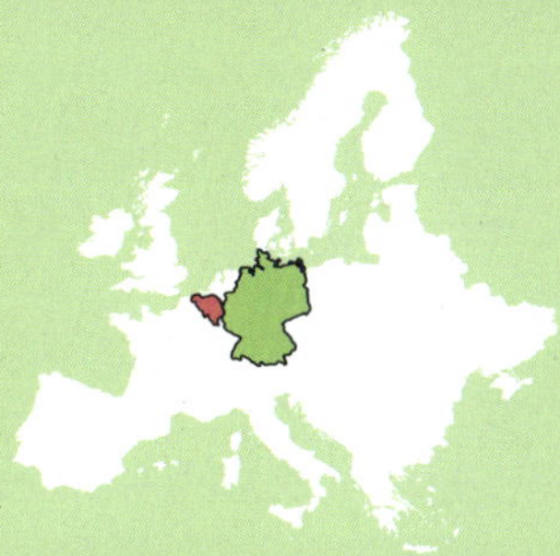

Der Exklavenradweg

Als Entschädigung für seine im Ersten Weltkrieg erlittenen Verluste erhielt Belgien: zwei Landkreise, ein neutrales Gebiet und eine Eisenbahnstrecke – die Vennbahn. Seit 1889 wurden zwischen dem deutschen Aachen und dem luxemburgischen Ulflingen Kohle und Erz hin- und hertransportiert. Als den Deutschen nach Weltkriegsende durch den Versailler Vertrag aber einige Gebiete abgenommen wurden, führten die Gleise plötzlich über das Territorium von drei Nationen – und zwar schlangenförmig, sodass die Bahntrasse wiederholt von deutschem in belgisches Gebiet kreuzte und umgekehrt.

Zum Unmut und zur Überraschung der Deutschen änderte das 1920 die Grenzfeststellungskommission, die Vertreter Frankreichs, Großbritanniens, Italiens und Japans umfasste. Das Land, auf dem die Bahn fährt, sobald sie von Norden aus erstmals deutschen Boden verlässt, sprachen sie Belgien zu. Zumindest die deutschen Bahnhofsbezeichnungen durften aber bestehen bleiben. Weil die Belgier Sabotageakte durch die Deutschen befürchteten, rückten anfangs sogar 200 Soldaten aus, um die belgischen Korridore auf einer Länge von 28,5 Kilometern zu bewachen. Sieben deutsche Exklaven mit einer Gesamtfläche von 55 Quadratkilometern entstanden so zunächst. Nachdem eine gänzlich an Belgien abgetreten wurde und zwei fusionierten, bestehen heute noch fünf Exklaven unterschiedlicher Größe entlang

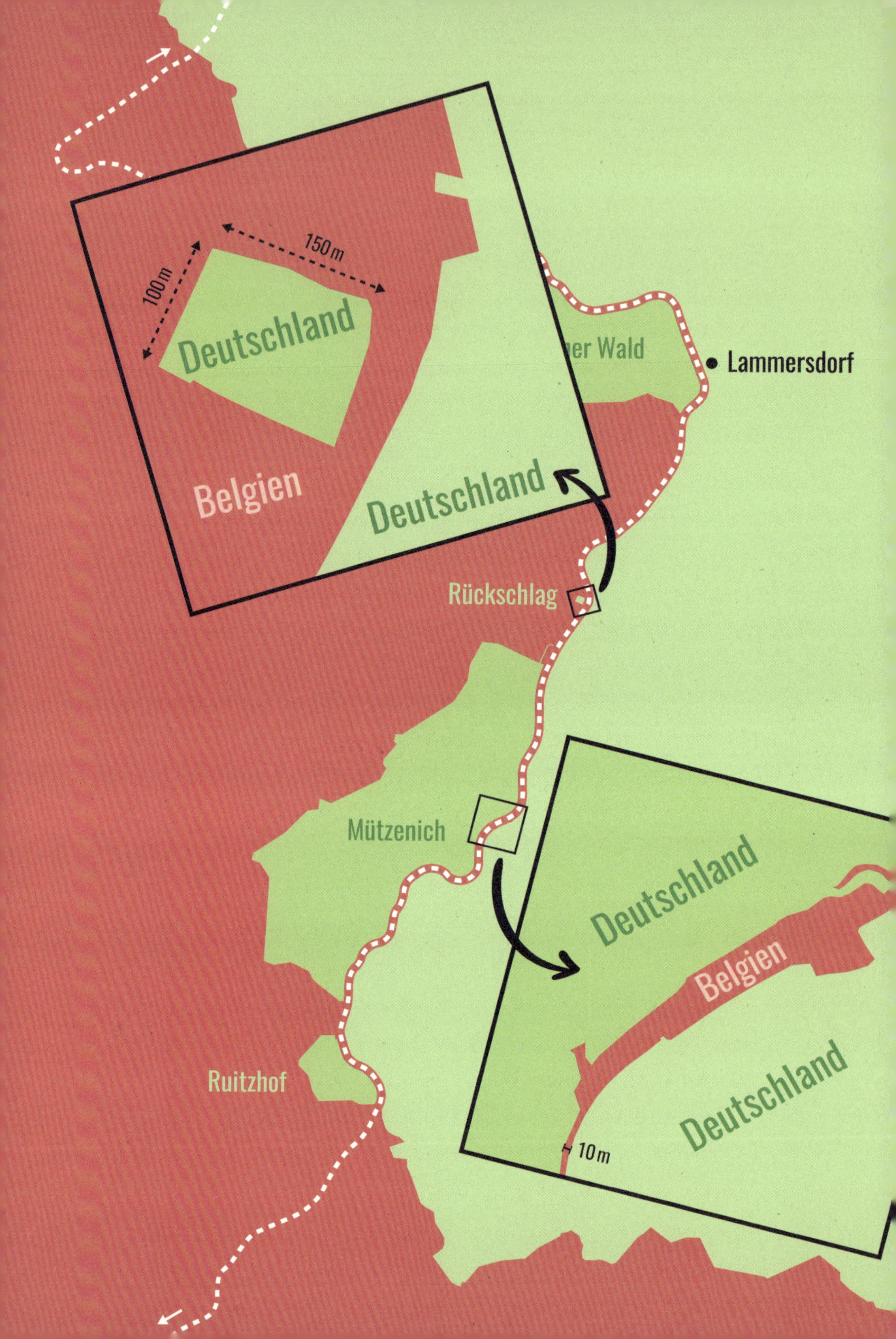
150 m
100 m
Deutschland
Belgien
Deutschland
er Wald
Lammersdorf
Rückschlag
Mützenich
Ruitzhof
Deutschland
Belgien
Deutschland
10 m

der Vennbahn. Die kleinste von ihnen ist Rückschlag, ein einzelner Hof mit 1,5 Hektar Gartenfläche. Sie gehört gemeinsam mit den Exklaven Ruitzhof und Mützenich zur Stadt Monschau. Teile von Lammersdorf und Roetgen wurden ebenso abgeschnitten und sind bis heute nur über belgisches Staatsgebiet erreichbar.

Zu handfesten Problemen für die Bevölkerung führte das Exklavendasein in der Vergangenheit aber kaum. Das Bahnpersonal sprach stets auch Deutsch und akzeptierte deutsche Zahlungsmittel. Der Zoll war bekannt dafür, immer wieder mal ein Auge zuzudrücken. Nachdem die Nazis die Gebiete während des Zweiten Weltkriegs für kurze Zeit »heim ins Reich« holten, wie sie es nannten, pflegen die beiden Staaten seither wieder freundschaftliche Beziehungen und sorgen für reibungslosen Grenzverkehr. Insbesondere durch die EU, durch den freien Waren- und Personenverkehr sowie das Schengener Abkommen zum barrierefreien Reisen, verebbten auch etwaige Grenzbereinigungsversuche oder Annexionsgedanken – sowohl auf deutscher als auch auf belgischer Seite. Und so sah Belgien auch keinen Grund, das Gebiet den Deutschen zurückzugeben, als Anfang des neuen Jahrtausends der Bahnbetrieb stillgelegt wurde. Stattdessen entschlossen sich beide, gemeinsam den »längsten grenzüberschreitenden, zusammenhängenden Rad- und Wanderweg Europas auf stillgelegten Eisenbahntrassen« zu errichten.

Dafür wurden die allermeisten Gleise herausgerissen. Nur wenige Teile bestehen noch, etwa ein sieben Kilometer langer Abschnitt, den Besucherinnen und Urlauber mit einer Draisine befahren können. Das ist ein Gefährt, das bis zu vier Personen per Hand mittels Hebelbewegungen über die Gleise rollen lassen. Der 125 Kilometer lange Radweg belebt seither die Gegend mit zahlreichen Tagestouristen. Alte Bahnwärterhäuschen wurden zu Hotels und Gasthäusern umgebaut. Mehrere Stahlhäuschen, die an »verlorene Waggons« erinnern sollen, stehen zudem entlang der Strecke als Unterschlupf und Rastmöglichkeit für Radreisende. Die Grenze und ihren skurrilen Verlauf könnte man heute fast vergessen – würde beim Radeln nicht dauernd das Handy klingeln, wenn wieder mal eine SMS des Mobilfunkanbieters über die Auslandstarife eintrudelt.

Glossar

Allokation bedeutet hier Beanspruchung und Verortung eines bestimmten Grenzverlaufs.

Annexion Endgültige Einverleibung eines fremden Gebiets durch einen Staat.

Äquidistanzlinie Grenzlinie genau in der Mitte zwischen zwei Küsten. Sie gilt meist, wenn die maritimen Zonen zweier Staaten etwa in Buchten aufeinandertreffen und kein anderweitiger Vertrag vorliegt.

Ausschließliche Wirtschaftszone (AWZ) Gewässerzone, in der alles demjenigen Staat gehört, der das davor liegende Ufer besitzt. Der Staat kann Bohr- und Fischereirechte vergeben. Hindurchfahren dürfen alle.

Basislinie Verlauf der Meeresküste bei niedrigem Wasserstand, von dem aus die Seegrenzen gezogen werden. Bei Buchten und Flussmündungen verläuft sie der Einfachheit halber gerade. Parallel zur Basislinie verlaufen die Grenzen der Hoheitsgewässer und der AWZ.

Binnen-/Küsten-/Inselstaat Wer in einem Binnenstaat lebt, muss zuerst durch ein anderes Land, um das Meer zu erreichen. Ein Küstenstaat hat direkten Meerzugang, aber nicht in alle Himmelsrichtungen, das haben nur Inselstaaten.

de jure/de facto Was rein rechtlich gilt und wie es in der Praxis ausschaut.

Delimitation Vertragliche Festlegung von Details eines Grenzverlaufs.

Demarkation Markierung eines Grenzverlaufs in der Natur durch Grenzsteine oder Ähnliches.

Eiserner Vorhang Ideologische und physische Grenze in Europa während des Kalten Krieges.

Enklave Gebiet – das kann auch ein ganzes Land sein –, das vollständig von einem anderen Staat umgeben ist, wie Büsingen am Hochrhein oder Lesotho.

Exklave Teil eines Staates, der nicht mit dem Hauptgebiet verbunden ist und nur über fremdes Staatsgebiet erreichbar ist. Je nach Auffassung gelten bisweilen Gebiete nicht als Exklave, wenn sie über internationale oder eigene Gewässer erreicht werden können. Eine solcher Fall ist beispielsweise der US-Bundesstaat Alaska. Als funktionale Exklaven gelten Gebiete, die zwar Teil des Hauptterritoriums, aber nicht über dessen Straßen erreichbar sind – etwa Jungholz in Österreich.

Festland-/Kontinentalsockel Fortsetzung der Kontinente unter dem Meer. Der Festlandsockel reicht bis in eine Tiefe von 200 Metern unter dem Meeresspiegel. Es ist also entscheidend, wie steil der Kontinent zum tiefen Meeresboden hin abfällt. Der Festlandsockel ist für Staaten interessant, weil hier Bodenschätze bis zu einer maximalen Entfernung von 350 Seemeilen ab der Basislinie abgebaut werden dürfen.

Geopolitik Zum einen die Erforschung des Einflusses der Geografie auf die Politik, zum anderen die außenpolitische Strategie von Staaten unter Berücksichtigung geografischer Gegebenheiten.

Grenzbereinigung Das einvernehmliche Nachbessern eines komplizierten oder vertraglich unsauber formulierten Grenzverlaufs.

Grenzstein Markierung, die anzeigt, wo eine Grenze verläuft.

Grubenfeldgrenze Grenze im Bergbau, die anzeigt, bis wohin abgebaut werden darf.

Hauptlauf Jener Strang sich teilender Flüsse, der mehr Wasser führt.

Hoheits-/Territorialgewässer Jener Teil von Flüssen, Seen und Meeren, über den ein Staat die alleinige Gewalt ausüben darf und wo seine Gesetze gelten. Im Meer ist diese Zone für gewöhnlich zwölf Seemeilen (22,2 Kilometer) breit, gefolgt von der ebenfalls zwölf Seemeilen breiten Anschlusszone. Dort dürfen Staaten Steuern eintreiben, Ein- und Ausreisende aufhalten und zur Durchsetzung sanitärer Regeln etwa zur Bekämpfung von Krankheiten Booten die Durchfahrt verwehren.

Invasion Eindringen ausländischen Militärs in ein Gebiet.

Isthmus Schmaler Teil einer natürlichen Landbrücke.

Kammlinie/Hauptkamm Verbindungslinie der höchsten Punkte in einem Gebirge.

Kartografie Technik und Wissenschaft des Kartenerstellens.

Kolonialismus Feindliche Übernahme von meist weit vom eigenen Staatsgebiet entfernten Ländereien bei gleichzeitiger Ausbeutung, Unterwerfung, Vertreibung oder Ermordung der lokalen Bevölkerung.

Kondominium Gebiet, das von mindestens zwei Staaten gemeinschaftlich verwaltet wird.

Landzunge Weit ins Meer reichende Landmasse, bei der die Verbindung zum Festland nicht schmaler wird, als es bei einer Halbinsel der Fall ist.

Meridian/Antimeridian Linie, die Nord- und Südpol verbindet, also ein halber Längenkreis. Es gibt insgesamt also 360 Meridiane, direkt gegenüberliegende sind Antimeridiane zueinander.

Protektorat Staat mit begrenzter Souveränität, dessen Außenpolitik und Verteidigung von einem fremden Staat wahrgenommen wird – oftmals, um ihn vor der Übernahme durch andere mächtige Staaten zu schützen. In der Geschichte oft die Vorstufe zur Kolonie.

Pufferzone Meist entmilitarisiertes Gebiet zwischen zwei Kontrahenten, um direkte Auseinandersetzungen zu minimieren.

Quellfluss Wenn sich zwei oder mehr ähnlich große Flüsse vereinen, sind diese die Quellflüsse des neuen Stroms. Der dominante Quellfluss ist oft entscheidend für Grenzziehungen.

Schengener Abkommen 1985 unterzeichnetes und 1993 in Kraft getretenes Abkommen europäischer Länder zum Abbau von Personenkontrollen an den Binnengrenzen der Mitgliedstaaten.

Seerecht Kurz für Seerechtsübereinkommen der Vereinten Nationen. Es regelt alle Nutzungszonen der Meere, etwa die Hoheits- und Wirtschaftszonen der Staaten.

Sezession Abspaltung eines Teils eines Staatsgebietes.

Talweg Sich ständig verändernde Verbindungslinie der tiefsten Punkte eines Flusses in Fließrichtung. Ist bei Grenzflüssen wichtig für die Grenzziehung.

Terra nullius Niemandsland; ein Gebiet, das kein anerkannter Staat offiziell beansprucht.

Tombolo Streifen aus Sediment- oder Gesteinsüberlagerungen, der eine Insel mit dem Festland verbindet und diese dadurch zu einer Halbinsel macht.

transnational/international Beziehungen von Bevölkerungen oder zivilgesellschaftlichen Akteuren über nationale Grenzen hinweg; Folgen von Handlungen, die sich über staatliche Grenzen hinweg erstrecken. Internationale Beziehungen hingegen sind Beziehungen zwischen Staaten.

Überseegebiet Weit von einem Staat entfernt gelegenes Gebiet, meist auf einem anderen Kontinent. Oft Überbleibsel der Kolonialzeit.

Unabhängigkeit Loslösung von kolonialen Herrschern sowie die erfolgreiche Abspaltung eines Teilgebiets eines Staates.

Uti-possidetis-Prinzip Völkerrechtlicher Grundsatz, nach dem junge Staaten jene Grenzen behalten, die sie bei ihrer Unabhängigkeit hatten, um langwierige Auseinandersetzungen um Grenzverläufe zu unterbinden.

Völker(gewohnheits)recht Summe der festgeschriebenen und ungeschriebenen Regeln, Normen und Prinzipien in den Beziehungen der anerkannten Staaten.

Waffenstillstandslinie Linie, die bei einem Waffenstillstand als vorübergehende Grenzlinie ausverhandelt wird und von Streitkräften nicht überschritten werden darf.

Wasserscheide Gedachte Linie, die große Wassereinzugsgebiete trennt. Je nachdem, auf welcher Seite der Trennlinie das Regenwasser landet, fließt es irgendwann in ein bestimmtes Meer, sofern es nicht in großen Becken versickert.

Quellen

Die Absurdität von Grenzen Reddit-User PisseGuri82: Age of world borders (1.1.2018).

Angelschnur ersetzt Stadtmauer Fellmann, Max: Warum Manhattan mit einer weißen Schnur umspannt ist, auf: sz-magazin.sueddeutsche.de (17.7.2017); Rauter, Elisabeth: Der Wiener Eruv – Unauffällig und doch ein allgegenwärtiges Mysterium, auf: stadt-wien.at (24.2.2020); Eruv.org (Hg.): Definitive Eruv Information and Global Directory, auf: eruv.org.

Bescheuerter Nachbar: AKW am Gartenzaun Global 2000 (Hg.): Atomkraftwerke rund um Österreich; Mapsof.net: Nuclear Power Plants Map France; Sommavilla, Fabian: Faktor Wasserkraft: Wenn das blaue Gold internationale Konflikte provoziert, auf: derstandard.at; Global Energy Monitor: China Dominates 2020 Coal Plant Development, auf: globalenergymonitor.org (2/2021); Milman, Oliver: ›Invisible killer‹: fossil fuels caused 8.7m deaths globally in 2018, auf: theguardian.com (9.2.2021).

Warum spanische Geier nicht nach Portugal fliegen Arrondo, Eneko u.a.: Invisible barriers: Differential sanitary regulations constrain vulture movements across country borders, in: Biological Conservation (219)2018, S. 46-52; Cumming, David u.a.: Beyond Fences: Wildlife, Livestock and Land Use in Southern Africa (2015).

Der beschissene britische Fels in der Brandung Wikimedia-User Liam Mason: Rockall EEZ topographic map-en (29.7.2018); Rutherford, Nichola: Rockall: The adventurers who lived on a craggy outcrop, auf: bbc.com (11.6.2019); Noone, Greg: The Fight Over a Shitty Rock, auf: hakaimagazine.com (29.10.2019).

Arabisches Spiegelei Vinokurov, Evgeny: A Theory of Enclaves, 2007, S. 44; Henzell, John: Madha village's pledge of allegiance changed the map forever, auf: thenationalnews.com (27.1.2012).

Spanien will sich selbst in die Luft jagen Reddit-User PisseGuri82: The World's Shortest Borders (3.11.2017); Sánchez, Paqui: Cuatro activistas marroquíes intentan ocupar el Peñón de Vélez de la Gomera, auf: elmundo.es (29.8.2012); Ceberio Belaza, Monica: The last remains of the Spanish empire, auf: elmundo.es (17.9.2012).

Wallyball über den Grenzzaun Kight, Stef W.: Map: How much of the U.S.-Mexico southern barrier has already been built, auf: axios.com (9.5.2019); Gallon, Angelica: When neighbors played volleyball over the U.S.-Mexico border fence, auf: univision.com (6.4.2017).

Halbes Jahr französisch, sechs Monate spanisch BBC (Hg.): The island that switches countries every six months, auf: bbc.com (28.1.2018); Dahm, Georg; Delbrück, Jost; Wolfrum, Rüdiger: Völkerrecht, Berlin 1989, S. 342.

Pappel löst beinahe Krieg aus Beauchamp, Zack: 40 maps that explain North Korea, auf: vox.com (24.5.2018); Friedman, Uri: The ›God Damn‹ Tree That Nearly Brought America and North Korea to War, auf: theatlantic.com (10.6.2018); Gauthier, Brandon K.: What It Was Like to Negotiate With North Koreans 60 Years Ago, auf: theatlantic.com (26.7.2013).

Schön gebaut – leider auf der falschen Seite Bones, Alicia: Märket Lighthouse, auf: atlasobscura.com; Schreck, Georg: Architectural drawing of the Märket lighthouse, auf: commons.wikimedia.org.

Senegal will Gambia untertunneln Abdourahmane, Dia; Nadege, Sinarinzi: Senegal truckers tired of taking the long way around The Gambia, auf: bbc.com (12.4.2016); BBC (Hg.): Senegal may tunnel under Gambia, auf: bbc.com (21.9.2005).

Der deutscheste Teil Österreichs Tiroler Wirtschaft (Hg.): Jungholz: Der Abschied vom Mammon, auf: wirtschaft.tirol.at (14.3.2019); Skrabal, Florian: Das Schweigen der Berglämmer, auf: datum.at (1.4.2008); The World Bank Data (Hg.): Commercial bank branches, auf: data.worldbank.org.

Klimawandel beendet Grenzstreit Bendle, Jacob: The Patagonian Icefields today, auf: antarcticglaciers.org (22.6.2020); Davies, Bethan: Shrinking Patagonian Glaciers, auf: antarcticglaciers.org (22.6.2020); Reuters: Scientists say Chile's Southern Patagonia Ice Field has ›split in two‹, auf: cbc.ca (23.5.2019).

Mussolinis Exklavenpoker Bleiberg, Larry: Campione d'Italia: An Italian town surrounded by Switzerland, auf: bbc.com (18.5.2020); Wikipedia-User Tschubby: Karte Gemeinde Indemini 2009.

Bescheuertste Kolonialgrenze aller Zeiten NZZ (Hg.): Der »Caprivi-Zipfel«, auf: nzz.ch (29.4.2014); Jennings, Ken: Namibia's Caprivi Strip Exists Because the Germans Forgot Victoria Falls, auf: cntraveler.com (4.3.2013); geschichtsbuch.hamburg.de; bpb.de; Schinzinger, Francesca: Die Kolonien und das Deutsche Reich, Wiesbaden 1984, S. 28.

Bargeld am blutigen Pass Kessler, Martin: Vom Kunjirap-Pass nach Karimabad, auf: martinkessler-art.ch; Sökefeld, Martin: The Attabad landslide and the politics of disaster in Gojal, Gilgit-Baltistan, in: Negotianig Disasters, Frankfurt, 176-204.

Neue Grenzen für den Wahlsieg Tristram-Walmsley, Ryan: Digital Gerrymandering, Computational Propaganda and the Electronic Electoral Advantage: Towards a Case for Reform, auf: mastersofmedia.hum.uva.nl (25.9.2017); Daley, David: The Secret Files of the Master of Modern Republican Gerrymandering, auf: newyorker.com (6.9.2019).

Bescheuerte Nachbarn ziehen Grenze bis in den Himmel Hernandez, Marco: Why the world's flight paths are such a mess, auf: scmp.com (1.10.2018); Wendover Production: The Most Valuable Airspace in the World, auf: youtube.com (29.5.2018); Escher, Manuel: Der unsichtbare Luftkrieg beruhigt sich nicht, auf: derstandard.at (29.10.2018); Harkov, Kahav: Israel and Jordan sign historic airspace agreement, auf: jpost.com (8.10.2020).

Wie Google Maps fast einen Krieg auslöste Jacobs, Frank: The First Google Maps War, auf: nytimes.com (28.2.2012); Russell, Shahan: Nicaragua Invaded Costa Rica in 2010 – Then Blamed Google Maps, auf: warhistoryonline.com (21.8.2017).

Arabische Nachbarn bauen sich gemeinsame Insel Kennings, Jen: Passport Island: Mosques, McDonald's, and Bahrain's Only Land Border, auf: cntraveler.com (17.10.2016).

Die längste ungerade Gerade der Welt Jacobs, Frank: A not so straight story, auf: nytimes.com (28.11.2011).

Europäer machen Saufspiel um Karibikinsel Meet Carribean: Die Geschichte von Sint Maarten/Saint Martin – ein Splitter von Europa, auf: meetcarribean.com; Hoogers, Gerhard; Karapetian, Gohar: Europe's Caribbean Borders: The Peculiar Case of the Sint Maarten/Saint Martin Border, auf: ecpr.com (13.6.2018).

Umstrittenste Mittelmeerinsel der Geschichte Tsafos, Nikos: East Med Tensions Rise (Again), auf: csis.org (29.7.2019); UN (Hg.): About the buffer zone, auf: un.org.

Warum Tansania nicht an den Malawisee darf Rowley, Tom: First World War centenary: the battle on Lake Malawi, auf: telegraph.co.uk (6.7.2014); Routley, Nick: The World's 25 Largest Lakes, Side by Side, auf: visualcapitalist.com (23.2.2019); Sandner, Philipp: Contested waters: Conflict on Africa's Great Lakes, auf: dw.com (27.8.2018).

Der einzige Dezipunkt der Welt Berry, Paul: Do You Know What A Deci-point Is? Mount Etna is The Only One In The World!, auf: devongeography.wordpress.com (26.1.2018); Kennings, Jen: Sicily's Mount Etna Is the World's Only Decipoint, auf: cntraveler.com (5.6.2017); Hurst, Chip: Beyond Four Corners, USA, auf: wolfram.com.

Die wahre Geschichte der Hans-Insel Proehl, Andy: Border Dispute with a Sense of Humor – A Map of the Canada/Denmark Border at Hans Island, auf: amproehl.com (24.6.2018); Levin, Den: Canada and Denmark Fight Over Island With Whisky and Schnapps, auf: nytimes.com (7.11.2016).

Sprechen Sie Spanugiesisch? Wikipedia-User Fobos92: Portuñol (14.6.2012).

Wie tief reichen Grenzen? Leitner, Christoph: Structure and evolution of a rocksalt-mudrock-tectonite: The haselgebirge in the Northern Calcareous Alps, in: Journal of Structural Geology (33)2011, S. 3; Yaron, Gil; Feyder, Franz: Ein Land unter Gaza, auf: stuttgarter-nachrichten.de (29.7.2014).

Kompliziertester Grenzverlauf der Welt Eames, Andrew: Europe's strange border anomaly, auf: bbc.com (11.12.2017).

Abschlag in die Zukunft Tornio – Haparanda (FISE) Green Zone Passport 2010, auf: geosite.jankrogh.com (17.11.12); Gustkey, Earl: This Is One Golf Course Where You Have to Cross Finnish Line, auf: latimes.com (29.8.1991); Barks, Joe: Aroostook Valley CC Takes Up the Cause for Banned Canadian Players, auf: clubandresortbusiness.com (2.6.2020).

Dauerstreit um fast vergessenen Tempel Wyatt, David K.: Map of French Indochina expansion, auf: commons.wikimedia.org (22.1.2020).

Samoas geklauter Tag Tryggestad, Erik: How to travel backward through time, auf: christianchronicle.org (1.9.2016); Jacobs, Frank. The Border that stole 500 birthdays, auf: nytimes.com (31.7.2012).

Ein Toter zieht um Graham, David A.: The Surreal Saga of Suleyman Shah, auf: theatlantic.com (24.2.2015).

Der Kaktusvorhang von Guantánamo International Campaign to Ban Landmines – Cluster Munition Coalition: Landmine Monitor 2020; University of Texas at Austin (Hg.): U.S. Naval Base Guantanamo Bay, auf: legacy.lib.utexas.edu; Miroff, Nick: Why the U.S. base at Cuba's Guantanamo Bay is probably doomed, auf: washingtonpost.com (15.5.2015).

Modernes Märchen entpuppt sich als Kolonialismus Wood, Marissa: Egypt-Sudan Land Boundary, auf: sovereignlimits.com (31.7.2019); Schenker, Jack: Welcome to the land that no country wants, auf: theguardian.com (3.3.2016); El Dahsan, Mohamed: A Fictional Country Is Reigniting Real Territorial Fears, auf: foreignpolicy.com (25.9.2019).

Postsowjetisches Grenzwirrwarr International Crisis Group (Hg.): The Nagorno-Karabakh Conflict: A Visual Explainer, auf: crisisgroup.org (12.2.2021); Chamie, Joseph: Gender Imbalances: Missing Girls and Vanishing Men, auf: passblue.com (31.3.2020); Moore, Suzanne: ›We lose 1,400 girls a year. Who will our boys marry?‹ Armenia's quandary, auf: theguardian.com (22.2.2018).

Kampf um den Nordpol IBRU Centre for Borders Research, Durham University (Hg.): Maritime jurisdiction and boundaries in the Arctic region, auf: dur.ac.uk (4.8.2015); Henriques, Marta: The rush to claim an undersea mountain range, auf: bbc.com (23.7.2020).

Finnisches Wasser durch russisches Land Finnish Transport Infrastructure Agency (Hg.): Saimaa Canal Guide for Pleasure Craft 2019, auf: vayla.fi.

Serbisch-kroatische Landzunge: Der Einzige, der sie haben will, bekommt sie nicht Krinninger, Theresa: Das Land, das sich sein Volk selbst aussuchen will, auf: tagesspiegel.de (14.10.2018).

Stunde Null des Israel-Palästina-Konflikts? The Israeli Information Center for Human Rights in the Occupied Territories (Hg.): New B'Tselem report about the city of Hebron, auf: btselem.org (25.10.2019), McIntosh, Matthew A.: A History of Hebron from Ancient Judaea to Today, auf: brewinmate.com (4.2.2020).

Diese Karte ist in China und Indien illegal United States CIA (Hg.): Kashmir Region 2020, auf: commons.wikimedia.org (24.6.2020); Gilani, Iftikhar: India's border dispute with neighbors, auf: aa.com (31.5.2020).

Minenverseuchte Wüstengrenze Wikimedia-User Alinor/Frank Benett/BegbertBiggs: Offizielle Positionen Westsahara (18.12.2020); Mohaed, Habib: The other side of the Moroccan Wall, auf: dw.com (7.10.2015).

Zum Zähneputzen nach Frankreich Passport, Daniel: Hotel Arbez: Sleeping with your head in Switzerland, your feet in France, auf: passport-party.ch (14.6.2020).

Der Wasserstreit von Piran Wölfl, Adelheid: Slowenien will Kroatien wegen Bucht von Piran klagen, auf: derstandard.at (1.2.2018); Total Slovenia News (Hg.): A Timeline of the Slovenia-Croatia Border Dispute, auf: total-slovenia-news.com (10.4.2019).

Zeit für ein bisschen Unlogik Wikimedia-User TimeZonesBoy/Abraev Saian: Zeitzonen Weltkarte (22.2.2021); Wikimedia-User Chuq: Australien Sommerzeit (12.7.2006); Foster, Kendrick: The New Road to Conflict: Geopolitics of the Wakhan Corridor, auf: hir.harvard.edu (5.12.2019).

Die goldenen Grenzen Guayanas Wikimedia-User Brokopondo: Suriname 1991 umstrittene Gebiete (12.11.2007); Wilkinson, Bert: Suriname-French Guiana row over borderline, violent incidents, auf: amsterdamnews.com (14.3.2019); Policy Forum Guyana: Amazon Gold Rush: Gold Mining in Suriname, auf: policyforumgy.org (4.11.2016).

Niemandswasser Bodensee Kampmann, Enrico: Nach Busse für zwei Arboner Fischer: Wo verläuft eigentlich die Grenze im Bodensee?, auf: tagblatt.ch (25.7.2020); Kleine Zeitung: Keine klaren Grenzen: Wem gehört eigentlich der Bodensee?, auf: kleinezeitung.at (11.5.2019); Ebner, Martin: Bodensee: Europäisches Niemandswasser, auf: martin-ebner.net (20.2.2002).

Für immer grenzenlos? Discovering Antarctica (Hg.): Making Claims, auf: discoveringantarctica.

org; Umweltbundesamt (Hg.): Geographie der Antarktis, auf: umweltbundesamt.de (6.5.2019).

Seltene Eintracht im Meer United Nations, Division for Ocean Affairs and the Law of the Sea, Office of Legal Affairs (Hg.): »Maritime delimitation treaty between Jamaica and the Republic of Colombia, 12 November 1993«, in: Law of the Sea Bulletin, New York 1994, Nr. 26, S. 50-53; Zeitler, Annika: Wem gehört das Meer?, auf: planet-wissen.de (28.5.2019).

Wem gehört das Dach Europas? Marchetti, Silvia: The peak of discord, auf: politico.eu (2.10.2015); Giuffrida, Angela: Italy reignites Mont Blanc border dispute with France, auf: theguardian.com (22.10.2020).

Die chinesische Kuhzunge Pesek, William: Making Sense Of The South China Sea Dispute, auf: forbes.com (22.8.2017); Hayton, Bill: Pompeo Draws a Line Against Beijing in the South China Sea, auf: foreignpolicy.com (15.7.2020); Pradhan, SD: South China Sea: Assessing Chinese historical justification of nine dashed line, auf: timesofindia.indiatimes.com (5.6.2020).

Wie groß ist eigentlich Russland? The Ministry of Foreign Affairs of the Russian Federation (Hg.): World Map, auf: mid.ru; Toal, Gerald: Near Abroad: Putin, the West, and the Contest Over Ukraine and the Caucasus Cover, Oxford 2017; The Economist (Hg.): Japan's plan to resolve a 70-year-old row with Russia is failing, auf: economist.com (14.12.2017).

Die Marine ohne Meer Wikimedia-User B1mbo: Korridor zwischen Bolivien und Pazifik/ Charaña-Abkommen (4.2.2012); Münstermann, Marius: Verteilungskrampf, auf: tagesspiegel.de (28.4.2015); Gouverneur, Cédric: Bolivien schaut zum Meer, auf: monde-diplomatique.de (12.10.2015); Schulz, Roland; Doury, Claudine: Das verlorene Meer, auf: mare.de (1.3.2017).

Zu viel Öl, um frei zu sein TRTWorld (Hg.): Cabinda – a little known oil-rich region seeks independence from Angola, auf: trtworld.com (20.5.2019); Keating, Joshua: What the heck is Cabinda?, auf: foreignpolicy.com (12.1.210).

Wenn Nomaden über Grenzziehungen abstimmen Craze, Joshua: Creating Facts on the Ground: Conflict Dynamics in Abyei, in: Small Arms Survey HSBA Working Paper 26, 2011, S.17; UN (Hg.): Award in the Arbitration regarding the delimitation of the Abyei Area, auf: legal.un.org (22.7.2009).

Kolonialer Finger auf dem Lineal? Reddit-User ThorPL123: Territory claimed by Spain and Portugal due to Treaties of Tordesillas and Zaragoza, auf: vividmaps.com; Jacobs, Frank: Who Bit My Border?, auf: opinionator.blogs.nytimes.com (13.3.2012).

Der Exklavenradweg Patowary, Kaushik: Vennbahn: The Railway That Created a Peculiar Border Problem, auf: amusingplanet.com (14.5.2020); Die Welt (Hg.): Deutschland will Belgien seine Enklaven lassen, auf: welt.de (10.1.2008).

Weitere Hilfsmittel (Kartendienste usw.)
calcmaps.com; luftlinie.org; D-Maps; Google Maps; Google Earth; Wikimedia Commons; Sovereign Limits; Brunet-Jailly, Emmanuel: Border disputes: a global encyclopedia, Colorado 2015.

KATAPULT, das Magazin aus Greifswald

»55 kuriose Grenzen und 5 bescheuerte Nachbarn« ist das achte KATAPULT-Buch – und das sechste, das im KATAPULT-Verlag erscheint. 2015 als Magazin gegründet, hat sich KATAPULT schnell zum besten Greifswalder Magazin Europas entwickelt. Die Idee dahinter: Wissenschaft visualisieren und verständlich machen. Die ersten Bücher sind Bestseller geworden. Kein anderes Magazin wächst derzeit so stark wie KATAPULT. Die Grafiken und Texte des Teams erreichen online mehrere Millionen Menschen aller Milieus und Altersklassen. Seit Herbst 2020 gibt KATAPULT auch Bücher im eigenen Verlag heraus, unter anderem »100 Karten über Sprache« und »Spaß mit Flaggen«.

An diesem Buch haben mitgearbeitet: Philipp Bauer, Iris Becker, Jeremy Connor, Tim Ehlers, Benjamin Fredrich, Julius Gabele, Patricia Haensel, Sebastian Haupt, Stefanie Kaiser, Veliko Kardziev, Jan-Niklas Kniewel, Iris Ott, Fabian Sommavilla, Jasemin Uysal und Sebastian Wolter.